富家益

富家益股市精讲系列

量价关系精讲

从入门到精通

（第2版）

富家益◎编著

中国财富出版社有限公司

图书在版编目（CIP）数据

量价关系精讲：从入门到精通/富家益编著.—2版.—北京：中国财富出版社
有限公司，2023.12（2025.8重印）

（富家益股市精讲系列）

ISBN 978-7-5047-8071-3

Ⅰ.①量…　Ⅱ.①富…　Ⅲ.①股票交易－基本知识　Ⅳ.①F830.91

中国国家版本馆CIP数据核字（2024）第005893号

策划编辑	杜　亮	**责任编辑**	贾浩然　杨白雪	**版权编辑**	武　玥
责任印制	苟　宁	**责任校对**	卓闪闪	**责任发行**	董　倩

出版发行	中国财富出版社有限公司			
社　　址	北京市丰台区南四环西路188号5区20楼	**邮政编码**	100070	
电　　话	010-52227588 转 2098（发行部）	010-52227588 转 321（总编室）		
	010-52227566（24小时读者服务）	010-52227588 转 305（质检部）		
网　　址	http：//www.cfpress.com.cn	**排　　版**	宝蕾元	
经　　销	新华书店	**印　　刷**	宝蕾元仁浩（天津）印刷有限公司	
书　　号	ISBN 978-7-5047-8071-3 / F・3627			
开　　本	710mm×1000mm　1/16	**版　　次**	2024年1月第2版	
印　　张	15.5	**印　　次**	2025年8月第3次印刷	
字　　数	229千字	**定　　价**	43.80元	

第 2 版说明

　　《量价关系精讲：从入门到精通》是"富家益股市精讲系列"中的一本，自2019年6月出版以来，深受广大读者欢迎，连续重印。广大读者在对本书给予高度评价的同时，也对本书中存在的问题提出了客观的批评和建议。在这里，我们衷心地感谢大家多年来对"富家益股市精讲系列"图书的支持！

　　近年来，中国的股票市场发生了巨大的变化。上证指数从罕见的2900点一度下跌到2647点，然后又在一年内上涨至3700点，如今（2023年2月）又跌到3200点。

　　本来，股价每天起起伏伏，犹如太阳东升西落一般，实属平常，但对每一个参与交易的投资者来说，股市的每一点跳动都代表着财富的变化，想要以平常心对待并不是一件容易的事情，这需要投资者熟练使用炒股工具和持续参加投资训练，并在此基础上靠着自身的悟性和不断的实战形成专属于个人的平常心。在这轮大循环中，很多新入市的投资者对此都有感悟，深刻认识到缺乏熟练使用炒股工具的经验的严重后果，越来越多的投资者开始主动学习专业炒股工具方面的知识。为了给投资者提供一本更加全面、实用、易读的炒股工具参考书，我们结合最近几年的市场行情，对本书第1版内容进行了修订，从而形成第2版。

在修订过程中，我们特别注意以下两点。

1.保持实用、易读的特点

内容实用、简单易读是"富家益股市精讲系列"图书的一贯特色，也深受广大读者的欢迎。本书在修订过程中，充分保留了第1版图书的这个特点。投资者阅读本书，可以明确地知道应该在什么时候买入股票，在什么时候卖出股票，并且很容易就能将学到的知识应用到实战中。

2.案例更具及时性

鉴于本书第1版完成后市场行情的转变，很多经典形态的出现位置、出现频率等都有了一定改变。在修订过程中，笔者特意结合了股市最近几年的走势，更新了原书中的全部案例。通过这些案例，投资者可以更加清楚地了解当前市场特点，可以更好地将所学知识用于实战。

富家益投资理财研究中心

2023年3月

前　言

炒股有很多"招数"，每个招数都有它独到的地方。如果能够将这些招数融会贯通、综合运用，自然是最好的。但人的精力毕竟有限。很多投资者看似把每个招数都学会了，但其实只学到了皮毛，在实战操作中很容易手忙脚乱、顾此失彼。就好像一个士兵，背着五花八门的刀枪棍棒上了战场。仗一开打，还没等想明白该用哪个武器、具体该怎么用，敌人的刀已经架在脖子上了。

俗话说，"一招鲜，吃遍天"。那些在某个领域"专精"的人，往往会胜过所谓的"全才"。哪个都会用，往往就意味着哪个都用不太好。在股市中，综合研判固然能够提高胜率，但这里有个前提，就是对这些招数投资者要分清主次。就好比打仗，各兵种需要协同作战，但是也要分清哪些是主力部队，哪些是掩护部队，哪些是后勤部队。如果不分兵种，全都一股脑地推上前线，那么仗还没怎么打，自己阵脚就先乱了。

因此，进入股市的投资者，首先需要做的事情就是选择一至三个好用的，同时也适合自己的招数，好好地学精学通。这种"专精"的招数不宜过多，以免出现"贪多嚼不烂"的问题。其他招数只要泛泛地了解即可，可以把它们作为辅助招数来使用。

为此，我们特推出"富家益股市精讲系列"图书，将股市中比较好用、常用的招数有选择地收入书中。本系列图书针对每一个招数进行从入门到精通、从基础到实战的全方位精讲，以帮助投资者深入理解这些招数，真正掌握这些招数的实战技法，最终达到"任你千变万化，我只一招应对"的目的。

《量价关系精讲：从入门到精通》，是"富家益股市精讲系列"中的一本。

在技术分析中，量价关系占据着非常重要的地位。关于这一点，大多数投资者都不会有什么异议，几乎所有技术指标，不论其算法多么复杂，基本都是根据价格和成交量这两个数据计算得出的。从这个角度而言，如果说量价关系是技术分析的全部，一点也不为过。

很多时候，成交量可以在价格反转之前发出预警信号，此时就表现出"量在价先"的特点，不过更多时候成交量只适合作为价格的重要辅助指标来使用。因此，对于成交量的分析，不能完全脱离价格分析，只有将两者结合起来，才能得到准确的分析结果。

正是由于量价分析在技术分析中的重要性，我们推出了这本书，希望帮助投资者深入理解成交量与价格的各种配合关系，以及量价关系在实战中的应用技巧，并能为投资者实现长期稳定的盈利提供参考。

为了让投资者能够尽快掌握这一技术指标，本书在编排内容时坚持了以下四个原则。

1.全面

本书详细介绍了量价关系的应用法则，以及在不同情况下应用成交量指标的技巧，另外，本书还论述了与量价关系相关的其他技术指标。本书的具体内容包括认识量价关系、熟悉成交量指标、掌握成交量信号、利用成交量把握买卖点、利用成交量揭秘主力运作、通过成交量透视经典理论、特殊量价关系实例精讲等。

2.实用

本书在论述每个形态时，均为投资者明确指出了该形态具体的买点和卖点，在实战案例部分，将这些买卖点都标示在K线图上。投资者可以直观地看到自己应该在何时买入，何时卖出。

此外，对于投资者常遇到的"买入股票后何时止损、何时止盈，卖出股票后万一踏空，何时将股票补回"等问题，本书也有详细的论述。

3.生动

本书通过对具体案例的分析，能够带给投资者实操性的体验。对于引用的每个案例，本书都给出了股票名称、代码、形态出现的时间等信息。投资者在炒股软件中很容易就可以找到本书中引用的技术形态，这有利于投资者加深印象。未来，投资者在实际操作时一看到类似的图形，马上就可以反应过来。

此外，本书还引用了作者应用量价关系指标进行实际操作的经典案例。通过学习这部分内容，投资者可以对整本书的内容融会贯通，更容易将在本书中学习的内容用于实战。

4.深入

本书将作者多年来应用量价关系所得出的经验总结为"精讲提高"部分。投资者通过学习这部分内容，将其在实战中反复验证，可以对量价关系有更加深入的理解，真正实现从新手到高手的转变。

目　录

第7章
特殊量价关
系实例精讲
▷ **221**

第 1 章

——

认识量价关系

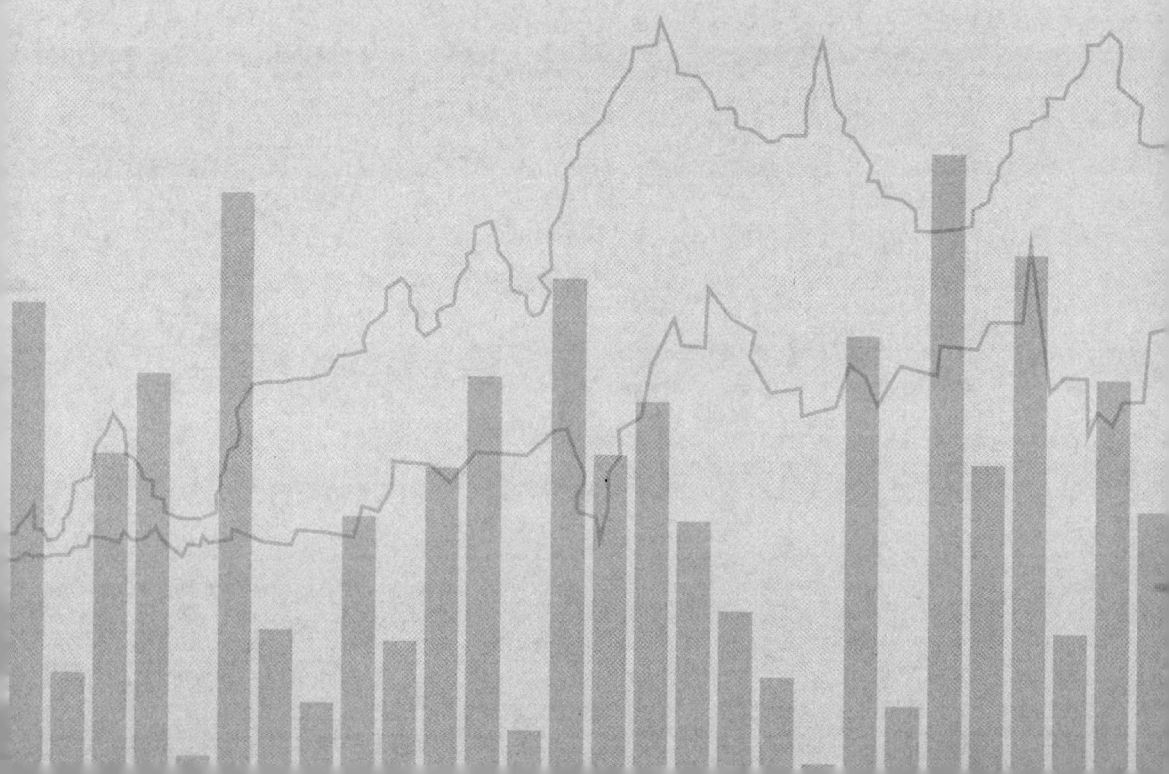

1.1　认识成交量

1.1.1　成交股数与成交金额

成交股数是指某一特定时期内（报纸公布的是前一个交易日），在交易所交易市场某只股票的成交数量，其单位以该只股票的股数计算，是最常见、最常用的一种表达成交量的方式。成交量主要被用来对个股成交量做纵向比较。但是因为在成交股数数据中没有考虑个股流通盘大小的差别，投资者难以使用这个数据对不同个股进行比较，也就不知道一只股票相对其他股票的交易活跃程度。

在证券市场，成交股数一般以"手"为单位，一手为100股。

成交金额是指某一特定时期内，在交易所交易市场某只股票的成交金额。成交金额直接反映参与市场的资金量，常用于大盘分析。其单位一般为人民币"万元"。

如图1-1所示，在大智慧炒股软件中，投资者可以很直观地在盘面实时交易信息栏查看成交股数和成交金额信息。

如图1-2所示，2023年3月1日下午14:09，上证指数总成交股数为2.57亿手，总成交金额为3100.72亿元。

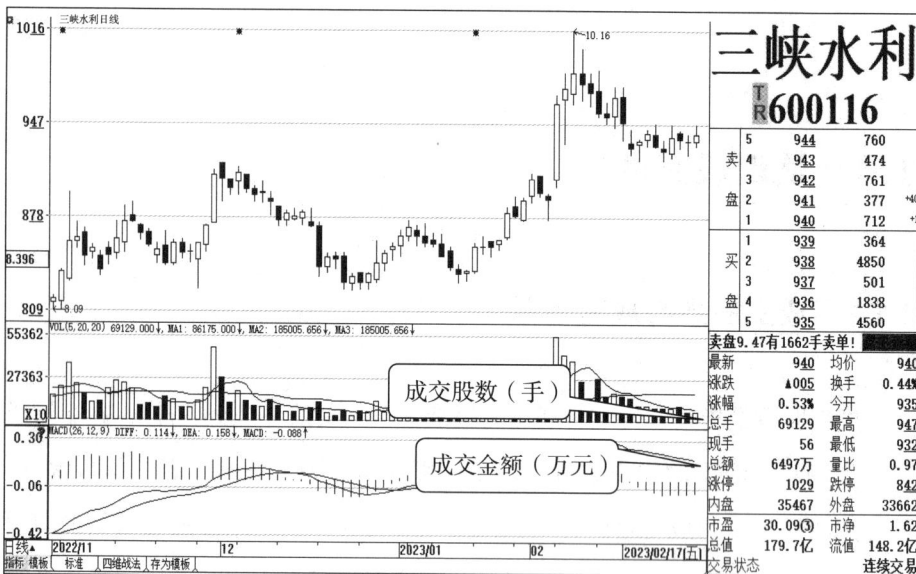

图 1-1　三峡水利日 K 线

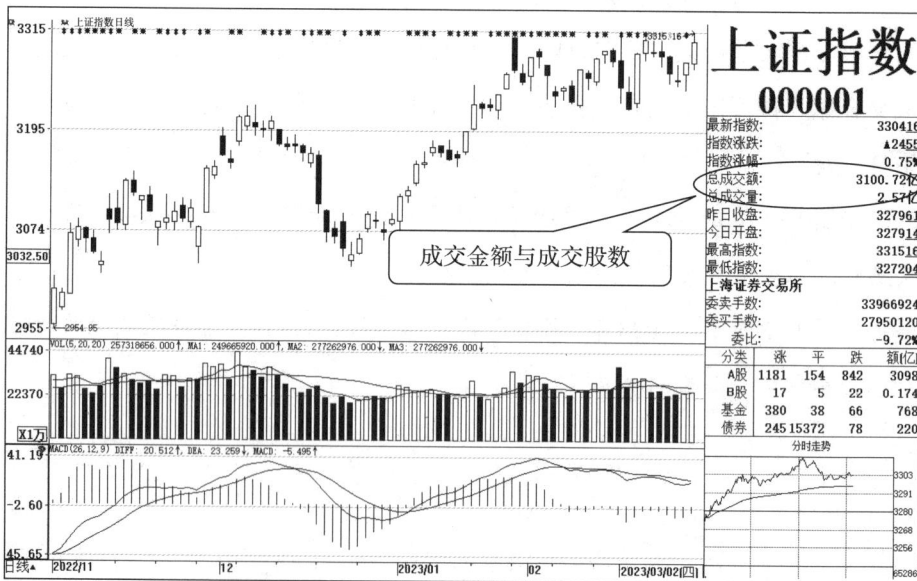

图 1-2　上证指数日 K 线

1.1.2　分时成交量与 K 线成交量

分时成交量是指在个股即时走势图中股票的买卖成交量，是超短线看盘的一种研判工具。投资者通过价格变化和分时成交量的增减幅度，可以推断出该价位上卖出与承接力道的对比。在同花顺炒股软件中，分时成交量有黄、蓝、白三种颜色，其中，黄色表示上涨时的成交量，蓝色表示下跌时的成交量，白色表示不涨不跌时的成交量。分时成交量如图 1-3 所示。

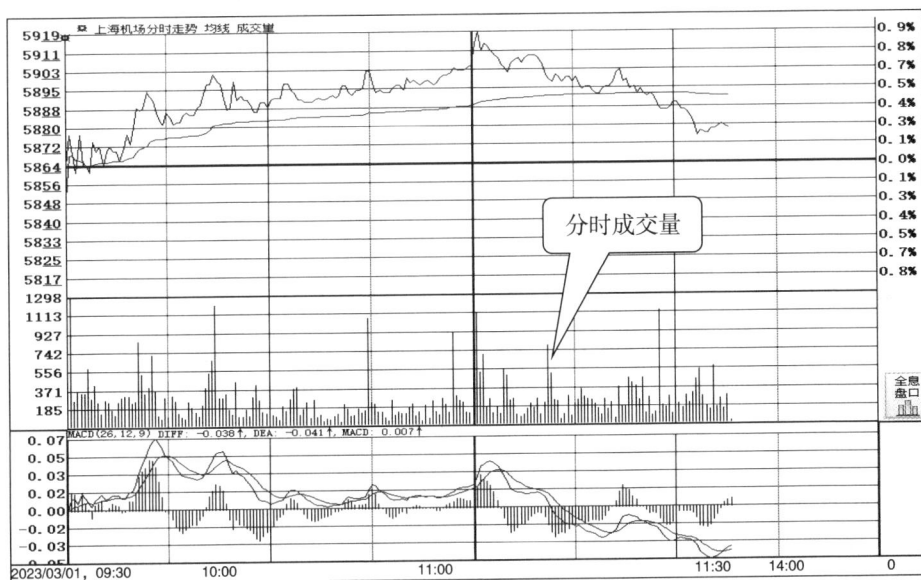

图 1-3　上海机场分时成交量

K 线成交量是指在个股 K 线走势中，形成每一根 K 线的买卖成交量。在炒股软件中，K 线成交量以红绿柱线的形式来体现，其中，红色柱线表示当天 K 线收阳线的成交量，绿色柱线表示当天 K 线收阴线的成交量。K 线成交量如图 1-4 所示。

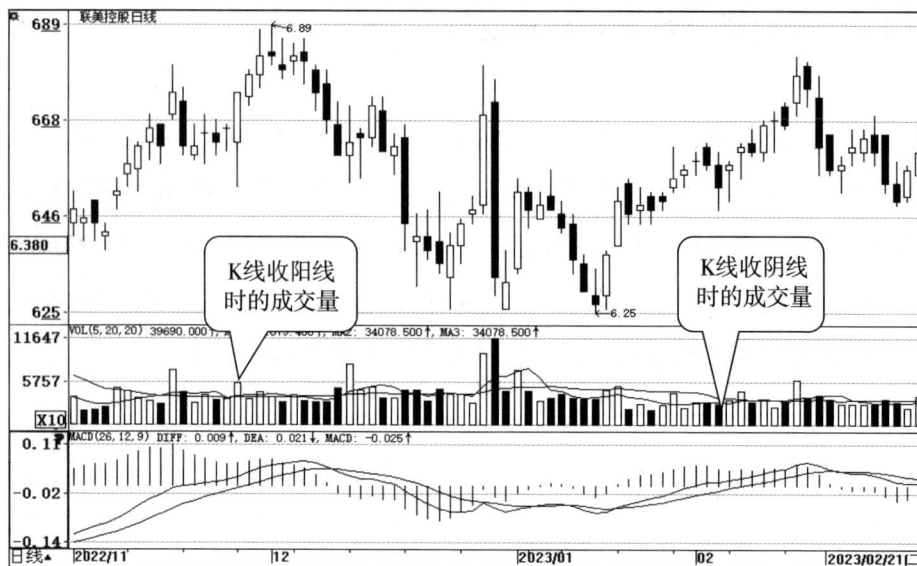

图1-4 联美控股日K线成交量

1.1.3 放量与缩量

放量是指个股成交量比前几个交易日明显放大的现象，分为相对放量和持续放量。

相对放量是指今天与昨天比、本周与上周比成交量明显放大的现象。它往往出现在股价盘整过程中，在放量时，伴随着股价短暂的上涨走势。

持续放量是指最近几个交易日的成交量和前几个交易日相比，有明显放大的现象，往往和上涨趋势同时出现，因此，投资者一旦见到持续放量，就要高度关注。

如图1-5所示，2022年10月到12月，古越龙山（600059）的成交量出现了明显的相对放量和持续放量。在相对放量的过程中，股价围绕着30日均线持续震荡；在持续放量的过程中，股价出现了一波较大的上涨趋势。

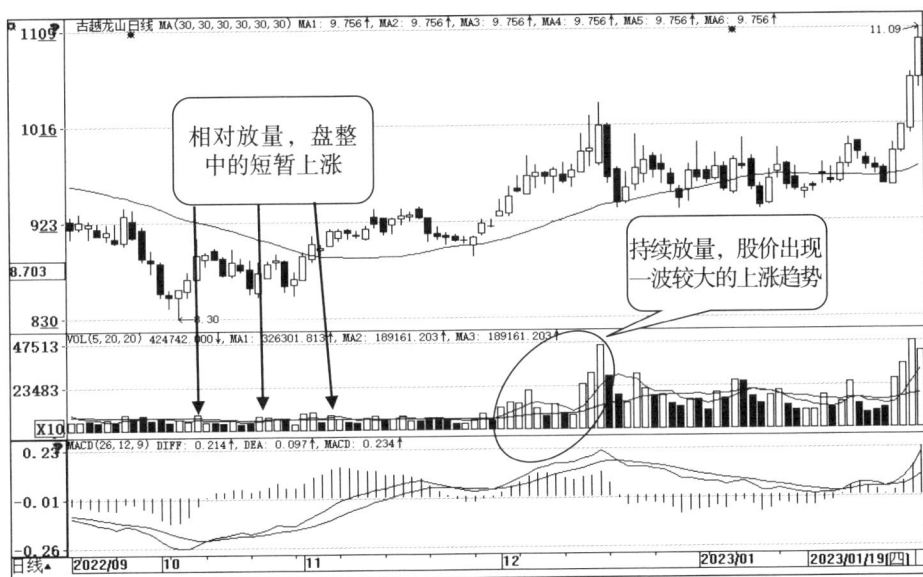

图 1-5 古越龙山日 K 线

缩量是指个股成交量比前几个交易日明显缩减的现象。此时，大部分投资者对市场未来走势的意见逐渐趋于一致，成交量极少。缩量分为以下两种情况。

第一种情况，投资者都十分看淡后市，造成只有人卖、没有人买，成交量不断缩减的情形。此时，市场上涨动能逐渐减弱，股价接下来有较大可能下跌。在熊市的中后期，这种情况十分常见。投资者碰到这种情况应坚决出局，等缩量到一定程度，股价开始放量上攻时再买入。

第二种情况，投资者都十分看好后市，造成只有人买、没有人卖，成交量急剧缩减的情形。这种情况多出现在一些短期被爆炒的题材股上，投资者一旦遇到这种上涨缩量的情况，就应坚决买进，坐等获利，等股价上冲乏力，有巨量放出的时候再卖出。

如图 1-6 所示，2022 年 8 月至 10 月，国机汽车（600335）股价处于一波下跌趋势中。从图中可以明显看出，随着下跌趋势的运行，特别是伴随着股价跌破 30 日均线，市场看跌气氛十分浓厚，造成只有人卖、没有人买的情形，市场成交量不断缩减。

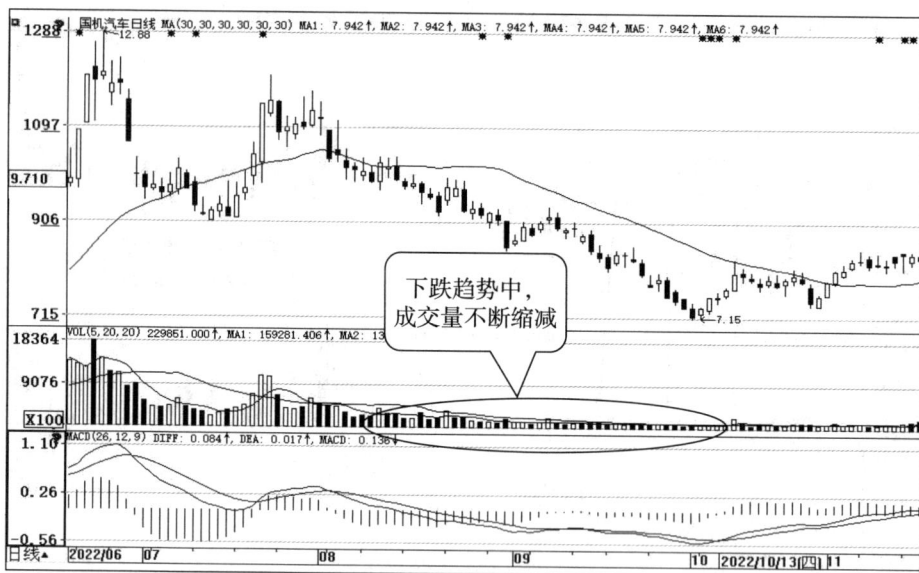

图1-6　国机汽车日K线

如图1-7所示，2023年1月30日，汉王科技（002362）的股价因ChatGPT概念的发酵开盘就涨停，引起持股投资者强烈的看涨预期。因此，

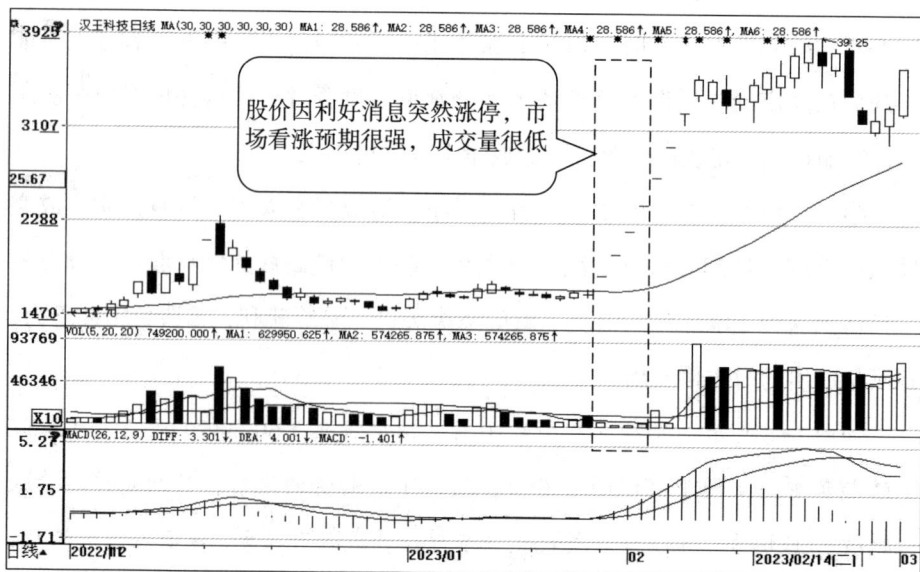

图1-7　汉王科技日K线

该股持股投资者惜售心理很强，市场只有人买而没有人卖，之后几个交易日该股股价连续涨停，而且成交量极低。

精讲提高

缩量上涨，往往预示着后市较强的上涨动能。投资者如果错过了缩量上涨过程中的买入机会，可以耐心等待后市的回调机会。在汉王科技的例子中，投资者可以在2023年2月底股价回调时买入。

1.2 常见量价关系的市场含义

1.2.1 价升量增

价升量增是指个股或大盘在成交量增加的同时，个股股价或大盘指数也同步上涨的一种量价配合现象，是最理想的一种价量配合关系。它表明随着个股成交量不断增加，股价将持续走高。价升量增只出现在上涨行情中，可以分为底部回升时的价升量增和上涨趋势中的价升量增。

1.底部回升时的价升量增

当股价经过一轮较长时间的下跌和底部盘整后，市场中逐渐出现诸多利好因素，这些利好因素增强了市场预期向好的心理，成交逐渐活跃。随着成交量的放大和股价的同步上升，底部回升时的价升量增现象随之出现。它表明资金开始持续入场，投资者应注意把握抄底买入时机。

如图1-8所示，2021年2月初，大西洋（600558）的股价创下了新低。之后，该股市场人气开始逐步积聚，成交逐渐活跃，该股也出现了价升量增的现象，表明资金开始持续入场。

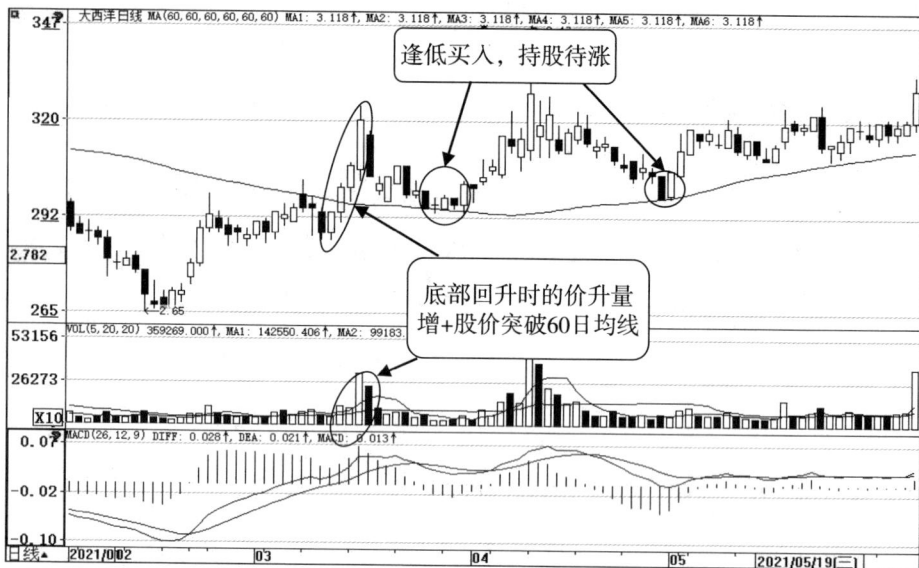

图1-8　大西洋日K线

📖✒ 精讲提高

　　底部回升时的价升量增，往往是一波上涨趋势的开端，但投资者仍然要耐心等待最好的买入时机。这是因为，有时候这种价升量增只是下跌趋势中的一段暂时的反弹走势，之后股价仍将延续原来的下跌趋势。因此投资者一旦看到底部回升时的价升量增，最好结合其他技术分析工具，综合研判上涨趋势是否真正形成。

2.上涨趋势中的价升量增

　　在一轮中长期上涨行情中，随着股价一浪接一浪地走高，很多时候成交量也会呈现逐步增加的态势，这预示着中期上涨行情仍将持续。在这个过程中，股价每次缩量回调时，都是投资者入场的时机。

如图 1-9 所示，2022 年 10 月到 2023 年 2 月，老白干酒（600559）的股价持续上涨，出现了一波较大的上涨趋势。在这波上涨趋势中，随着股价一浪接一浪地走高，该股成交量也呈现出逐步增加的态势。投资者可以在股价每次缩量回调时积极买入。

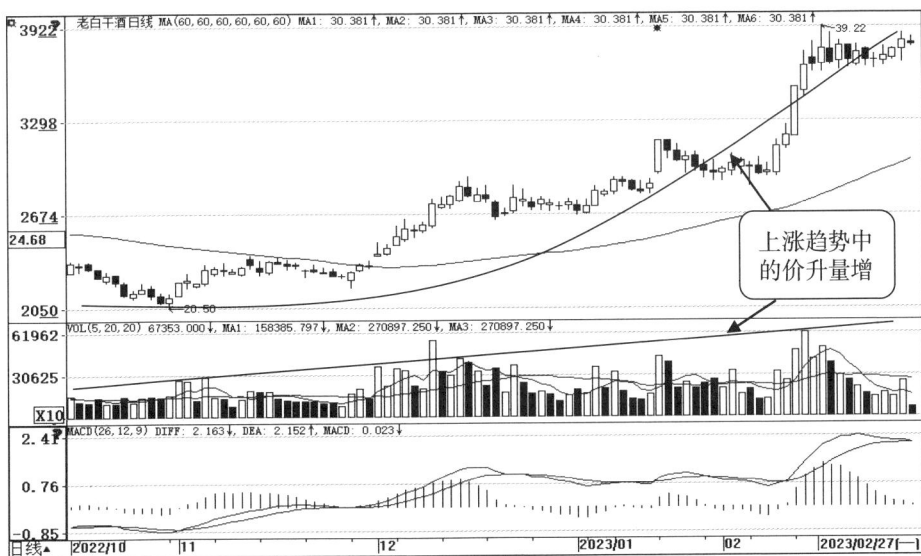

图 1-9　老白干酒日 K 线

1.2.2　价升量减

价升量减是指随着价格的上涨，成交量不断缩减，这是最主要的价量背离表现形式。就好比汽车在上坡过程中，如果逐渐收油门，那么汽车依靠惯性上升一段后，将慢慢停下来。

当出现这种走势特征时，往往预示着股价即将见顶下跌。由于股价仍有上涨的惯性，投资者不用急于卖出，而是要保持高度警惕，当发现股价出现明显的见顶迹象后，再及时进行卖出操作。

价升量减分为两类：短期内的价升量减和中长期的价升量减。

1.短期内的价升量减

有时股价在上升过程中，在短期内会出现价升量减的情形，此时往往预示着短期内股价上涨动能衰竭，很可能要进入一个调整周期。投资者对此应保持密切关注，待明确的短线反转信号发出后，可以进行减仓操作。

如图1-10所示，2022年6月下旬至7月下旬，宝胜股份（600973）的股价持续上涨，而成交量则明显下降，形成短期的价升量减现象。它表明市场上涨动能减弱，后市有较大可能出现回调走势。之后，该股股价明显下跌。

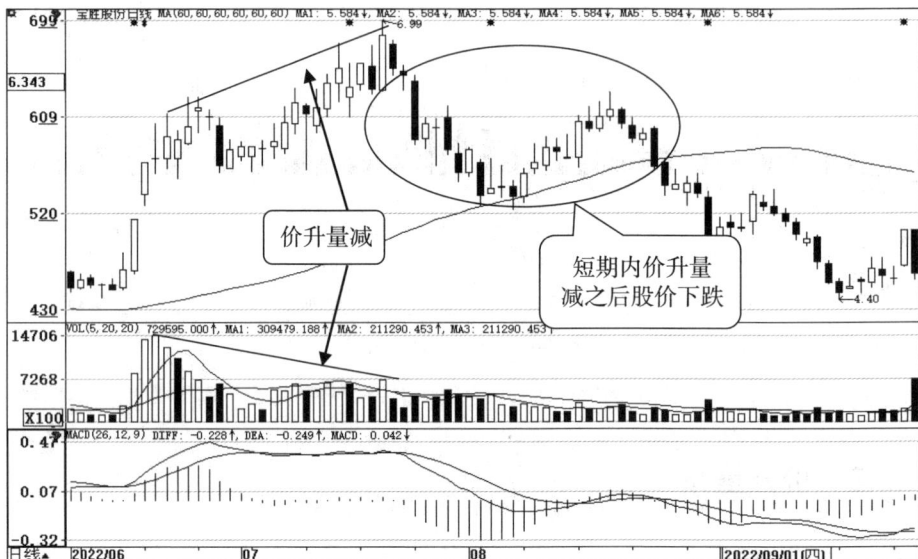

图1-10　宝胜股份日K线

2.中长期的价升量减

如果出现了长时间、大范围的价升量减情形，那么往往预示着股价正在构筑中长期顶部。对这种情况，投资者要保持高度警惕，一旦发现中长期见顶信号后，应清仓离场。

如图1-11所示，2021年6月到9月，天地科技（600582）的股价持续上涨，但成交量却呈现出不断缩减的态势，形成中长期的价升量减态势。它预示着股价正在构筑中长期顶部，投资者要保持警惕，注意及时离场。

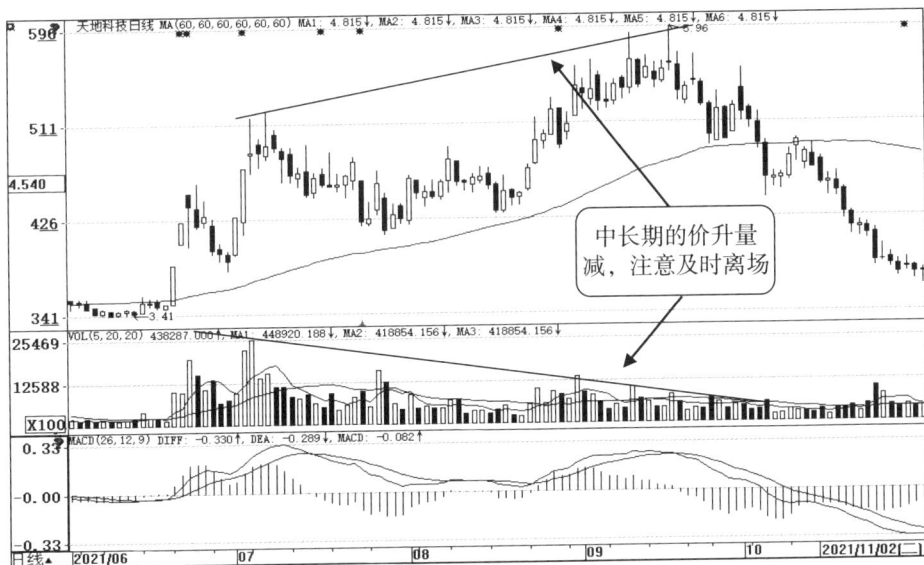

图 1-11　天地科技日 K 线

📖✒ **精讲提高**

投资者一旦发现中长期的价升量减现象，要注意利用其他技术分析工具进行综合研判。在天地科技的例子中，当该股形成中长期的价升量减态势后，9月17日，MACD 指标形成了 "DIFF 线与股价顶背离 + 死叉" 的强烈卖出信号，更验证了中长期顶部已经彻底形成。此时，仍然持股的投资者要注意果断卖出。

1.2.3　价跌量增

价跌量增是指随着股价的不断下跌，成交量反而持续放大的情形。就好比汽车在下坡时，如果一直踩油门，下坡速度会越来越快。这种走势反映出随着股价的下跌，买方力量在不断增加的同时，卖方力量增加幅度更大，未来股价仍然会节节下跌。

价跌量增可以分为股价高位时的价跌量增和股价低位时的价跌量增。

1.股价高位时的价跌量增

当股价处于高位区域时，特别是处于明显的滞涨状态时，一旦走势出现价跌量增的情形，往往是强烈的看跌信号。它表明获利筹码开始疯狂杀跌出局，仍然持股的投资者要注意及时出场。

如图1-12所示，从2022年2月21日开始，海螺水泥（600585）的股价在高位加速下跌，而成交量却不断增加，形成了高位价跌量增的情形，同时股价跌破60日均线。它表明获利筹码开始杀跌出局，投资者要注意立即出场。

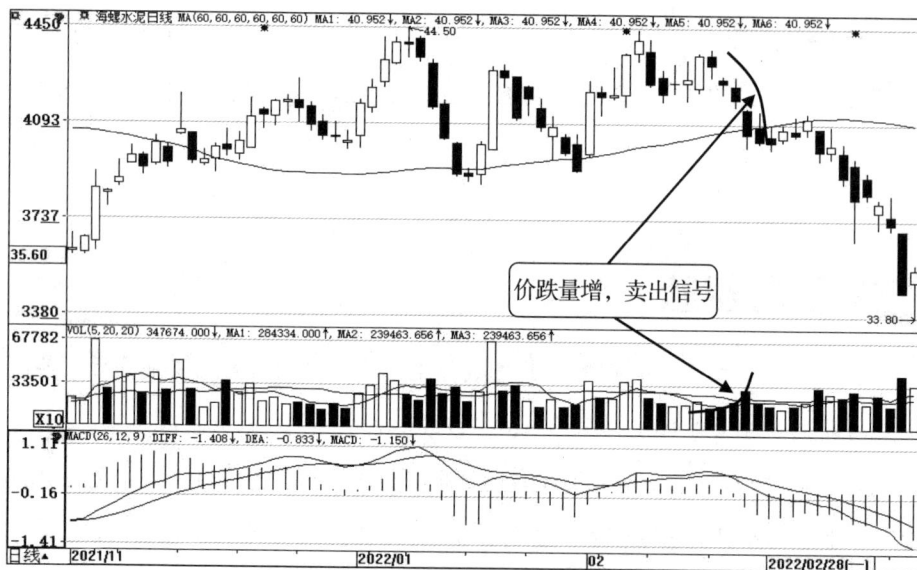

图1-12　海螺水泥日K线

2.股价低位时的价跌量增

当股价处于低位时，尤其是经过了长期大幅度的下跌之后，出现价跌量增的走势，说明虽然此时空方实力仍然强大，但是已经有资金开始在下跌中买入，多方已经开始准备反击。此时的价跌量增，可能是空方力量的最后释放，这是股价见底的信号之一。投资者对此应保持密切关注，如果后市股价出现明显的企稳走势，可以择机入场。

如图1-13所示，2022年10月，广汇物流（600603）的股价持续下跌，成交量也持续放大，形成价跌量增的态势。它表明此时市场空头实力仍然强大，但是已经有资金开始在这种下跌中买入，多方已经开始准备反击。之后1个月里，股价在底部逐渐企稳，投资者可以伺机买入。

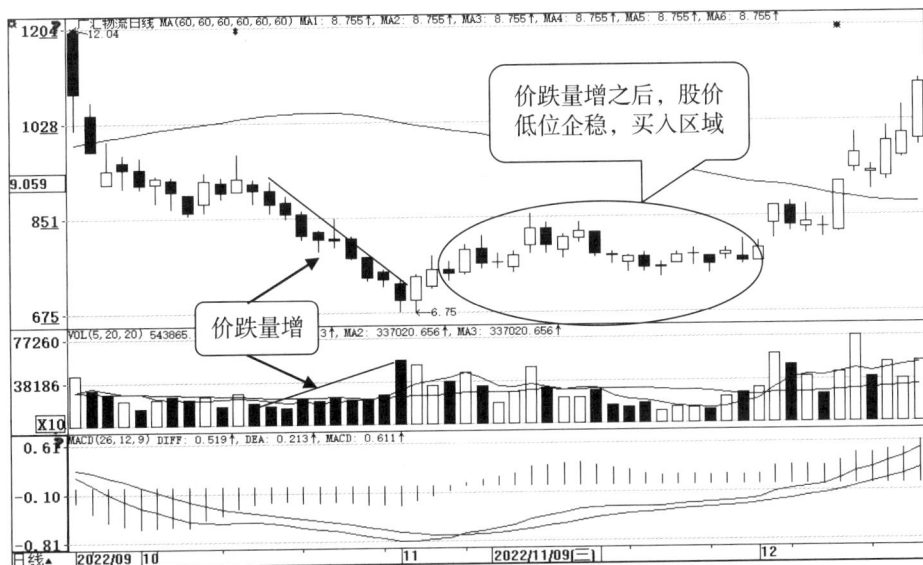

图1-13 广汇物流日K线

1.2.4 价跌量减

价跌量减是指随着股价的不断下跌，成交量也在不断缩减，一般称之为"价量齐跌"，是"价升量增"之外的另一种价量同向的表现形式。这种走势特征表示随着股价的不断下跌，筹码的锁定性越来越高。价跌量减可分为上涨趋势中的价跌量减和下跌趋势中的价跌量减。

1.上涨趋势中的价跌量减

在一波上涨趋势中，如果股价在到达一个阶段性高点后开始下跌，同时伴随着股价的下跌，成交量也在不断缩减，那么往往预示着这是一次正常的回调。调整结束后，股价仍将延续原来的上涨趋势。这种上涨趋势中的回调，为踏空投资者提供了良好的介入时机。

看到这种上涨趋势中的价量齐跌时，出于安全考虑，投资者应该等待股价真正调整到位并已经开始回升时，再开始介入。

如图1-14所示，2021年10月底至11月，南京新百（600682）的股价处于上涨趋势中。11月2日，该股股价在达到阶段性高点之后开始回调，同时成交量也逐步缩减，形成了上涨趋势中的价跌量减现象。11月17日，该股在短暂回调之后再次放量上涨，延续原来的上涨走势，投资者可以积极买入。

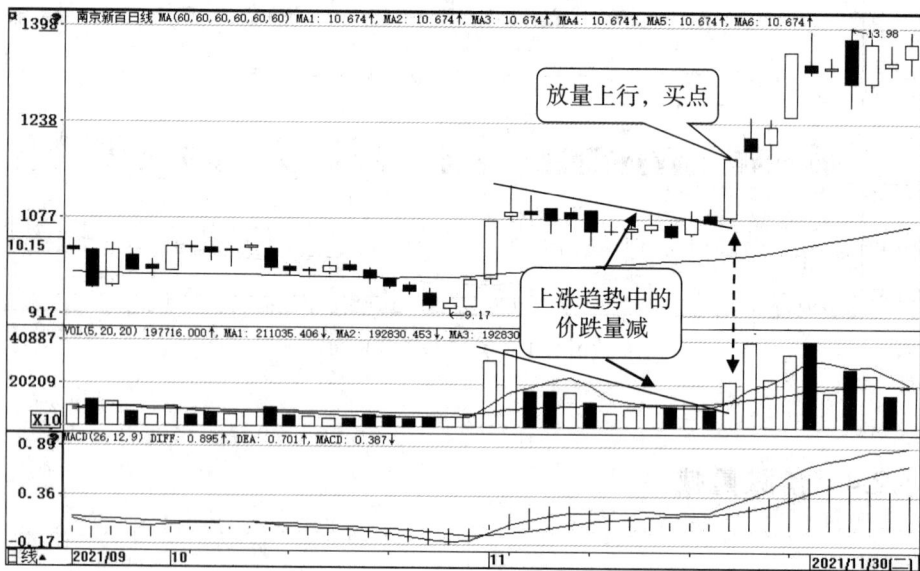

图1-14　南京新百日K线

2.下跌趋势中的价跌量减

在下跌趋势已经彻底确定的时候，投资者普遍看空后市，市场人气急剧下跌，形成价跌量减的走势。这表明市场筹码虽然逐步锁定，但买盘也非常稀少，投资者要注意保持观望，不要急于入场。

如图 1-15 所示，2022 年 6 月至 10 月，上海凤凰（600679）的股价持续下跌，同时成交量也不断缩减，形成了下跌趋势中的价跌量减。这表明市场人气低迷，买盘稀少，投资者要注意保持观望，不要急于入场。

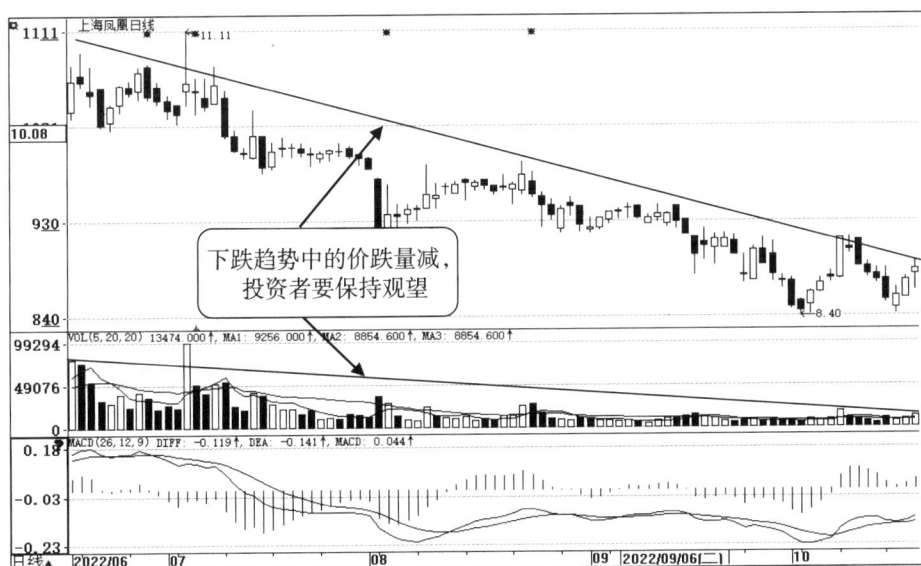

图 1-15　上海凤凰日 K 线

1.2.5　价平量增

价平量增是指价格在一个区间范围内震荡而成交量持续增加的情形。它表明市场上的多空双方持续僵持，一旦某一方在僵持中胜出，股价将打破这种僵持的行情，开始一波较大的上涨或下跌走势。投资者可以耐心等待股价的突破方向，再决定交易策略。如果股价向上突破震荡区间，说明多方在僵持中胜出，未来股价会持续上涨；如果股价向下跌破震荡区间，那就说明空方在僵持中胜出，未来股价会持续下跌。

如图1-16所示，2022年7月至8月，南网储能（600995）的股价在一个狭窄的区间内震荡，同时成交量逐步增加，形成了价平量增的走势。2022年9月30日，该股股价向下跌破前期震荡区间，卖出信号出现，投资者要注意及时出场。

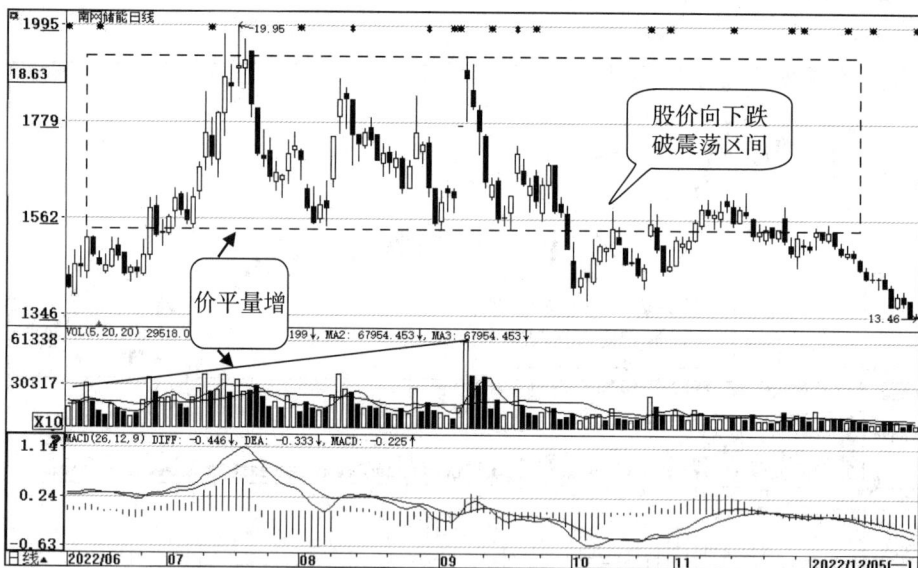

图1-16　南网储能日K线

1.2.6　价平量减

价平量减是指股价在一个区间范围内震荡而成交量出现缩减的情形。它表明股价在横盘整理过程中，市场的观望心理越发浓厚。与价平量增一样，为控制风险，投资者可以等价格出现突破走势后，再采取相应的买卖操作。

如图1-17所示，2022年11月底至2023年1月，原本处于上涨趋势中的新华传媒（600825）开始冲高回落，形成了一波长期震荡走势，同时成交量也不断缩减，形成价平量减的态势。这表明市场上观望气氛浓厚，投资者要耐心等待突破信号出现。2023年2月14日，该股股价放量向上突破前期震荡高点，发出买入信号，投资者可以果断买入。

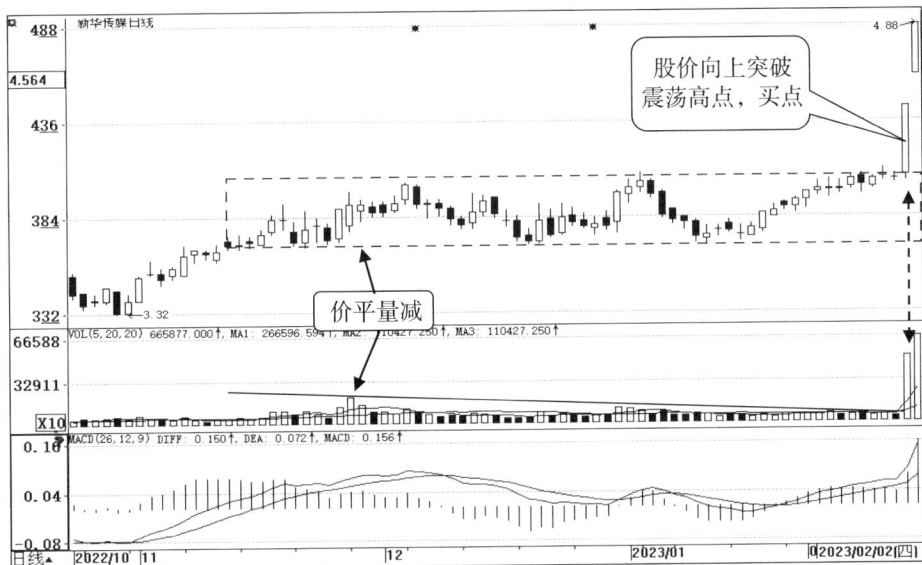

图1-17 新华传媒日K线

精讲提高

在实战中，投资者要注意以下两个方面。

（1）当价平量减出现在上涨趋势中的时候，往往是前期踏空投资者最好的买入时机。

（2）价平量增和价平量减的交易策略，可以突出说明成交量只是价格的一个重要辅助。当价格变化方向不明朗时，成交量很难起到预示作用，此时投资者需要等待价格变化方向的明朗。

1.3 特殊量价关系的市场含义

1.3.1 天量与天价

天量是指大盘或个股在人气高涨时形成极大的成交量。在实际操作中，对于是否放出天量，有以下两个判断标准可供投资者参考。

第一，绝对量。如果某个交易日创下了历史上的最大成交量，这个成交量就可以称为天量。

第二，相对量。如果某个交易日创下了这轮行情或者较长时间（如一年）以来的最大成交量，同时在短期内不大可能再次出现更大的成交量，这个成交量就可以称为天量。

相应的，天价也可以按照以上的标准进行判断。

在实战中，组合天量与天价可以得到一个卖点和一个买点，分别为"天量见天价"和"天量之后的天亮"。

1. 卖点：天量见天价

在一波上涨趋势中，当某个交易日个股股价创下天价，同时成交量也为天量，也就是天量和天价同时出现时，投资者就要警惕，因为这种天量见天价的情形往往是主力正在集中出货的征兆。此时，短线投资者应离场观望，而中长线投资者也应进行部分的减仓，此时卖点1出现。

如果天量之后，股价无法再次创出新高，也就是天价基本得到了确认，中长线投资者应该将持股全部卖出，此时卖点2出现。

如图1-18所示，2022年12月9日，丹化科技（600844）的股价创出了新高，同时，其成交量也创出了新高，二者形成天量见天价的形态。这样的形态表明主力正在集中出货，投资者要注意及时出场。

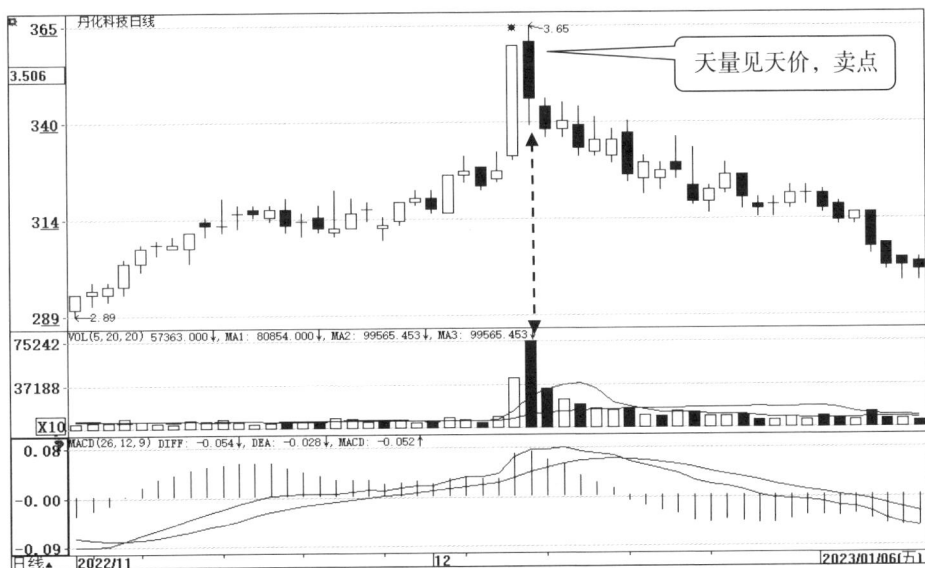

图 1-18　丹化科技日 K 线

2.买点：天量之后的天亮

有时候，天量并非伴随着天价，股价在天量之后的一段时间经常会突破天量位置，这种情形可以发生在下跌过程中，也可以发生在上涨过程中。既然股价能够突破天量，就说明在此前的天量位置，主力不仅没有出货，反而在大举买入，而股价突破主力大举建仓的天量位置，就预示着主力建仓、洗盘过程已经结束，拉升过程正式开始。

因此，天量之后的天亮就构成了一个非常重要的中线与短线买点。当股价出现天量之后，投资者可以保持密切关注。当股价突破天量位置后，此时"天已大亮"，投资者应及时入场，把握后续的拉升过程。

如图 1-19 所示，2022 年 7 月 28 日，德龙汇能（000593）的股价创出了新高，同时成交量也创出了天量，表明主力有较大可能正在吸筹建仓，投资者要警惕。之后该股股价冲高回落，不断地在低位震荡洗盘。2022 年 8 月 22 日，该股股价以放量涨停板的形式向上突破前期的天量位置，形成天量之后的天亮，表明主力在经过长期的建仓、洗盘后，开始向上拉升。此时，投资者要注意积极买入。

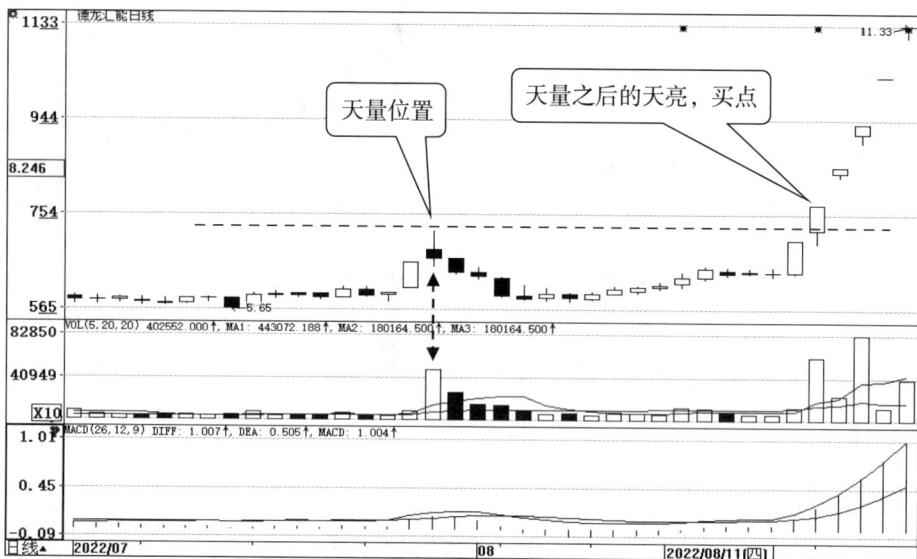

图 1-19　德龙汇能日 K 线

精讲提高

天量之后的天亮与天量见天价虽然都有天量出现，但出现的时机往往不同。天量之后的天亮中的天量往往出现在下跌趋势的后期，它表明主力正在低位不断地吸筹；而天量见天价中的天量往往出现在上涨趋势的中后期，是主力为了出货而有意制造出来的陷阱。因此，虽然同是天量，但二者的市场意义截然不同，投资者要注意仔细分辨。

1.3.2　地量与地价

地量是股市中比较常见的一种成交量情况，指大盘或个股在人气低迷时形成的极低的成交量。与天量的判断标准略有不同，地量主要是通过一段时间内的成交量来判断。如果某段时间内的成交量水平明显低于本轮行情以来其他时间段的成交量，那我们就可以将这段时间的成交量称为地量。

在实战中，当地量出现时往往股价也会达到一轮行情以来的最低点，这样的形态叫作地量见地价。根据这个形态出现时股价行情的不同，我们又可以将其分为熊市中的地量见地价和牛市中的地量见地价。

1.熊市中的地量见地价

在熊市中，股价一波波地不断创出新低，而成交量也不断缩减，最终往往在熊市的中后期形成地量见地价的走势。它表明熊市的下跌动能已经得到了相当的释放，股价接下来有可能即将进入熊市的筑底阶段。

因此，在熊市中，投资者一旦见到地量见地价，就要密切关注筑底阶段的来临。一旦判断筑底阶段来临，就可以逢低买入。

如图 1-20 所示，2021 年 12 月，华能水电（600025）的股价持续下跌并创出了新低，同时成交量不断缩减也创出了新低，形成了地量见地价的走势，这表明熊市的下跌动能已经得到了相当释放，接下来股价有可能进入熊市筑

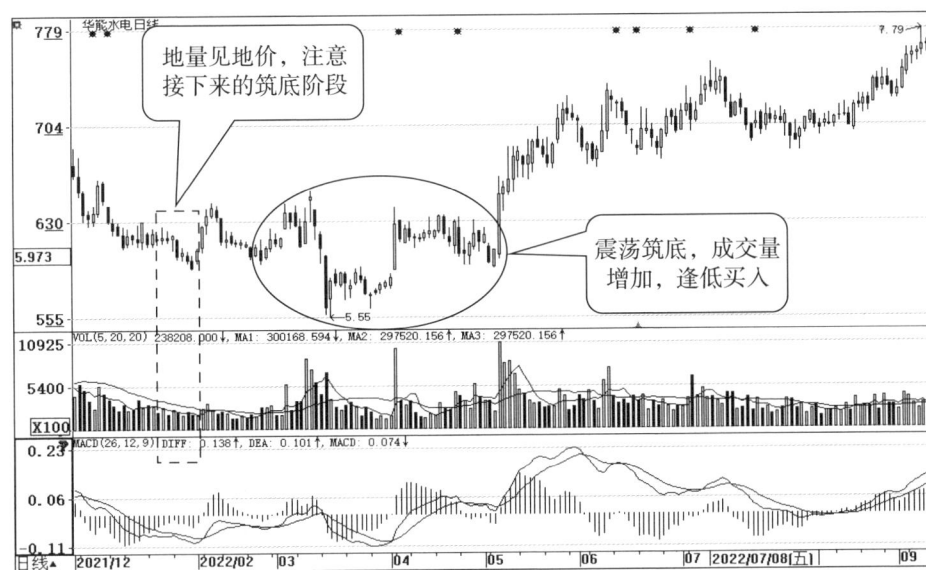

图 1-20 华能水电日 K 线

底阶段。之后的4个月里，该股股价在底部不断震荡筑底，投资者可以逢低买入。

2.牛市中的地量见地价

在牛市中，股价一波波地创出新高，但上涨趋势的回调也不时出现，这种牛市中的回调是前期踏空投资者绝佳的介入机会。这种回调过程，在成交量上的最大特征就是缩量。当成交量缩至某个低水平后，股价不再下跌并企稳回升，往往预示着回调过程结束，新一轮上升阶段即将开始，空仓投资者可以积极把握买入良机。

投资者需要注意，此时的地量是这波回调走势中的相对地量，而非绝对地量。

如图1-21所示，从2022年11月中开始，中青旅（600138）的股价经过前期的上涨开始回调。11月底，该股出现地量见地价的走势，投资者需要注意。11月28日，股价在60日均线附近放量大涨，回调过程结束后，新一轮上升阶段即将开始，投资者可以积极买入。

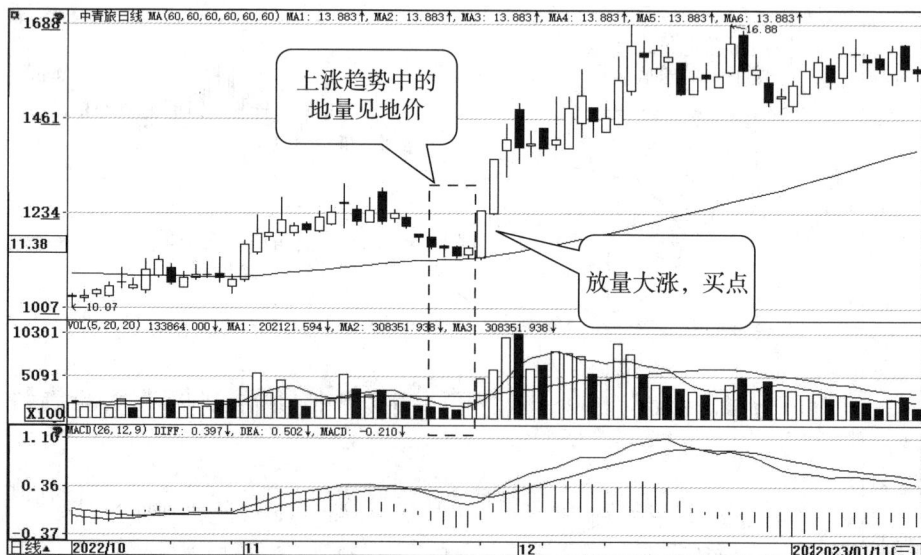

图1-21　中青旅日K线

1.4　不同行情中的成交量

1.4.1　牛市中的成交量

在牛市中，伴随着股价一波波创出新高，其成交量也不断增加。但是股价在上涨的过程中，总是会出现阶段性的回调，在回调中，成交量也相应地缩减。之后，股价会再次放量上涨，越过前期高点，延续原来的上涨趋势。

在牛市中，投资者最好的策略就是当牛市确定之后，在股价缩量回调的过程中逢低买入，持股待涨。

如图 1-22 所示，2021 年 6 月至 8 月，兴发集团（600141）的股价一直运行在 60 日均线之上，表明市场正处于一波上涨趋势中。2021 年 6 月初，该股股价在创

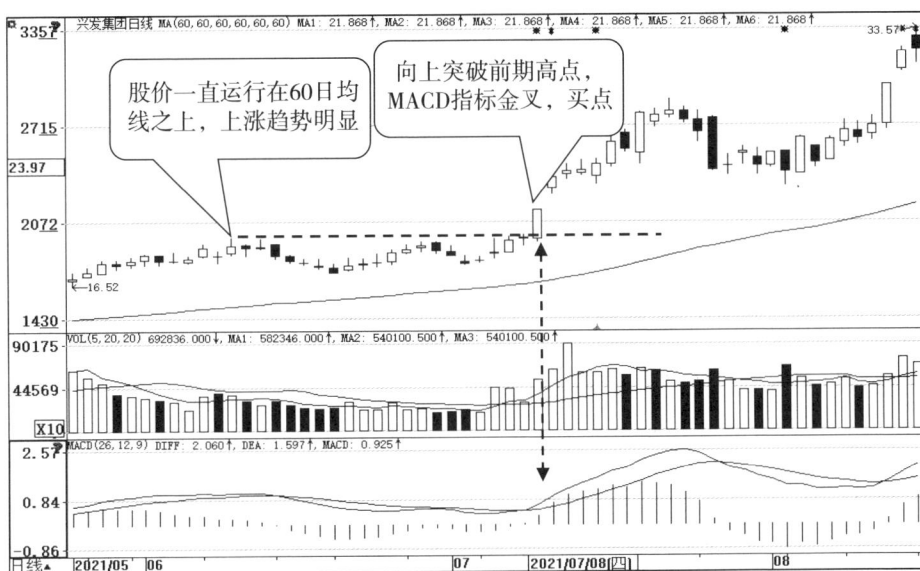

图 1-22　兴发集团日 K 线

造阶段性高点之后回落，但没有跌破60日均线，同时成交量持续缩减，表明市场上涨动能仍然强烈。2021年7月9日，该股股价突破前期高点，同时MACD指标出现金叉，发出强烈买入信号。此时，投资者可以积极买入，持股待涨。

精讲提高

投资者在牛市中进行操作，特别需要注意以下两个方面。

（1）上涨趋势的确定。投资者在判断上涨趋势是否真正形成的时候，可以结合其他趋势性技术分析工具进行综合研判，如均线、MACD指标等。

（2）买入时机的把握。投资者确定上涨趋势彻底形成后，要寻找最合适的买入时机，争取一旦买入持仓马上有浮盈。这个过程中，投资者也要结合其他技术分析工具进行综合判断。

1.4.2 熊市中的成交量

在熊市中，伴随着股价一波波创出新低，看空的预期会进一步强化，造成市场上卖出者众多、买入者极少的情形。因此，在熊市中，成交量在总体上不断缩减。但是股价在下跌的过程中有时候会出现阶段性的反弹。在小幅反弹过程中，成交量也会相应放大，但往往难以突破前次反弹放量时的成交量高点，而且很快就随着股价的再次下跌而缩减。

投资者在熊市中最好持币观望，尤其要注意提防阶段性的反弹走势，不能被股价暂时的反弹所欺骗而买入。

如图1-23所示，2022年1月至4月，泉阳泉（600189）的股价处于一波下跌趋势中。伴随着股价的下跌，该股成交量也不断缩减。4月中旬，该股一度放量向上，但很快就再次向下创出新低。在这个过程中，投资者要注意持币观望。

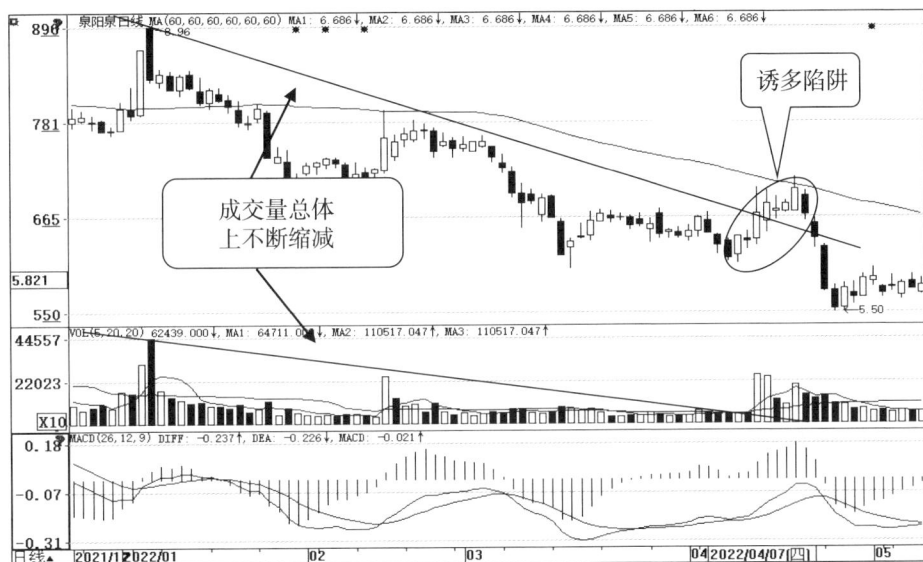

图 1-23　泉阳泉日 K 线

1.4.3　猴市中的成交量

股价在一定的区间范围内大幅震荡的即为猴市，又叫作震荡市。形成震荡市的原因是多空双方实力相当，任何一方都无法取得决定性的优势，结果在价格上呈现出拉锯战的态势。在股价震荡的过程中，成交量时大时小，但整体上逐渐缩量。具体来说，当股价向上时，成交量放大；当股价下跌时，成交量缩小。

激进的投资者在震荡市中可以高抛低吸，以提高资金的使用效率。趋势型投资者在震荡市中可以耐心持币观望，如果股价接下来向上突破震荡区间，就可以果断买入。

如图 1-24 所示，2020 年 9 月至 2021 年 3 月，科新发展（600234）的股价一直在一个矩形区间内上下波动，成交量时大时小，但整体上逐渐缩量。在这个过程中，激进型投资者可以在矩形区间内不断地高抛低吸。2021 年 3 月

19日，该股股价放量向上突破前期震荡高点，表明震荡走势已经初步结束，买点1出现。之后该股股价回抽确认，买点2出现，趋势投资者要注意把握这两个买点。

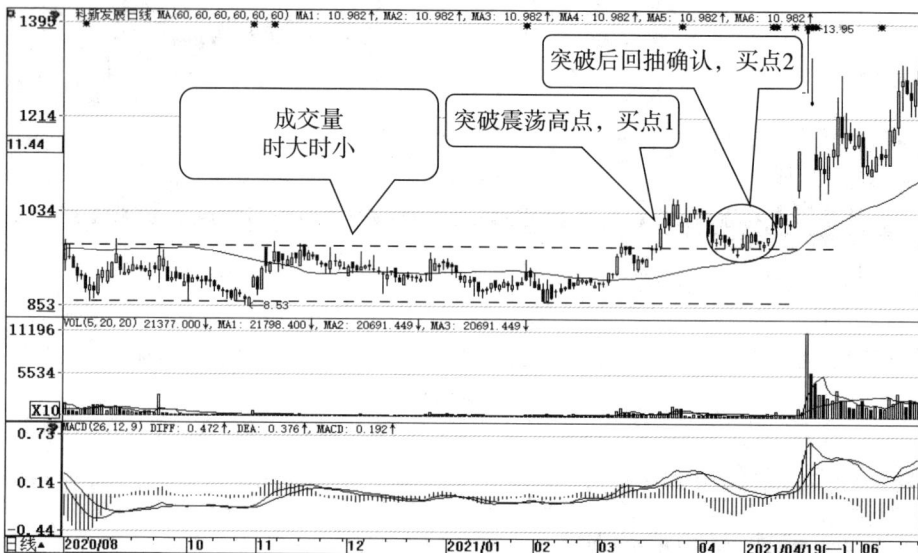

图1-24　科新发展日K线

精讲提高

投资者在震荡市中操作，需要注意以下两点。

（1）震荡市常常形成某种特别的形态，如矩形形态、三角形形态、楔形形态等。其中，矩形形态特别适合高抛低吸的策略。

（2）投资者在矩形形态中不断高抛低吸时，最好结合一些技术指标来综合判断。常用的有KDJ指标（随机指标）、BOLL指标（布林线指标）等。

第 2 章

———

熟悉成交量指标

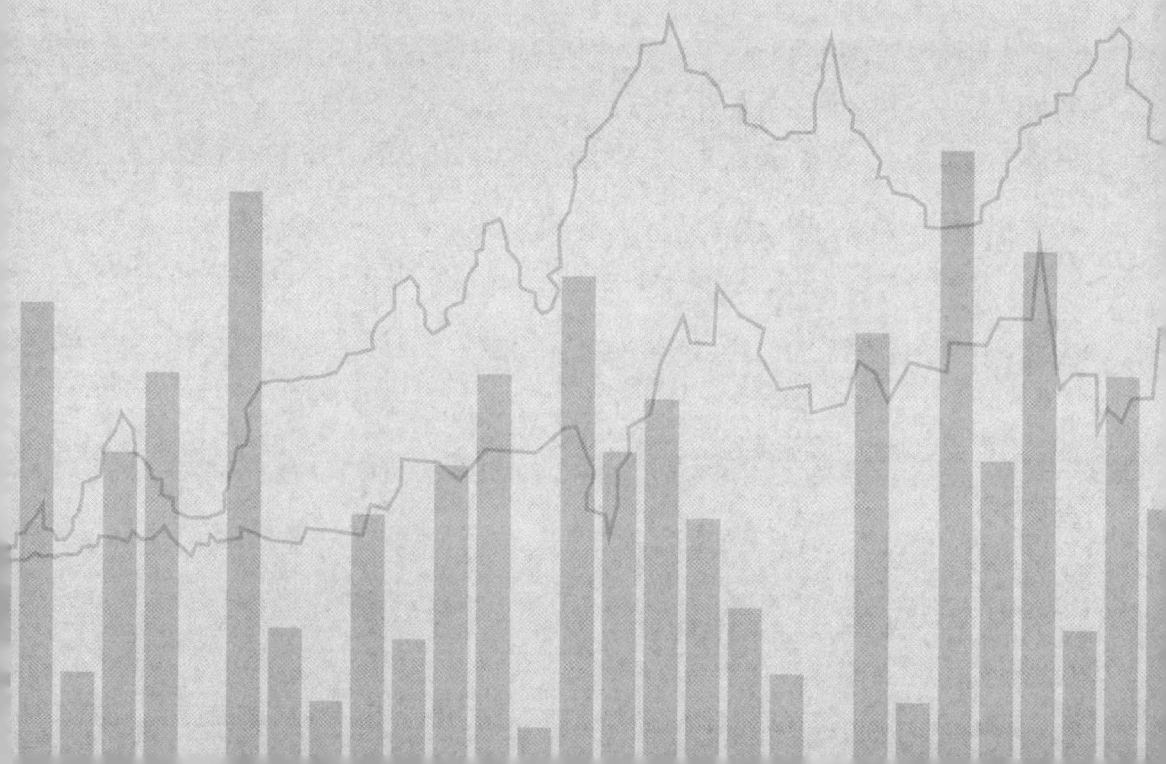

2.1　换手率

2.1.1　什么是换手率

换手率（Turnover Rate）又称周转率，是指在一定时间内市场中股票转手买卖的频率，是反映股票流通性强弱的指标之一。其计算公式为：

换手率=某一段时间内的成交量/流通总股数 ×100%

在大智慧炒股软件中，投资者可以方便地查看股票换手率情况。

如图 2-1 所示，2023 年 2 月 21 日，航天信息（600271）上午 10:37 的换手率为 0.57%，这表示从当日开盘到 10:37，该股的成交量占流通总股数的 0.57%。

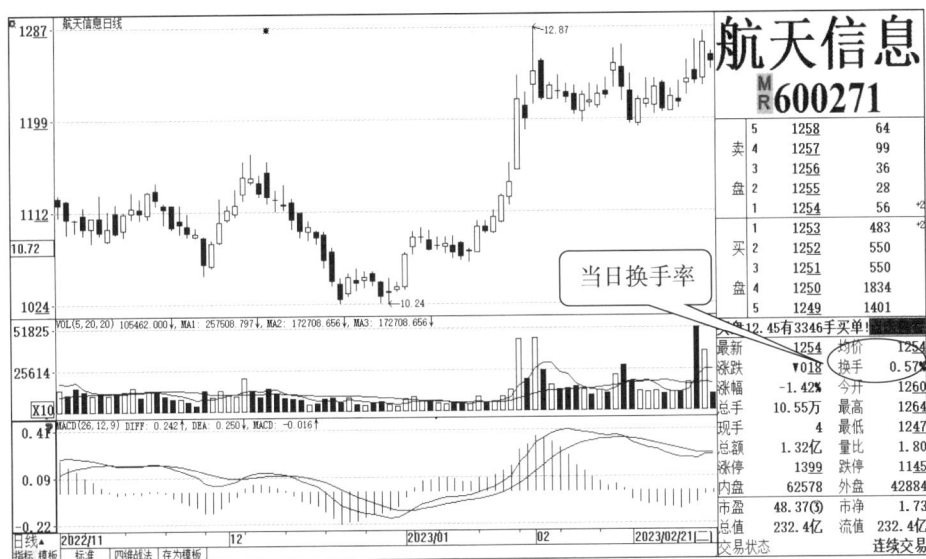

图 2-1　航天信息日 K 线

精讲提高

需要注意的是，在我国，股票分为可在二级市场流通的社会公众股和一部分不可在二级市场流通的股票，因此投资者在计算换手率的时候，一般只计算可流通部分的股票的换手率，从而更真实和准确地反映出股票的流通性。

通过换手率的计算公式，投资者可以知道该指标本质上是对成交量的一种统计处理，因此它也要遵循成交量在应用中的一般规律。投资者在实际应用该指标时要注意以下四个方面。

第一，利用换手率判断热门股和冷门股。股票的换手率越高，意味着该只股票的交易越活跃，人们购买该只股票的意愿越高，属于热门股；反之，股票的换手率越低，则表明该只股票越少有人关注，属于冷门股。

第二，利用换手率判断股票的流通性。换手率高一般意味着股票流通性好，进出市场比较容易，不会出现想买买不到、想卖卖不出的情况，具有较强的变现能力。然而值得注意的是，换手率较高的股票，往往也是短线资金追逐的对象，其投机性较强，股价起伏较大，风险也相对较大。

第三，将换手率与股价走势相结合，可以对未来的股价做出一定的预测和判断。某只股票的换手率突然上升，成交量放大，可能意味着有投资者在大量买进，股价可能会随之上扬。如果某只股票持续上涨了一段时间后，换手率迅速上升，则意味着可能有一些获利者套现，股价可能会下跌。

第四，一般情况下，大多股票每日换手率为1%~2.5%（不包括初上市的股票）。70%的股票的换手率基本在3%以下，因此3%就成为一个重要分界线。换手率超过3%的股票分类及其市场意义如图2-2所示。

（1）当一只股票的换手率为3%~7%时，表明该股进入相对活跃状态。

（2）当一只股票的换手率为7%~10%时，表明该股受到市场广泛关注，股价处于高度活跃状态，属于强势股。

（3）当一只股票的换手率为10%~15%时，表明该股背后有实力雄厚的主力操作，后市必将出现明显的趋势。

（4）当一只股票的换手率超过15%并且持续多日时，该股往往成为当日的"黑马股"。

图 2-2　换手率超过 3% 的股票分类及其市场意义

2.1.2　换手率的实战解读

在实战中，投资者需要注意换手率在两种情况下的用法。

1.高位时的高换手率

当股价处于一波上涨趋势的后期，尤其是当该股股价已经在高位不断震荡时，换手率突然增高，就表明主力正在不断出货。在这个过程中，往往伴随着一些利好消息的出台，在散户投资者受到利好消息的刺激而积极入场时，主力则趁机完成出货。因此，投资者一旦看到高位时的高换手率，要注意伺机卖出。

如图 2-3 所示，2022 年 11 月，开开实业（600272）股价经过一波上涨走势之后在高位不断震荡。在 2022 年 11 月中旬和 12 月中旬，该股两次在高位出现高换手率，表明主力正在不断地出货。因此，投资者要注意及时卖出出场。

2.低位时的高换手率

底部放量的股票，其换手率高提示新资金介入的迹象较为明显，未来的上涨空间相对较大，越是底部换手充分，上行中的抛压越轻。此外，如果目前市场的特点是局部反弹行情，换手率高的股票则有望成为强势股，强势股就代表着市场的热点，因而投资者有必要对这类股票加以重点关注。

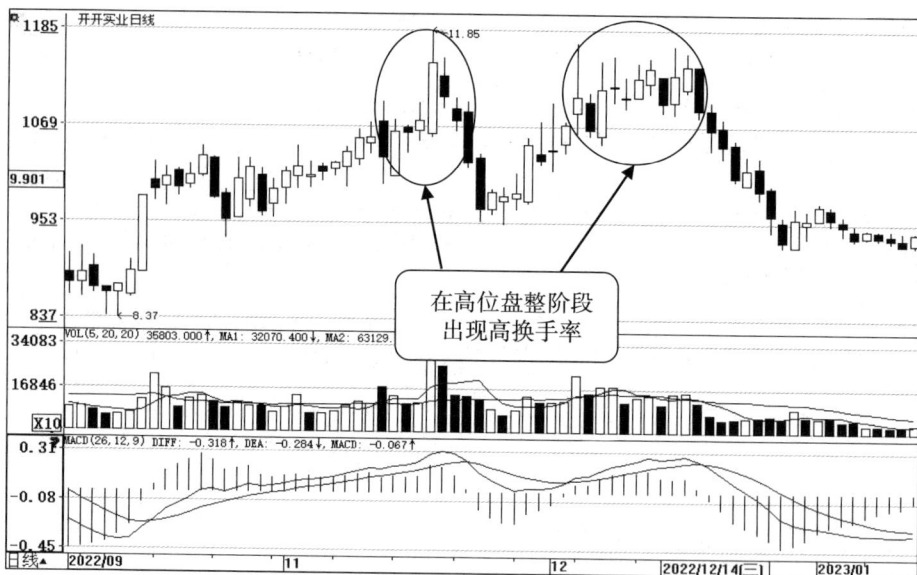

图2-3　开开实业日K线

　　如图2-4所示，2022年9月至10月，敦煌种业（600354）的股价持续下跌，屡创新低，成交量和换手率都极低。从10月底开始，该股股价出现一波

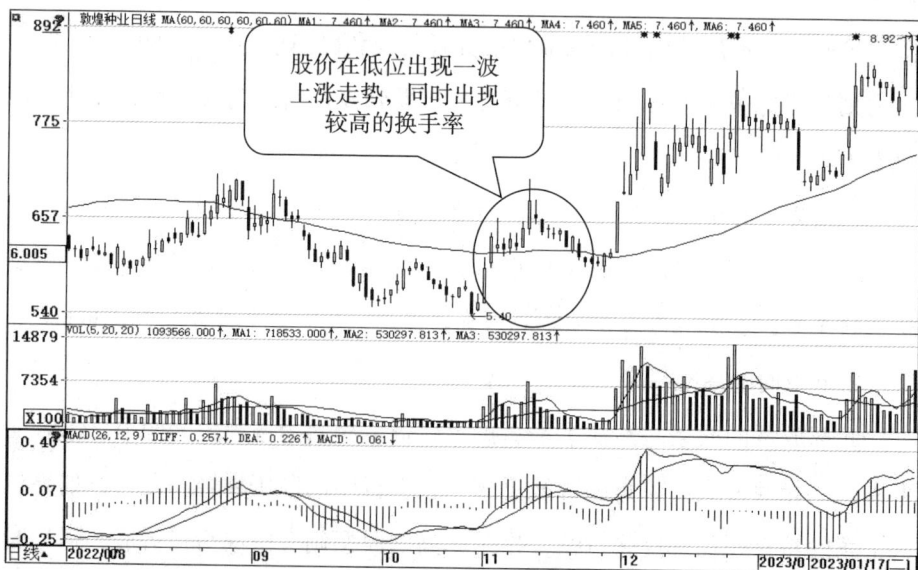

图2-4　敦煌种业日K线

上涨走势，同时出现较高的换手率，表明新资金在这个过程中正在积极入场。投资者要注意及时入场。

精讲提高

投资者如果在熊市的后期见到低位高换手率，就要对此多加关注，因为这往往是一波上涨趋势的重要征兆。但仅以此就判断上涨趋势已经形成显得稍微单薄，因此投资者可以结合其他技术分析工具进行综合研判，常用的技术分析工具有 K 线组合、均线、MACD 指标等。

2.2　量比

2.2.1　什么是量比

量比是衡量相对成交量的指标，是指股市开市后平均每分钟的成交量与过去 5 个交易日平均每分钟成交量之比。其计算公式为：

量比＝现成交总手/（过去 5 日平均每分钟成交量 × 当日累计开市时间）

如图 2-5 所示，在当日走势中，招商银行（600036）的股价略有下行，量比曲线呈现出圆弧形的形状。

从量比的计算公式可以知道，该指标反映当前盘口的成交量与最近 5 日的成交量的差别。这个差别值越大，表明当日该股流入的资金越多，盘口成交越趋活跃。因此量比资料可以说是盘口语言的翻译器，它是超级短线临盘实战洞察主力短时间动向的秘密武器之一，更适用于短线操作。

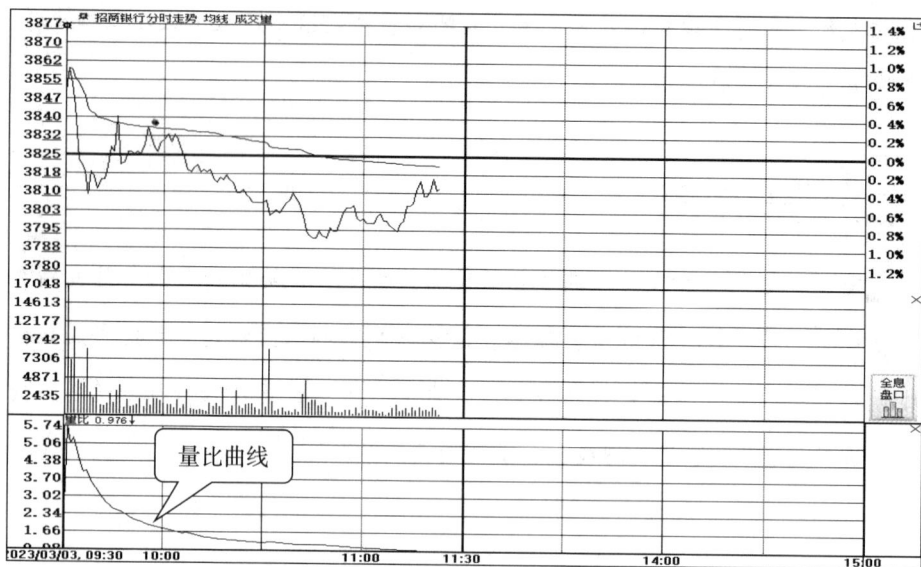

图 2-5　招商银行分时走势

2.2.2　量比的实战解读

在实战中，量比要结合价格使用，来对未来的走势进行研判。其运用法则如图2-6所示。

（1）量比为0.8~1.5倍，说明成交量处于正常水平。

（2）量比为1.5~2.5倍为温和放量。如果股价也处于温和缓升状态，则升势相对健康，投资者可适当买入；若股价下跌，则可认定跌势难以在短期内结束，从量的方面判断，投资者可考虑清仓离场。

（3）量比为2.5~5倍为明显放量。若股价相应地突破重要支撑或阻力位置，则突破有效的概率颇高，投资者可以积极买入。

（4）量比为5~10倍为剧烈放量。如果在个股处于长期低位时出现剧烈放量突破，涨势的后续空间巨大，往往是一波上涨趋势的开端，此时投资者可以逢低买入。但是，如果在个股已有巨大涨幅的情况下出现如此剧烈的放量，投资者则需要高度警惕。

图 2-6　量比与价格的运用法则

如图2-7和2-8所示，2023年2月21日，中国卫星（600118）的量比曲线从低位开始迅速上扬，突破2.5倍和5倍，表明市场正在剧烈放量。再加上该

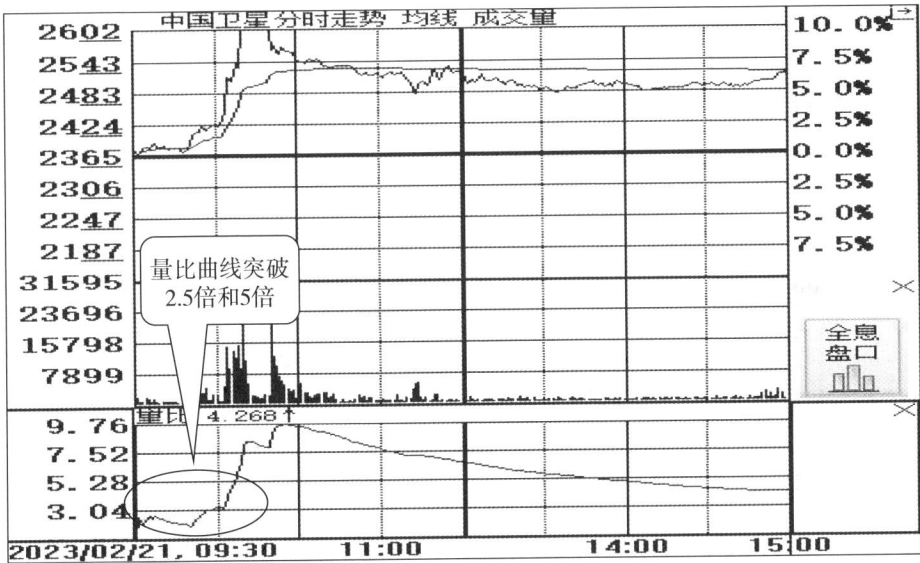

图2-7　中国卫星分时走势

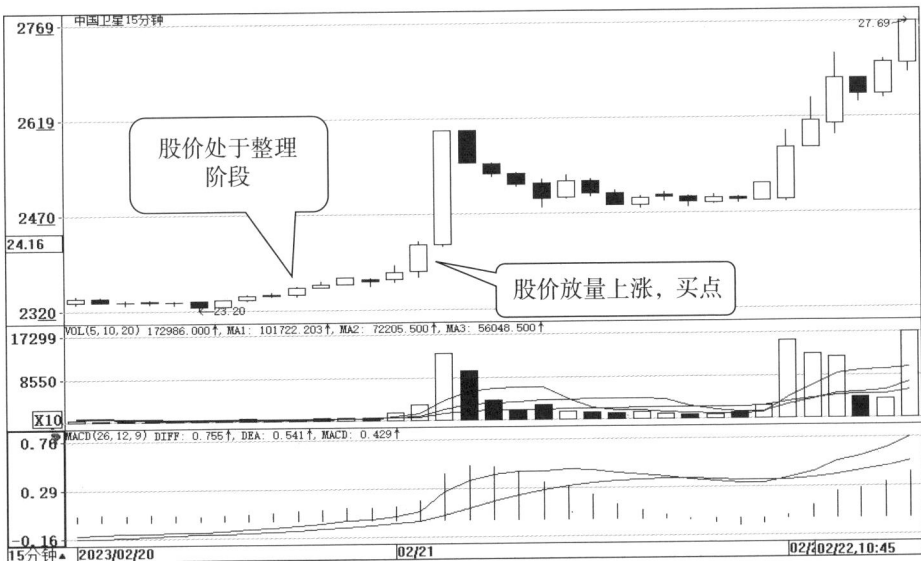

图2-8　中国卫星15分钟K线

股股价前期较长时间处于整理阶段，此时突然急剧放量，往往是股价加速上涨的预兆，买点出现，投资者可以果断买入。之后，该股股价迅速冲击涨停。

精讲提高

由于我国股市遵循"T+1"的交易规则，当天买入的股票必须在第2个交易日才能卖出，因此投资者在使用量比指标时，必须考虑到这一点。投资者要防止出现当天买入股价立即上涨，但当天又大幅下跌的情况。

2.3　均量线

2.3.1　什么是均量线

均量线（MAVOL）指标是一种反映一段时间内市场平均成交情况即交易趋势的技术性指标。它是将一定周期内的成交量进行移动平均后，连接众多的移动平均数得到的平滑曲线。其计算公式为：

$$MA=(M_1+M_2+M_3+\cdots M_n)/N$$

其中，M_n为第n期的股票成交量，N为统计时间周期。

在炒股软件中，均量线指标由若干条不同时间周期的均量线组成。投资者可以通过这几条均量线的交叉、背离等方式来对股价的走势进行预测和判断。通常情况下，均量线指标由两条不同时间周期的均量线组成，而时间周期一般默认为5日和10日组合（有时也可以设为5日和20日组合）。

如图2-9所示，2022年11月至2023年1月，中国医药（600056）的股价出现了"上涨—下跌"。在这个过程中，5日均量线和20日均量线也呈现出有规律的变化。

均量线指标的使用要点如图 2–10 所示。

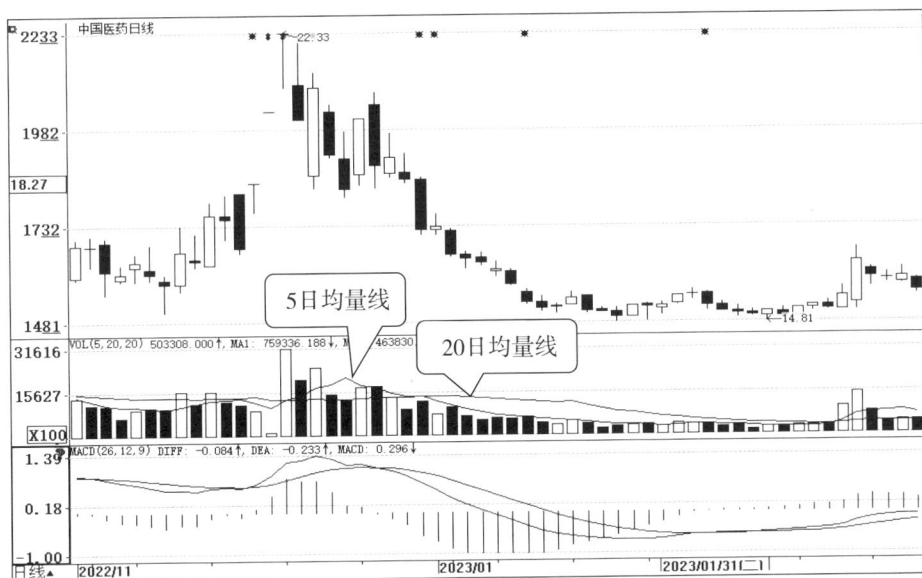

图 2–9　中国医药日 K 线

- （1）均量线指标对股票价格走势的预测不是直接的，而是通过成交量来进行的。
- 与移动平均线等统计股价走向的指标不同，均量线指标是通过对成交量进行统计处理而得到的。投资者要想通过均量线指标对股价进行预测，需要对价量关系有一定的了解。
- （2）均量线指标在股价研判中主要起辅助作用。
- 投资者想要构造一个关于移动平均线指标的交易系统，可以综合均量线指标进行研判。两者互相印证，能够大大提高交易系统的成功率。

图 2–10　均量线指标的使用要点

2.3.2　均量线的实战解读

在实战过程中，最常用的均量线指标是 5 日均量线和 20 日均量线的金叉、死叉。

1.5日均量线和20日均量线的金叉

当5日均量线上穿20日均量线形成金叉时，表明市场成交量开始增大，买盘开始活跃，股价上涨的动能正在逐步增强，股价形成上涨趋势的可能性较大，为买入信号。此时如果有其他趋势技术指标也出现上涨信号，那么上涨动能就更加强烈了。

如图2-11所示，2022年7月，皖维高新（600063）的股价一直在低位盘旋。8月3日，该股K线组合出现旭日东升形态。8月4日，5日均量线向上突破20日均量线，表明市场成交量开始增大，该股股价上涨动能正在逐步增强，发出买入信号。之后该股股价出现了一波上涨走势。

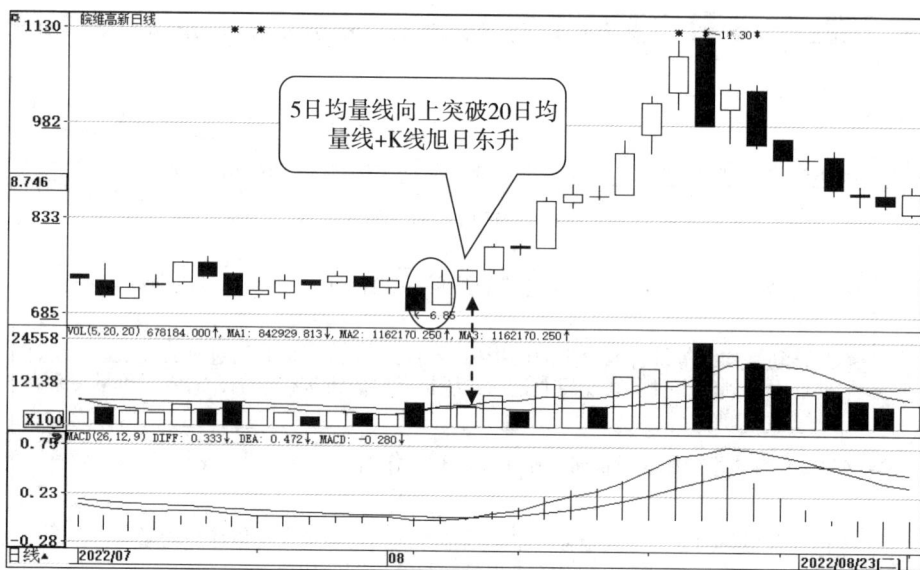

图2-11　皖维高新日K线

2.5日均量线和20日均量线的死叉

当5日均量线下穿20日均量线形成死叉时，说明股价的运行失去了交易量的配合，预示着股价形成下跌趋势的可能性较大，为卖出信号。

如图2-12所示，2021年9月15日，新疆天业（600075）的股价在高位逐渐滞涨，同时 5 日均量线向下跌破 20 日均量线形成死叉。这表明股价的运行已经失去了成交量的配合，接下来形成下跌趋势的概率较大，发出卖出信号，投资者可以及时卖出。

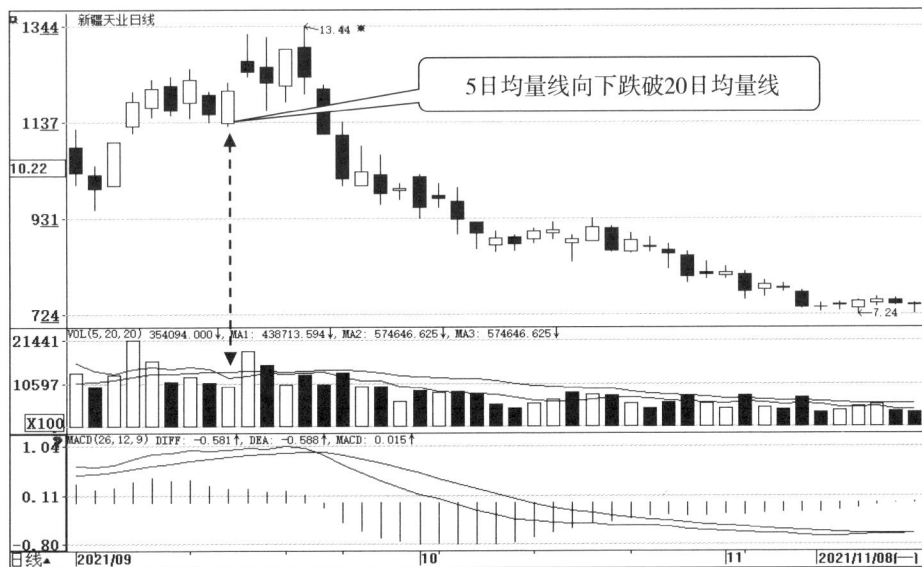

图 2-12　新疆天业日 K 线

精讲提高

在实战中，均量线的金叉和死叉往往频繁出现，这对做趋势的中长线投资者来说，参考意义并不是很大。因此，中长线投资者可以将均量线的金叉、死叉与均线指标结合使用。当股价在均线上方运行时，均量线出现金叉就意味着股价即将加速上涨，出现死叉只是上涨趋势中的短暂回调；当股价在均线下方运行时，均量线每一次出现死叉就意味股价即将加速下跌，出现金叉往往只是短暂的反弹走势。

2.4 筹码分布

2.4.1 什么是筹码分布

股票交易中，买卖双方在某个价位达成共识，即在这个价位成交。随着股票价格的变化，成交量在不同的价格区域也会发生相应的变化。在不同价格上成交量的数量，就形成了不同价位的筹码。

因此，筹码分布（CYQ）又可以称为成本分布，其准确含义是投资者持有的流通股票在不同成本上的分布数量。

在大部分炒股软件中，筹码分布图位于K线图窗口的右侧，由上下两部分组成。上部分是紧密排列的水平柱状条，每根柱状条与左边的K线图价格坐标相互对应。柱状条的长度表示在这个价位上建仓的持股数量占总流通股的百分比，如果近期的交易使得某个价位的筹码增加，那么相应的其他价位的筹码分布量必然会减少；下部分则是筹码分布的标注，它适时标注了筹码分布的日期、获利比例、平均成本，并且计算了一定价格区间的筹码集中度。

图2-13是2023年3月6日中远海能（600026）的日K线走势和筹码分布图。在右边的筹码分布图中，上部分以水平柱状条的形式表示不同价位的筹码占总流通股的百分比，下部分是对筹码分布的标注。从图中可以看出，该股截至当日90%的筹码（流通股）集中在11.89~18.77元的价格区间内。同时，当日该股收盘价为15.46元，收盘获利的筹码为73.8%，表明截至当日有73.8%的筹码成本低于15.46元。

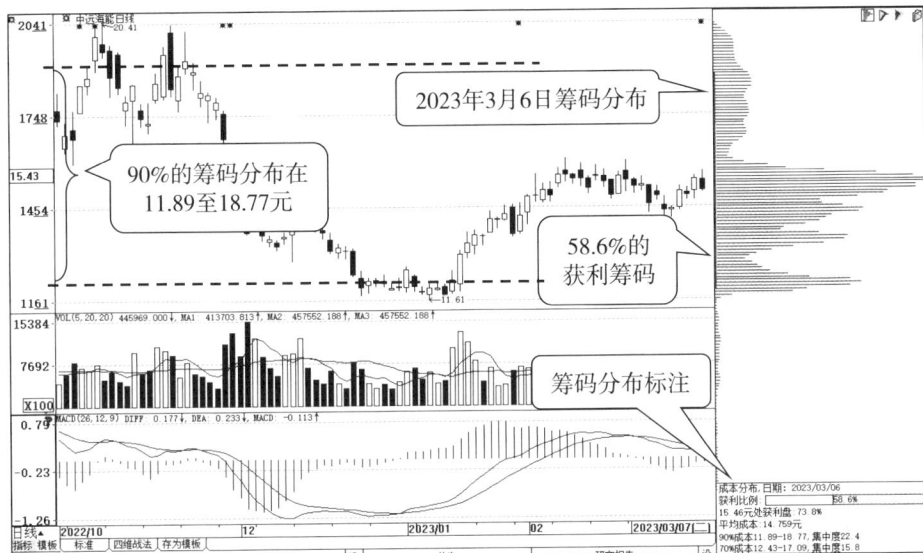

图 2-13　中远海能日 K 线和筹码分布

精讲提高

当投资者打开筹码分布界面时，它并不是停留在某一天一成不变的。实际上，该界面会随着鼠标在左侧日 K 线图中的运动而相应地变化。这种设计特点有很重要的操作意义，投资者可以方便地找出前期任意一天的筹码分布状态，并且紧密地与 K 线、MACD 指标等技术分析工具相关联，更好地对走势进行研判。

在对筹码分布进行分析时，一般都是从它的形态入手的。筹码分布形态分为密集形态和发散形态。

当一只股票在某个价位上下徘徊较长时间，形成较大的成交量时，在筹码分布图上，投资者可以清晰地看到一个高高耸起的"山峰"。在这个狭窄的价格区间，几乎聚集了该股所有的筹码，而且该"山峰"的上下空间几乎没有筹码分布，我们把这种形态称为筹码分布指标的密集形态，而"山峰"则被称为密集峰。

如图2-14所示，2022年5月6日，华润双鹤（600062）的筹码主要分布在4个密集峰上。其中，第1个密集峰是在31元上下形成的，它表示当前在31元上下分布着较多的筹码，这些筹码处于被套牢的状态；第2个密集峰是在24元上下形成的，它表示当前在24元上下分布着较多的筹码，这些筹码有盈利但不大；第3个密集峰是在15元上下形成的，它表示当前在15元上下分布着较多的筹码，这些筹码大多处于盈利状态；第4个密集峰是在12元上下形成的，它表示在12元附近也分布着较多的筹码，而且这些筹码盈利幅度最大。

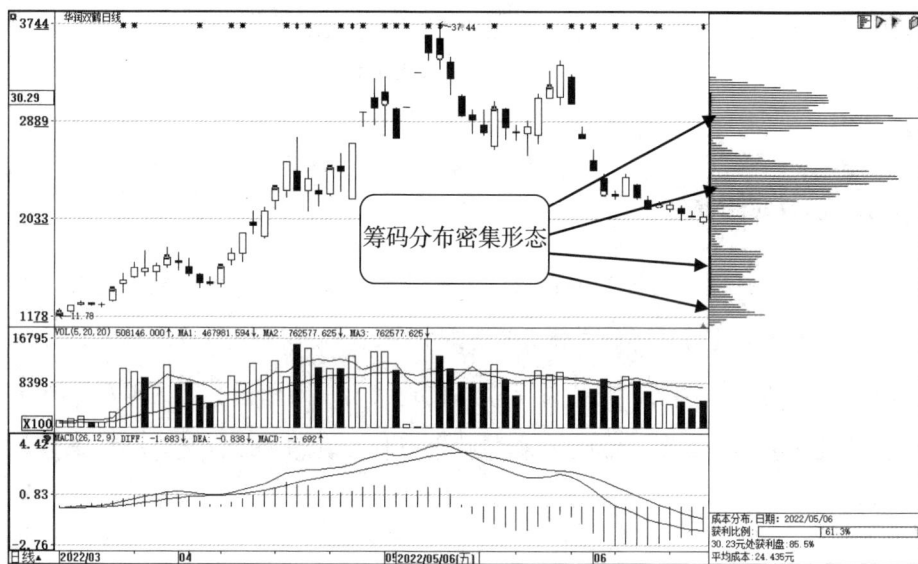

图2-14　华润双鹤日K线

与筹码分布的密集形态相反，当一只股票的筹码没有分布在相对集中的价格区间内，而是相对比较平均地分布在各个价格区间内，我们将其称为筹码分布指标的分散状态。这往往是由于在股价的上涨走势或下跌走势中，价格波动速度过快，使得投资者买入筹码分布在每一个价位所造成的。

如图 2-15 所示，2023 年 1 月 16 日，宝钢股份（600019）的筹码相对比较平均地分布在 5~6 元，形成筹码分布的分散状态。这是因为该股股价从 2022 年 10 月到 2023 年 1 月一直处于上涨趋势中，投资者在这个上涨过程中持续买入，造成筹码在各个价位分散分布。

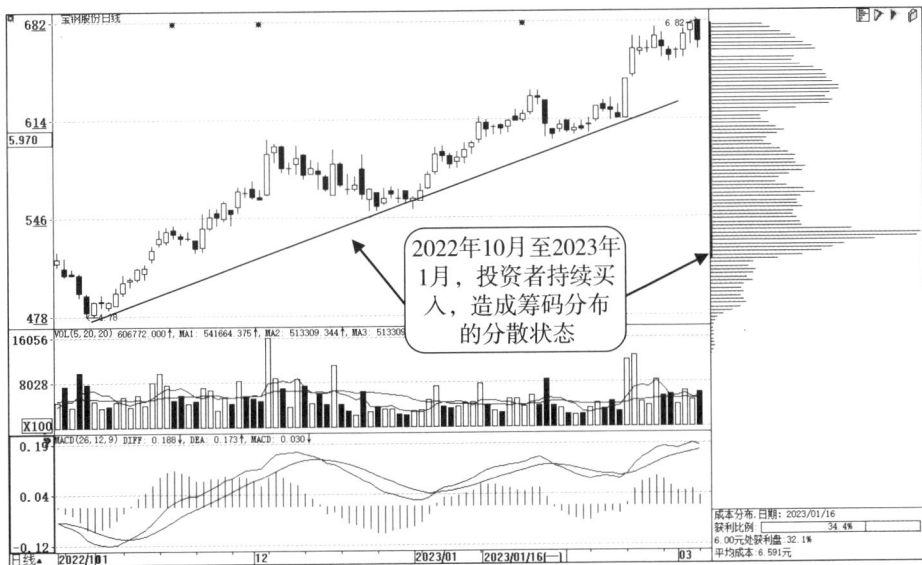

图 2-15　宝钢股份日 K 线

筹码分布处于密集状态，就像大战爆发前集结尽可能多的兵力在一起的情景，往往预示着新一轮多空会战的开始；而筹码分布处于分散状态，却像大部兵力正在陆续从集结地出发的情景，暗示着多空绞杀还在进行。

2.4.2　筹码分布的实战解读

在实战中，投资者主要是通过分析筹码分布的密集形态来研判股价的运行趋势的。这种密集形态可以分为三类，分别为筹码的低位密集、筹码的高位密集和筹码的低位锁定。

1.筹码的低位密集

筹码的低位密集是指在下跌趋势中，股价经过前期的大幅下跌之后，在低位逐渐企稳，同时成交量逐渐放大，筹码在低位区域逐渐大量聚集的过程。这表明伴随着股价的持续下跌，前期高位被套的筹码终于无法忍受，开始在下跌趋势中的反弹或低位割肉出局，使得筹码从高位向低位大规模转移，形成了筹码的低位密集状态。当大部分套牢筹码从高位转移到低位后，上方阻力大大减弱，同时底部多方动能逐渐增强，股价接下来有较大可能出现一波上涨趋势。

在实际操作过程中，投资者一旦见到筹码的低位密集，就要高度关注，因为这往往是一波上涨趋势的预兆。但仅仅由此就买入，还显得买入理由不够充分。投资者可以结合其他技术分析工具，如均线、MACD指标等来综合研判趋势的形成与否，以提高买入信号的精准性。

如图2-16、图2-17、图2-18所示，2021年12月到2022年2月，澳柯玛（600336）的股价持续下跌，同时成交量也极度萎缩。在这个过程中，该股筹码分布也呈现出明显的转移态势。

如图2-16所示，2021年12月24日，该股股价正处于连续大幅下跌走势中，筹码分布在高位形成密集峰，同时收盘价获利比例低至20%。这表明随着股价的大幅下跌，大部分筹码只能眼睁睁看着利润缩水，都处于被套牢的境地。

如图2-17所示，2022年1月27日，该股股价创下下跌趋势中的新低点，筹码分布和2021年12月24日相比，高位筹码大大减少，同时收盘获利比例低至7%，但是低位筹码开始逐渐聚集。这表明虽然大部分筹码都被深度套牢，但从2021年12月24日到2022年1月27日的1个多月里，已经有相当多的高位套牢盘割肉出局，上方阻力正在减弱。投资者对此应加以关注。

如图2-18所示，2022年3月17日，该股股价在低位逐渐企稳。高位筹码已经所剩无几，筹码开始在低位大规模聚集，股价上方阻力大大减弱，多方动能逐渐增强。同时，MACD指标出现DIFF线与股价底背离的看涨信号，K

线也出现明显的看涨形态，买点出现。这些信号叠加在一起，说明一波上涨走势即将启动，投资者可以果断买入。

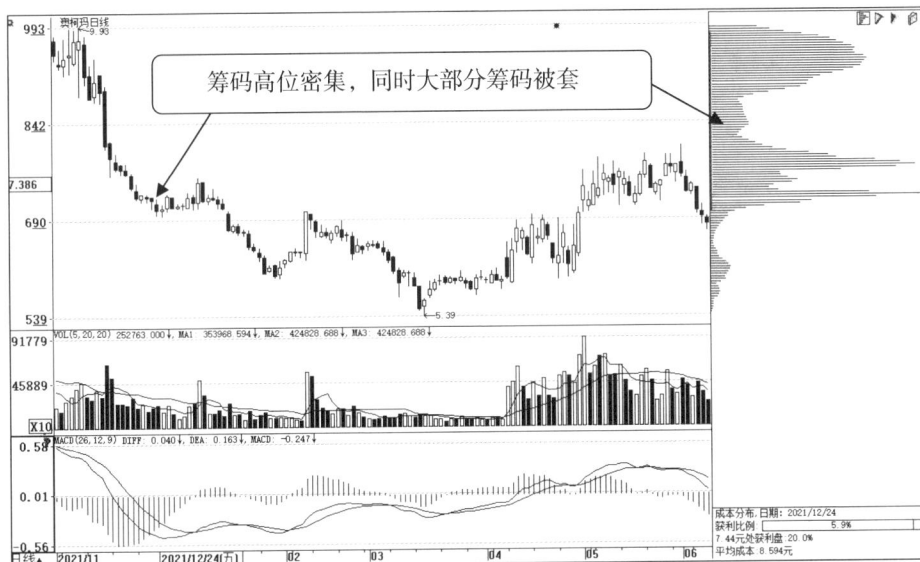

图 2-16　澳柯玛日 K 线 1

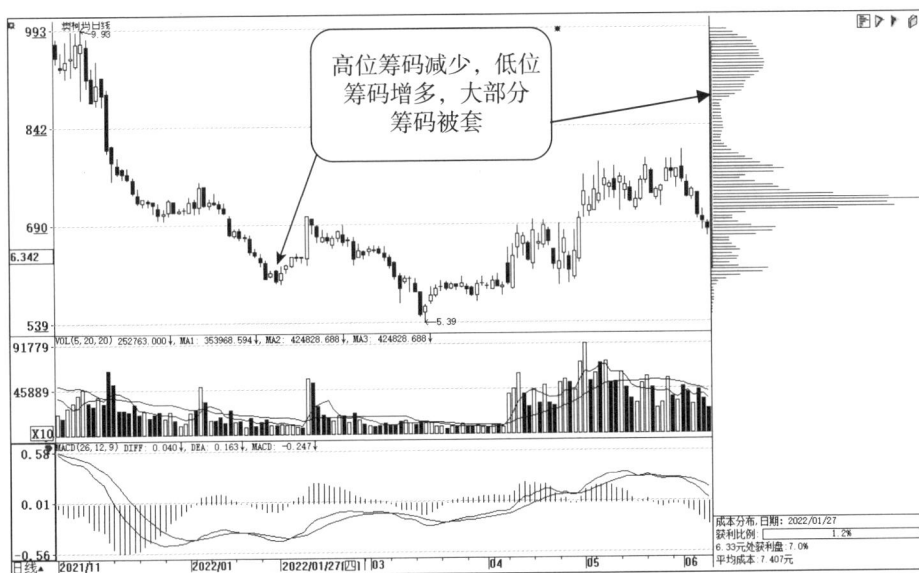

图 2-17　澳柯玛日 K 线 2

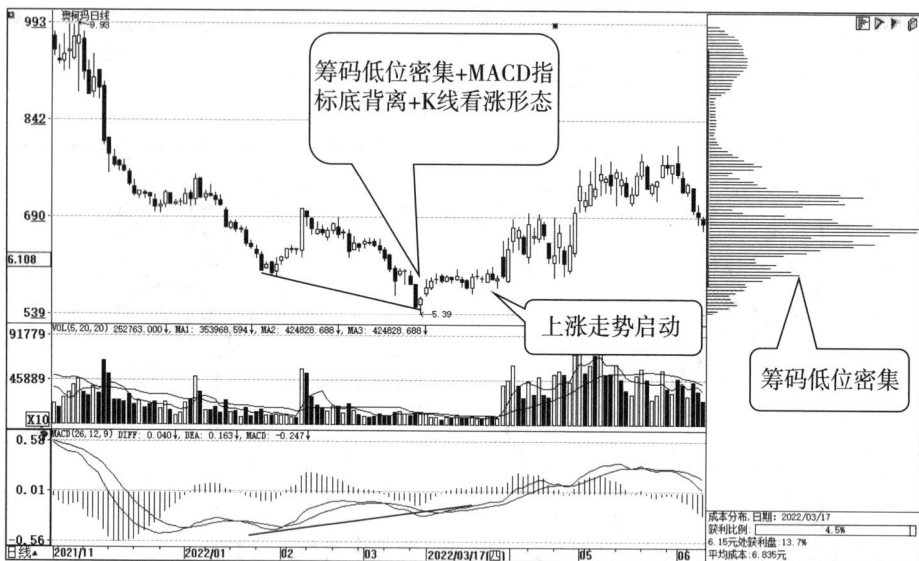

图 2-18　澳柯玛日 K 线 3

精讲提高

　　筹码从高位流向低位的过程，对应着一部分投资者的割肉出场。这些割肉筹码一般具有以下三个特征。

　　（1）这部分投资者往往属于散户的阵营。一般来说，基金、券商自营盘、社保基金等大型投资机构很难承担巨额亏损认赔离场，在低位出场的投资者往往是无法再忍受下跌之苦的散户。

　　（2）这些筹码往往是在股价下跌趋势中的反弹过程中割肉离场的。这些投资者抱着"等反弹了我再出场"的心理，虽然现在如愿以偿，但市场已经处于下跌趋势的中后期，其损失已经巨大。

　　（3）进场吸筹的往往是主力机构。

2.筹码的高位密集

　　筹码的高位密集是指股价经过前期较大幅度的上涨之后，在高位放量滞涨，同时筹码在高位逐渐大量聚集的过程。它表明经过前期的大幅上涨之后，低位筹码获利巨大，已经逐渐在高位获利出场。当大部分低位获利筹码转移到高位形成筹码分布的高位密集状态时，市场空方动能逐步增强，股价接下来有较大可能出现一波下跌趋势。

因此，投资者一旦看到筹码的高位密集，就要高度警惕。已经入场的投资者可以适当减仓，一旦有确切的卖出信号出现，就要果断出场；还没有入场的投资者最好持币观望。

如图 2-19 所示，从 2021 年 7 月底开始，东风汽车（600006）的股价经历了一波上涨趋势之后，在高位不断震荡。从 2021 年 9 月 6 日的筹码分布图可以看出，在这个过程中，筹码分布逐渐形成高位密集形态。这表明股价经过一波大幅上涨走势之后，几乎所有的低位筹码都已经获利了结，现在的投资者几乎都是高位接盘者，市场下跌动能正在不断积聚，投资者要高度警惕，可以在震荡走势中逐步卖出。

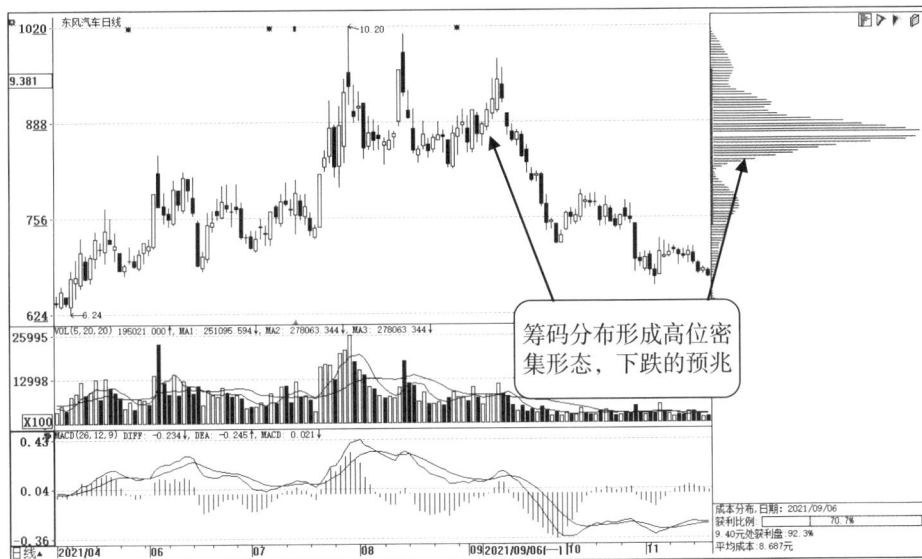

图 2-19　东风汽车日 K 线

3. 筹码的低位锁定

筹码的低位锁定是指伴随股价的持续上涨，筹码仍然在低位堆积，继续保持低位密集形态的现象。它是主力已经入驻该股的重要标志。

一般来说，随着股价的持续上涨，前期低位筹码将有获利了结的巨大冲动。对散户投资者来说，这种获利了结的冲动很难克服，他们会随股价的上涨迅速卖掉获利筹码。能够克服这种冲动的，只能是持有众多筹码的主力机构。因此，筹码的低位锁定是主力机构已经入场的标志，并且这些主力机构往往选择的是中长线操作方式。

投资者在操作过程中，一旦判定有主力机构在低位锁定筹码，一定要注意持股待涨，不要快进快出，防止踏空走势。

如图2-20、图2-21所示，2022年10月到2023年1月，涪陵电力（600452）的股价出现一波上涨走势。在这波走势中，股价从12元附近涨到20元附近，涨幅达到66.7%。

从图中对比可以看出，股价经过一波大幅上涨走势后，虽然有部分筹码落袋为安，但仍有相当一部分低位的筹码没有显著的变动，面对超过60%的涨幅毫不动摇，有这种定力的一般是主力机构的筹码。因此，仍然持有该股的投资者暂时不必为后市的短暂回调担心，要注意继续持股不动。

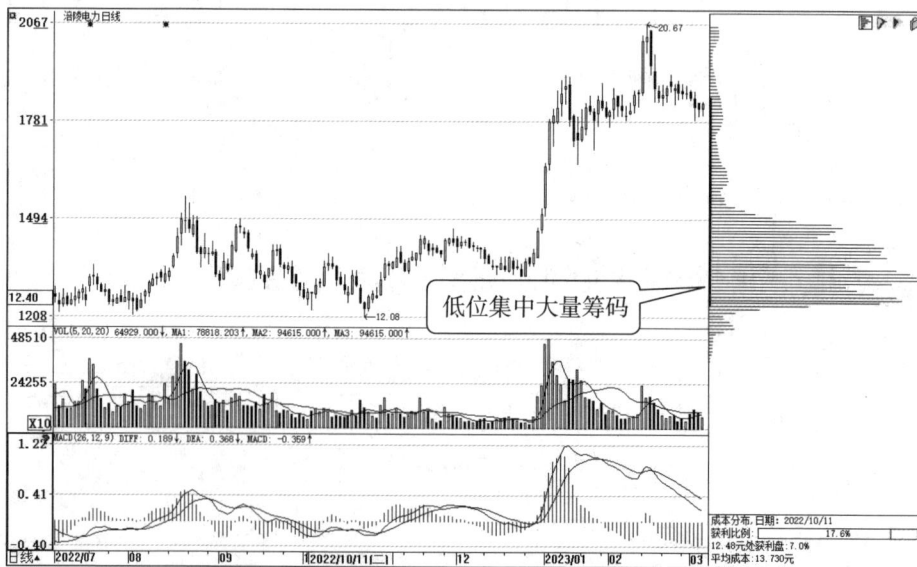

图2-20　涪陵电力日K线1

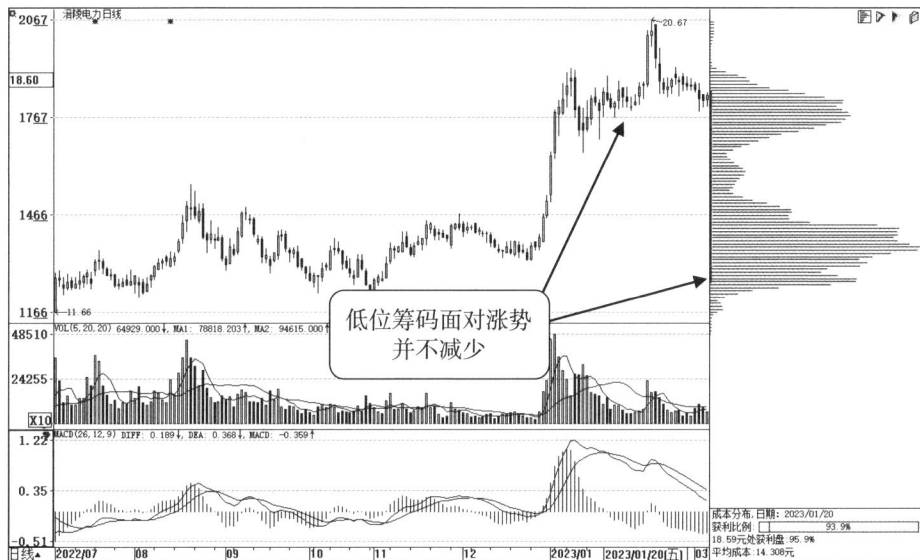

图 2-21　涪陵电力日 K 线 2

![精讲提高]

　　投资者在操作过程中，要注意"下峰锁定，行情未尽"这句话。投资者一旦确定某只股票中确实有众多的低位锁定筹码，就要对这只股票保持关注，不要轻易卖出，除非下峰已尽，顶部出现卖出信号。

2.5　OBV 指标

2.5.1　什么是 OBV 指标

　　OBV（On Balance Volume）指标即能量潮指标，是较为常见的成交量类技术指标。

如图 2-22 所示，OBV 指标只有一条指标线。这条曲线统计的是从股票上市第一天起，逐日累计的总成交量。若当日股价上涨，则前日 OBV 指标加当日成交量为当日 OBV 指标；若当日股价下跌，则前日 OBV 指标减当日成交量为当日 OBV 指标。

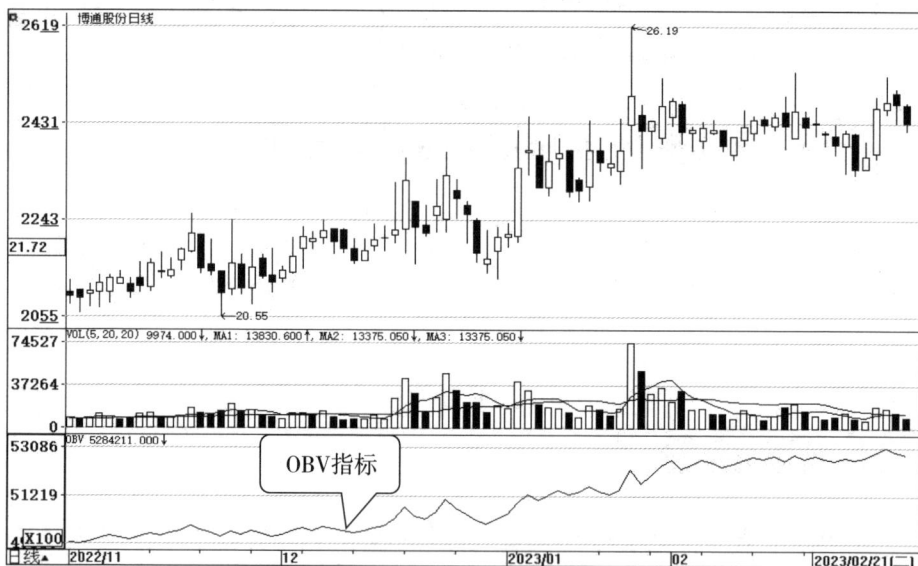

图 2-22　OBV 指标

投资者在使用 OBV 指标时应该注意以下两点。

第一，投资者需要将 OBV 指标和股价走势配合观察才能更准确地判断行情，只是观察 OBV 指标的涨跌并没有太大意义。

第二，股价连续的无量涨停或者无量跌停会导致 OBV 指标失真。在这样的行情中，OBV 指标无法发挥正常的作用。

2.5.2　OBV 指标的实战解读

在实战中，OBV 指标有四个比较重要的买卖点。

1.OBV指标横盘整理超过3个月

当OBV指标持续横盘整理超过3个月时，表明市场空方杀跌动能有限，多方正在准备反抗。一旦OBV指标曲线向上突破前期横盘整理阻力位，就表明市场多方动能已经积聚到一定程度并开始释放，股价接下来有较大可能出现一波上涨走势，为买入信号。

如图2-23所示，2021年4月至2021年8月，时代新材（600458）的股价处于一波盘整走势中，OBV指标则在这4个月左右的时间里，不断地横盘整理，表明空方杀跌动能非常有限，多方正在积聚上涨动能。2021年7月21日，OBV指标向上突破前期震荡高点，表示市场多方动能已经积聚到一定程度并开始释放，投资者可以积极买入。

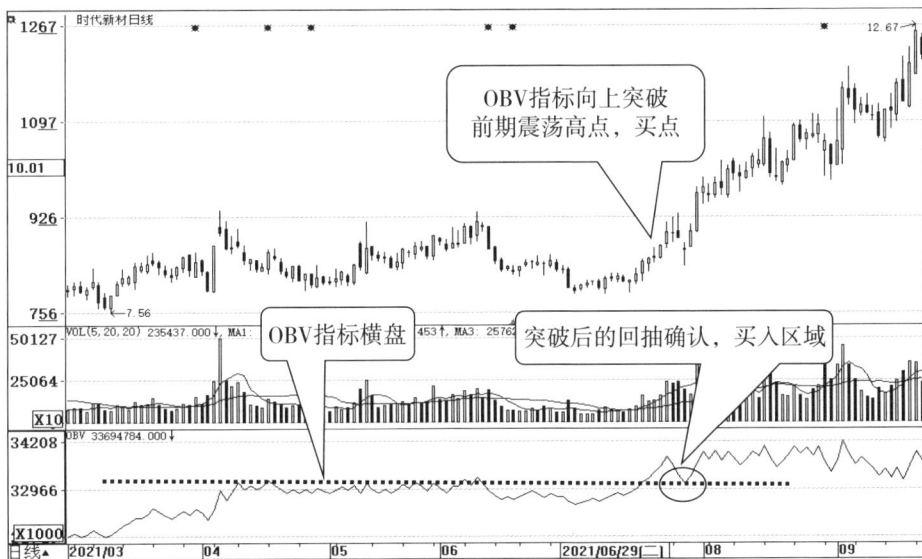

图2-23 时代新材日K线

📖 **精讲提高**

有时候，OBV指标突破前期震荡高点之后，会出现一个回抽确认的过程，投资者也可以将其视为重要的买点。

2.OBV指标与股价的底背离

OBV指标与股价的底背离是指在下跌走势中股价创出新低，而OBV指标却没有创出新低的情形。这表明市场做空动能正在减弱，上涨动能正在不断积聚，股价接下来有较大的可能出现一波上涨走势。投资者可以在底背离出现后，股价不再继续下跌时积极买入。

在这个过程中，投资者可以结合其他技术分析工具判断，使买入信号更为精准，最常用的技术分析工具是K线组合理论。

如图2-24所示，2022年11月，好当家（600467）的股价在下跌走势中创出了新低，但OBV指标和2022年10月相比却没有创出新低，形成了OBV指标与股价的底背离。这表明市场上涨动能正在不断积聚，股价接下来有较大可能出现一波上涨走势。11月1日，该股K线组合形成看涨吞没形态，更增加了上涨信号的可靠性，买点出现，投资者可以果断买入。

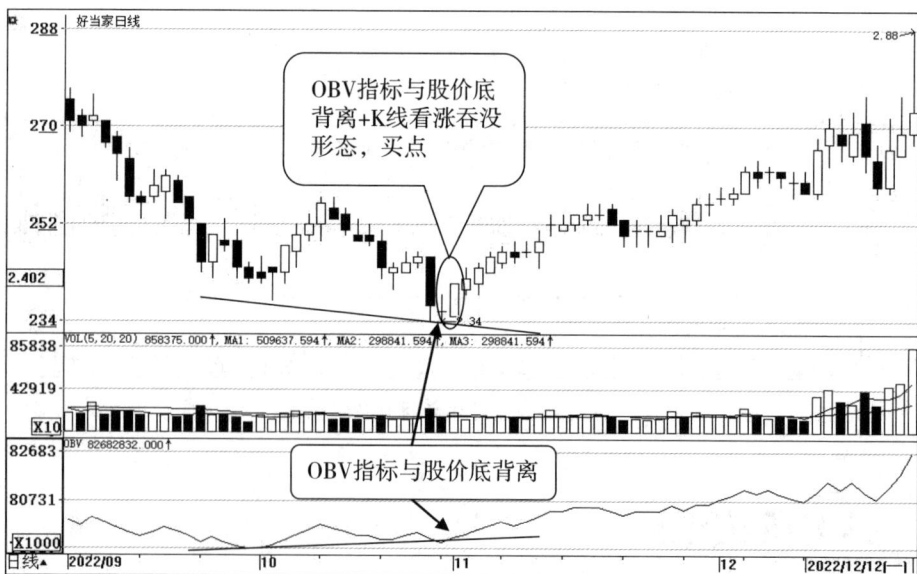

图2-24　好当家日K线

精讲提高

一般来说，OBV 指标在上涨过程中，波峰和波谷并不是很明显。因此投资者很难根据 OBV 指标和股价形成底背离的次数来确定该形态的最佳买入点。但是只要 K 线出现明显的反转信号，或者股价不再创出新低，投资者就可以买入股票。

3.OBV指标与股价的顶背离

OBV 指标与股价的顶背离是指当股价在上涨走势中创出新高的时候，OBV 指标却没有创出新高的情形。这表明股价的上升动能持续减弱，下跌动能正在积聚，接下来有较大的可能出现一波下跌走势。当顶背离出现后，投资者可以在股价不再创出新高时果断卖出。

投资者可以综合其他的技术分析工具判断，使得卖出信号更为精准。最常用的仍是 K 线组合理论。

如图 2-25 所示，2022 年 8 月 17 日，凌云股份（600480）的股价创出了新高，但 OBV 指标却没有创出新高，形成了 OBV 指标与股价的顶背离。这表明市场下跌动能正在不断积聚，股价接下来有较大可能出现一波下跌走势。8 月 18 日，该股股价小幅下跌，K 线组合形成孕育形态，增加了卖出信号的可靠性，卖点出现，投资者可以果断卖出。

4.OBV指标加速上涨

OBV 指标加速上涨是指在股价和 OBV 指标同步缓缓上涨一段时间后，OBV 指标突然加速上涨，而股价却出现滞涨的情形。这表明市场已经进入狂热状态，主力正在不断出货。此时投资者应保持警惕，一旦 OBV 指标开始回落应当马上卖出。

为使得卖出信号更为精准，投资者可以结合 K 线组合理论、KDJ 指标（随机指标）等，进行综合研判。

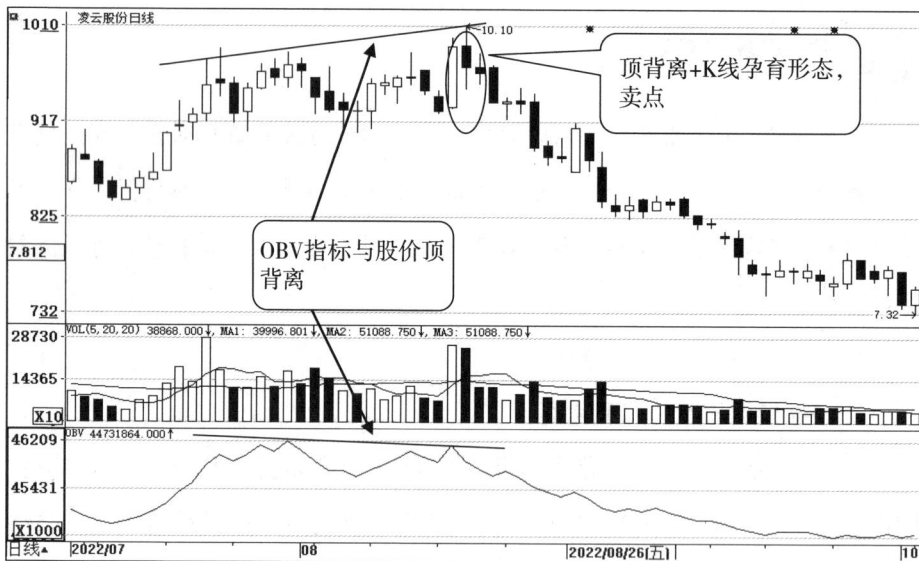

图 2-25　凌云股份日 K 线

如图 2-26 所示，2021 年 12 月，皖通高速（600012）的股价和 OBV 指标同步地缓缓上升。从 2022 年 1 月底开始，OBV 指标开始加速上涨，但股价却

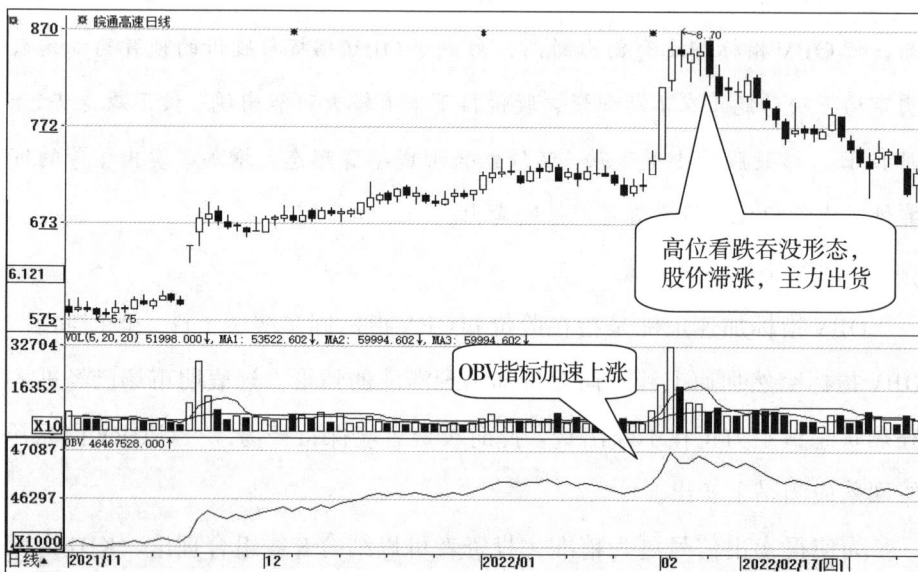

图 2-26　皖通高速日 K 线

出现高位滞涨现象，特别是 2 月 14 日，该股 K 线形成高位看跌吞没形态，股价滞涨十分明显。这表明市场已经进入狂热阶段，主力正在高位出货，对此，投资者需要高度警惕。之后几个交易日里，OBV 指标开始回落，投资者要注意及时卖出。

第 3 章

——

掌握成交量信号

——

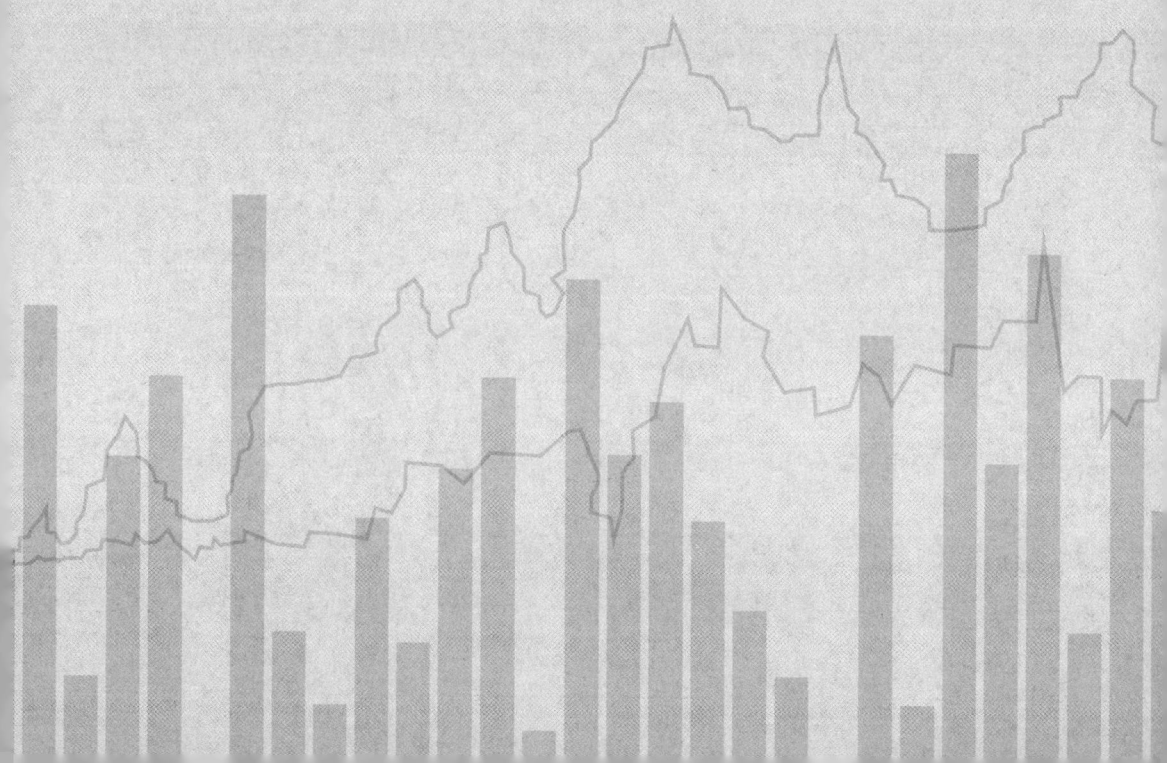

3.1 成交量的看涨信号

3.1.1 底部温和放量上涨

底部温和放量是指股价在经历一波下跌走势之后开始逐步回升，同时成交量呈现出有规律的逐步递增的现象。这表明有资金正在低位不断吸筹，市场接下来有较大可能从下跌趋势转为上涨趋势，投资者要对此保持关注。

但是，仅有温和放量拉升股价，还不能彻底确定上涨趋势的形成，买入信号还不是特别明确。因此，投资者可以结合其他技术分析工具进行综合研判，最常用的是均线、MACD指标等。

如图3-1所示，2022年10月，云赛智联（600602）的股价从低位开始缓

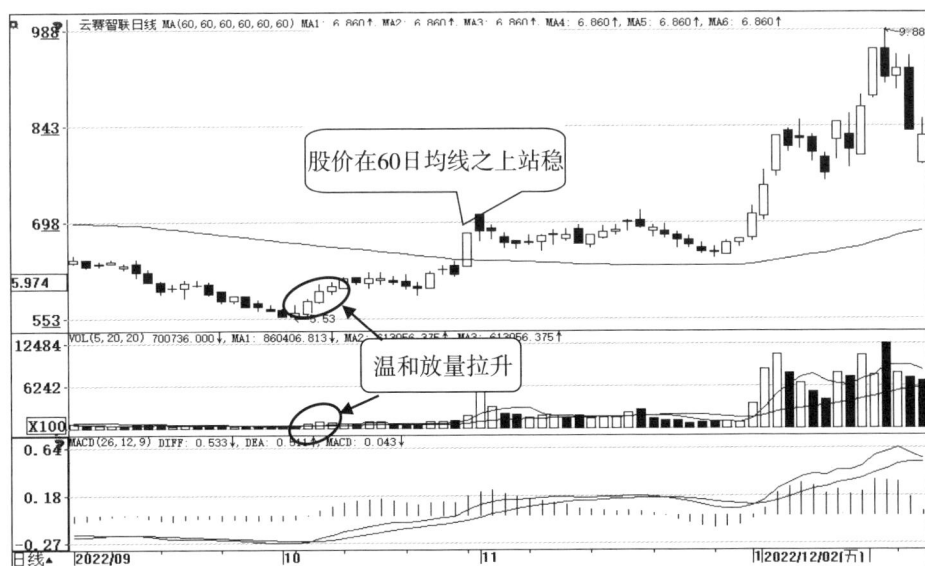

图 3-1 云赛智联日K线

缓上涨，同时成交量也逐步放量，形成温和放量拉升股价的态势。这表明有资金正在低位不断地吸筹，该股已经初步由下跌走势转为上涨走势。2022年10月31日，股价突破60日均线，表明该股上涨走势已经形成，买点出现，投资者可以果断买入。

精讲提高

投资者在实战中运用此买入信号时，需要注意以下三个方面。

（1）在出现温和放量拉升之前，股价必须经过一波长期下跌，且下跌幅度至少要在20%以上。

（2）在出现温和放量拉升之前，股价最好有一个筑底的过程，哪怕这个筑底的过程只有短短的几天。在筑底过程中，股价呈现出小幅震荡的走势，股价K线形成小阴线或小阳线的形态。

（3）股价在60日均线上下盘旋，一旦向上突破，意味着在中长期上涨趋势已经彻底形成。如果在此之前有股价的温和放量拉升，买入信号就更加强烈了。

3.1.2 上涨趋势中的缩量回调

在上涨趋势中，伴随着股价一波波创出新高，成交量也不断增加。但是股价在上涨的过程中，总是会出现阶段性的回调，在回调中，成交量也相应缩减。但缩量回调之后，股价会再次放量上涨，越过前期高点，延续原来的上涨趋势。

因此，一旦确定上涨趋势成立，激进型投资者可以在股价缩量回调的过程中逢低买入，持股待涨；谨慎的投资者则可以等到股价放量突破前期高点时再行买入。

如图 3-2 所示，2022 年 4 月至 5 月，广汇物流（600603）的股价向上突破 60 日均线并在上方站稳，表明市场正处于一波上涨趋势中。6 月 9 日，股价在创造阶段性高点之后回落并得到 60 日均线的强烈支撑，同时成交量也持续缩减回调，表明市场上涨动能仍然强烈。2022 年 7 月 21 日，该股股价突破前期高点，同时 MACD 指标出现金叉，发出强烈买入信号。投资者可以积极买入，持股待涨。

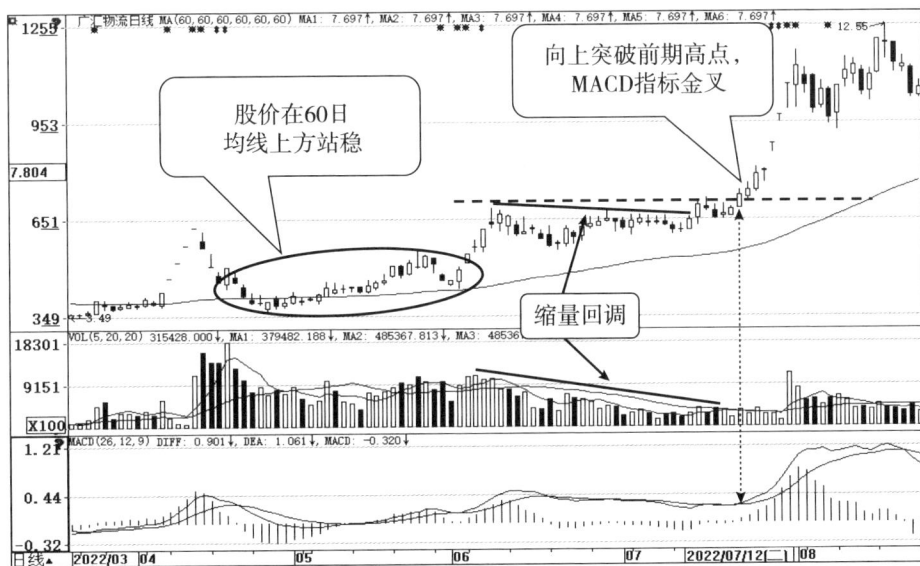

图 3-2　广汇物流日 K 线

精讲提高

投资者在上涨趋势中进行操作，特别需要注意以下两个方面。

（1）上涨趋势的确定。投资者在判断上涨趋势是否真正形成的时候，可以结合其他趋势性技术分析工具进行综合研判，如均线、MACD 指标等。

（2）买入时机的把握。投资者确定上涨趋势彻底形成后，要寻找最合适的买入时机，争取一旦买入，持仓马上有浮盈。这个过程中，投资者也要结合其他技术分析工具综合研判。

3.1.3 低位缩量涨停

下跌走势的后期，股价逐渐企稳，在低位开始不断地震荡。在这个过程中，成交量从原来的低迷状态变得逐渐活跃，时大时小。当这种低位震荡状态持续较长的一段时间之后，股价有时候会突然以涨停板的形式突破前期震荡高点，但成交量却极为低迷，形成低位缩量涨停的态势。这表明在前期的震荡过程中，主力通过长时间的吸筹，已经高度控盘并且开始了拉升过程，股价接下来出现大幅上涨的概率极大。

股价出现低位缩量涨停并突破前期震荡高点后，虽然主力控盘程度较高，但一部分浮动筹码仍会涌出，投资者可以及时买入。

如图3-3所示，从2021年11月15日开始，尖峰集团（600668）股价在突破均线后冲高回落，之后在均线上方企稳。2021年12月28日和29日，该股股价以连续两个涨停板的形式向上突破前期高点，表明主力在控盘之后开始拉升股价，发出买入信号，投资者可以在股价突破前期高点后积极买入。

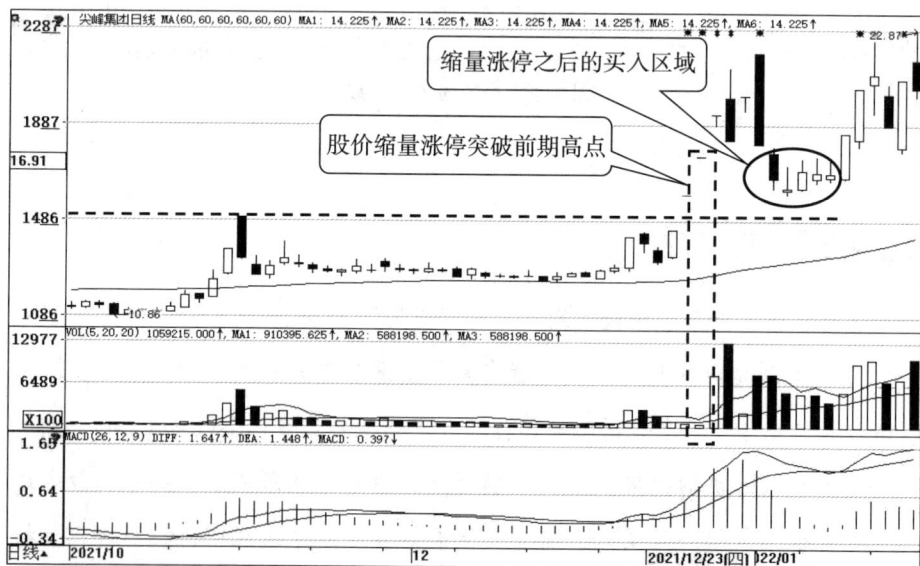

图3-3　尖峰集团日K线

精讲提高

低位缩量涨停具有巨大的操作意义。投资者在实际操作使用时，还要注意以下三个方面。

（1）该买点中的低位是相对低位，而不是绝对的低位。因此，不但在下跌趋势的后期有可能出现该买点，在上涨趋势中出现回调走势时，也有可能出现该买点。

（2）缩量涨停之后，往往会有一个回调确认的过程，是买入的良机。此时，投资者要注意耐心等待回调确认的出现。

（3）该买点之后，股价往往会有一波巨大的涨幅。因此，投资者一旦见到低位缩量涨停，就要对此多加注意，不可错失良机。

3.1.4　底部缩量止跌

在下跌趋势的后期，股价经过大幅下跌之后，逐渐开始止跌企稳，同时成交量逐渐缩减，形成芝麻点的形态，即为底部缩量止跌。这表明股价经过前期的大幅下跌后，空方卖出压力逐渐减弱，上涨动能正在逐步积聚，股价接下来有可能出现一波上涨走势。

如图3-4所示，2022年6月至7月，京投发展（600683）的股价一直处于下跌趋势中。8月初，该股股价在底部逐渐企稳止跌，同时成交量也不断缩减，形成底部缩量止跌的态势，表明经过前期下跌，空方卖出压力逐渐减弱，上涨动能正在逐步积聚。同时，在这段时间里，该股MACD指标的DIFF线与股价形成底背离形态，表明一波上涨趋势即将启动。8月11日，MACD指标金叉形成，买点出现，投资者要注意把握。

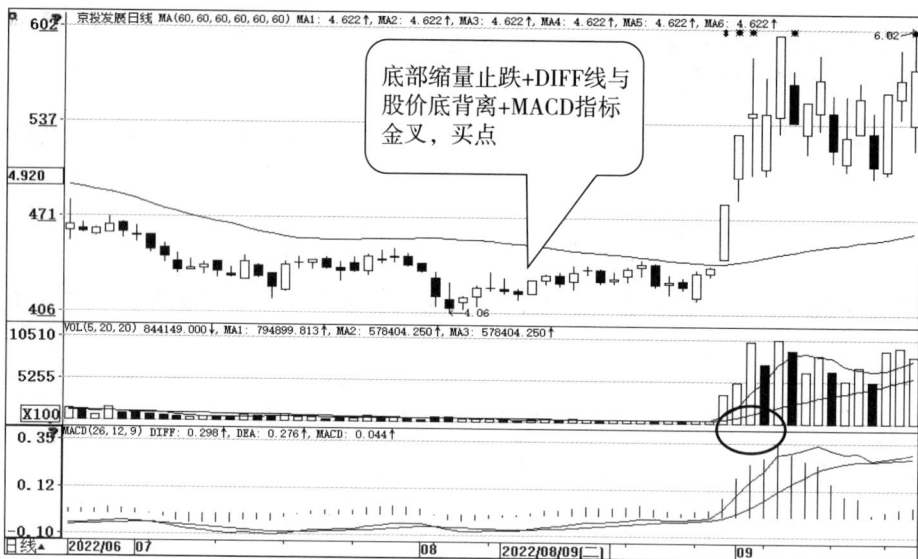

图 3-4 京投发展日 K 线

精讲提高

投资者需要注意的是，在实战过程中，为增加买入信号的可靠性，投资者要注意综合多种技术分析工具进行研判。其中，适合与该买入信号相结合分析的是MACD指标。

当底部缩量止跌出现时，股价实际上仍处于下跌趋势中。如果股价接下来将出现上涨趋势，那当前应该处于下跌趋势的末期，而MACD指标的DIFF线（或DEA线）与股价的底背离是捕捉下跌趋势末期或上涨趋势初期的最好工具。

3.1.5 底部突放巨量

在下跌趋势的中后期，股价经过大幅下跌之后，开始筑底。在这个过程中，成交量明显缩减，大部分筹码已经转移到底部，股价在底部开始止跌筑底。随着股价筑底基本完成，某一天盘中突然出现巨量成交（当天的成交量是前一天的1倍以上），股价也会出现较大幅度的上涨，即底部突放巨量。这表明市场上涨动能已经初步积聚，股价接下来有较大可能出现一波上涨走势。

为更精准地把握该买点，投资者可以结合其他技术分析工具进行综合研判。

如图3-5所示，2022年6月至9月，珠江股份（600684）的股价整体上一直处于下跌趋势中。10月初，该股股价逐渐止跌，形成多个底部看涨的K线形态。10月18日，该股在底部突然放出巨量，同时股价大幅上涨，表明股价短期内即将出现一波上涨走势，买点出现，投资者可以果断买入。

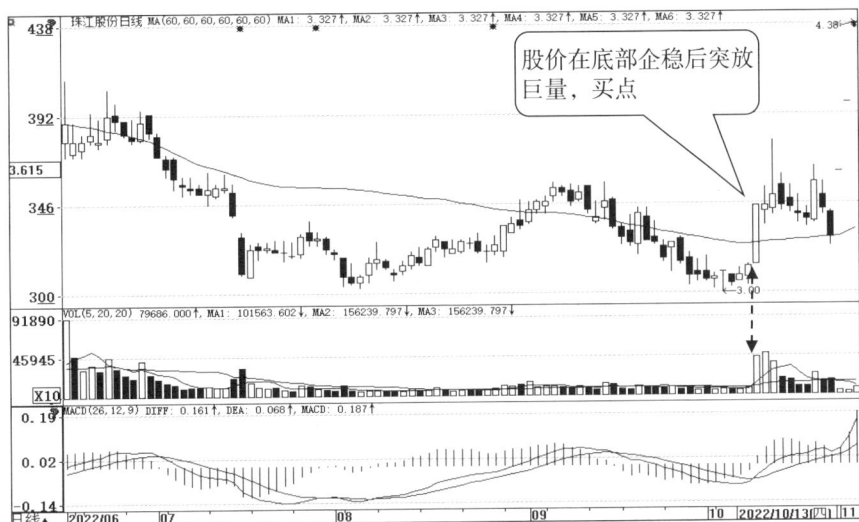

图3-5 珠江股份日K线

精讲提高

在把握该买点时，投资者需要注意以下两点。

（1）底部突放巨量之后，股价并非必然随即出现一波上涨趋势。有时候，在下跌趋势中，底部突放巨量之后，股价虽然略有反弹，但很快就继续原来的下跌趋势。这种情况往往是主力试盘所造成的。因此，投资者一旦看到底部突放巨量，不要立即买入，以防止掉入这种买入陷阱。

（2）底部突放巨量往往对应着股价的一波上涨走势。如果此时确定股价已经出现上涨趋势，那么这波突放巨量所形成的上涨走势往往就是上涨趋势的一部分。此时投资者就可以放心大胆买入。在这个过程中，在下跌趋势中，投资者要想准确把握上涨趋势形成与否，需结合趋势线、均线和MACD指标等技术分析工具综合研判。

3.1.6　放量突破缺口

缺口又称跳空，是指股价在快速大幅变动中有一段没有任何成交的情形，显示在股价K线图上是一个真空区域。这表明市场某一方向的动能十分强烈，一旦缺口形成，该区域将成为强有力的支撑或阻力。

在下跌趋势中，股价如果以缺口的形式加速下跌，则该缺口位置将成为重要的阻力位。在下跌趋势的后期，市场积极筑底后，股价一旦放量向上突破缺口位置，就表明市场上涨趋势已经启动，股价接下来将出现一波较大的上涨走势。此时，投资者可以果断买入。

如图3-6所示，2022年9月，伊力特（600197）股价持续回落，10月28

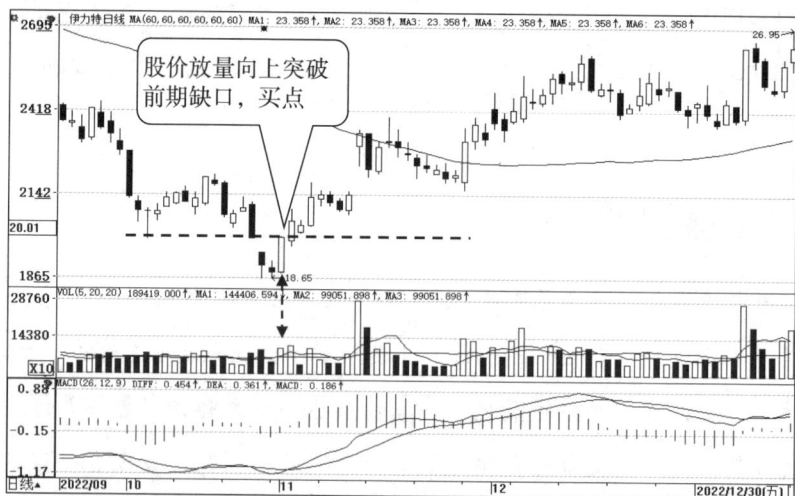

图 3-6　伊力特日K线

日，该股股价在加速下跌中出现缺口。之后，该股股价在底部积极震荡筑底。11月1日，该股股价放量向上突破前期缺口，表明市场上涨趋势已经形成，此时，买点出现，投资者可以果断买入。

精讲提高

一般来说，缺口的附近往往会出现较大的成交量，造成筹码的堆积。正因为如此，缺口位置往往成为重要的支撑位或阻力位。

有时候，股价放量突破缺口之后，由于前期套牢盘的大量涌出，会出现一个回抽确认或股价围绕着缺口位置上下盘旋的过程。这个过程也是投资者买入的良机。

3.1.7　放量突破阻力线

在下跌趋势的后期，当股价经过底部不断蓄势的过程向上放量突破重要阻力线时，表明市场空方力量不断削弱，上涨动能不断增强，投资者可将其视为买入信号。这些重要阻力线包括黄金分割线、百分比线等。

1.股价放量突破黄金分割线

黄金分割线是一种应用极为广泛的分析工具，它运用黄金分割比率来表示支撑位与阻力位。重要的黄金分割比率有0.236、0.382、0.5和0.618等。一般来说，当股价从低位开始上涨，涨幅达到这一组比例线中的某一条时，总会遇到较大阻力，这时黄金分割线也就成为股价上涨的阻力线。而未来股价一旦放量突破阻力线，就很可能继续上涨。此时，投资者应该注意把握买入机会。

如图3-7所示，2021年12月至2022年4月，东望时代（600052）的股价出现了一波下跌走势。投资者可以对这波下跌走势进行黄金分割，得出重要阻力位。

5月31日，该股股价向上放量突破0.382的重要阻力位，这表明上涨趋势已经初步形成，投资者可以适当买入。7月1日，该股股价再次放量突破0.5的阻力位，上涨趋势彻底形成。此时，买点出现，投资者可以果断买入。

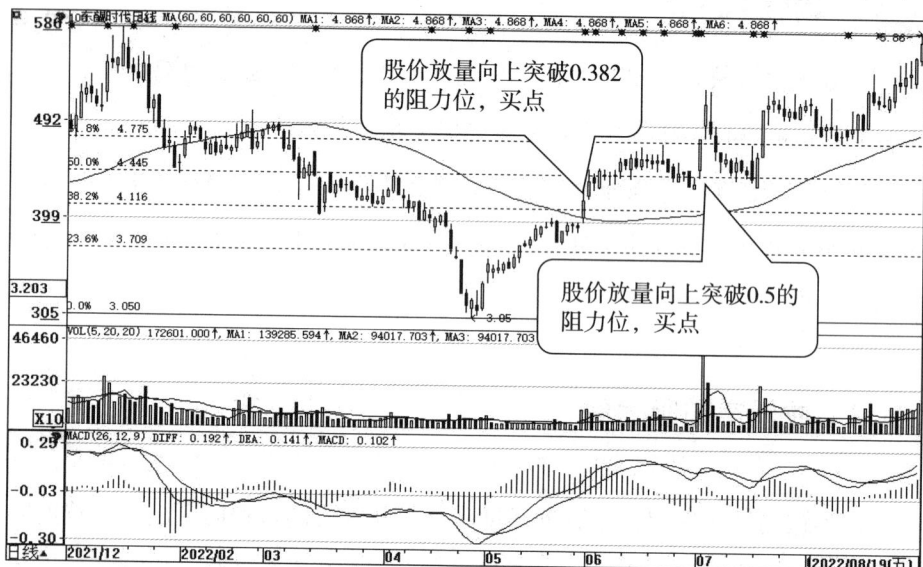

图3-7　东望时代日K线

2.股价放量突破百分比线

百分比线是另一种应用较为广泛的分析工具，它用百分比率来表示支撑位或压力位。比较重要的百分比率有25%、50%和75%。与黄金分割线类似，股价一旦向上放量突破这几条百分比线，有较大可能延续原来的上涨走势。此时，投资者应该注意把握买入机会。

如图3-8所示，2022年2月至4月，甘源食品（002991）的股价出现了一波下跌走势。投资者可以对这段走势进行百分比画线，找出它的重要阻力位。

2022年5月31日，该股股价向上放量突破25%的阻力位，这表明市场已经初步转势，买点出现，投资者可以适当买入。

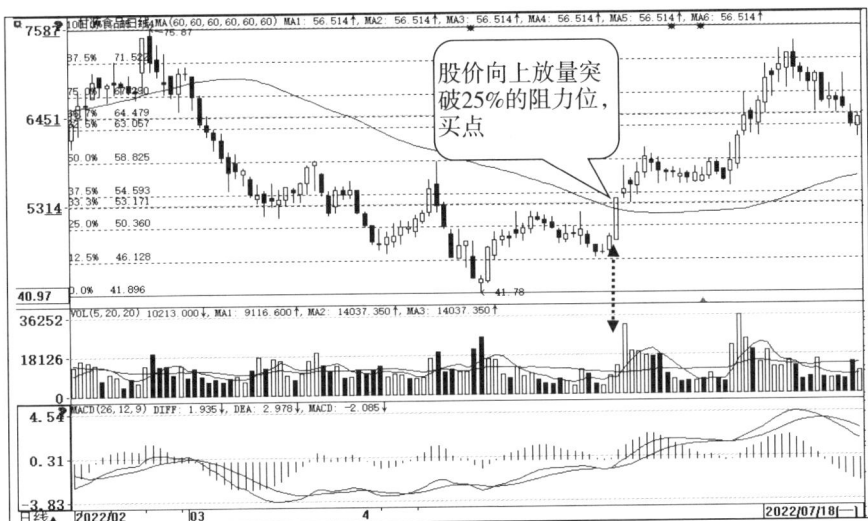

图 3-8　甘源食品日 K 线

📖✒ **精讲提高**

投资者在把握这个买点时，需要注意以下两个方面。

（1）阻力线实际上不仅限于黄金分割线和百分比线，类似的还有下跌趋势线、60 日均线等。

（2）在实战中，投资者可以结合多种技术分析工具进行综合研判，以提高买点的精准性。

3.2　成交量的看跌信号

3.2.1　顶部放量滞涨

顶部放量滞涨是指在上涨走势的后期，股价经过前期大幅上涨而处于市场高位时，尽管成交量出现明显的放大，但股价没有随着成交量的放大而上涨，反而出现高位震荡甚至不涨反跌的走势。这表明市场下跌动能正在积聚，股价接下来有较大可能出现一波下跌走势，投资者要注意及时卖出。

如图3-9所示，2022年5月，长春一东（600148）的成交量出现了明显的放量，股价也随之快速上涨，但该股股价在经过一波上涨走势之后，却在高位出现放量滞涨的态势。6月13日，成交量再创单日新高，但股价明显欲振乏力，之后两个交易日K线连续形成阴线，与此同时MACD指标形成死叉。这表明市场下跌动能正在积聚，该股股价接下来有较大可能出现一波下跌走势。此时，卖点出现，投资者要注意果断卖出。

图3-9　长春一东日K线

📖✒️ **精讲提高**

在实战中，投资者要注意以下两个方面。

（1）股价在顶部放量滞涨时，股价K线组合往往形成反转形态。投资者一旦见到"顶部放量滞涨 +K 线反转形态",基本可以确定一波下跌走势要出现了。

（2）顶部放量滞涨，往往是主力趁机出货所致。此时，投资者要注意筹码分布的异动，以辅助判断。

3.2.2 放量跌破支撑线

在上涨趋势的后期，股价在高位开始滞涨，并逐渐震荡筑顶。一旦股价放量跌破前期重要支撑线，就表明市场下跌趋势已经彻底形成，接下来股价的大幅下跌将不可避免。投资者要注意果断卖出。

在这个过程中，支撑线包括均线、前期震荡低点连线等。

如图 3-10 所示，2022 年 6 月至 7 月，中闽能源（600163）的股价在经历一波上涨走势之后，开始在高位震荡筑顶，滞涨信号非常明显，同时 MACD 指标 DIFF 线与股价形成顶背离，显示下跌动能正在积聚。7 月 15 日，该股股价放量跌破 60 日均线，这是下跌趋势出现的信号，还没有出场的投资者要注意果断卖出。

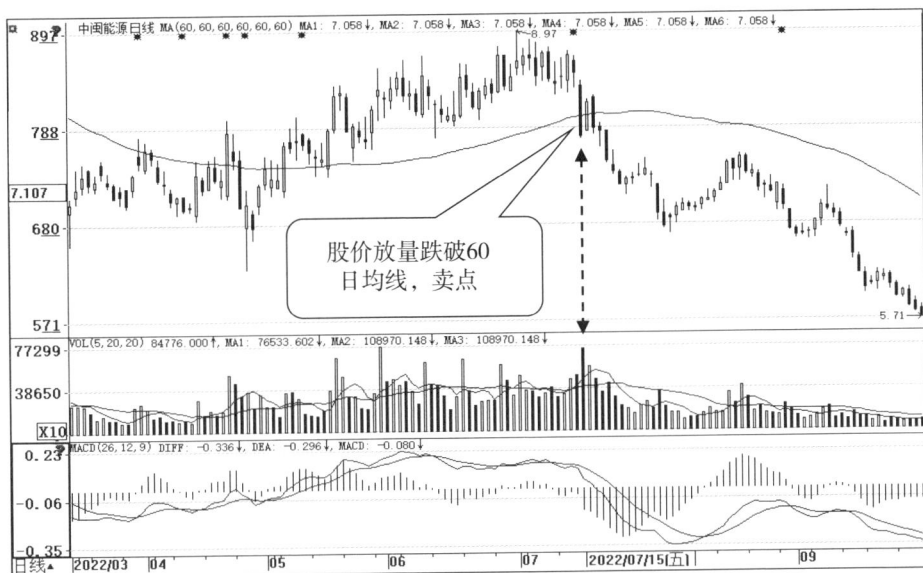

图 3-10 中闽能源日 K 线

精讲提高

一般来说，在支撑线上下分布着大量的高位筹码。因此，股价跌破支撑线，就意味在支撑线附近的大量的高位筹码将要被套。此时，如果放量，说明这些高位筹码纷纷止损出场，股价下跌趋势将不可避免；如果没有放量，说明这些筹码将继续看涨，股价很难出现下跌趋势。

如图3-11所示，2022年7月至8月，凌云股份（600480）的股价在经历了一波上涨走势之后，开始在高位震荡筑顶，股价在一个狭窄的区间范围内上下波动。8月24日，该股股价放量跌破前期震荡区域的低点连线，这表明经过长期的震荡蓄势，下跌趋势已经彻底形成，还没有出场的投资者要注意果断卖出。

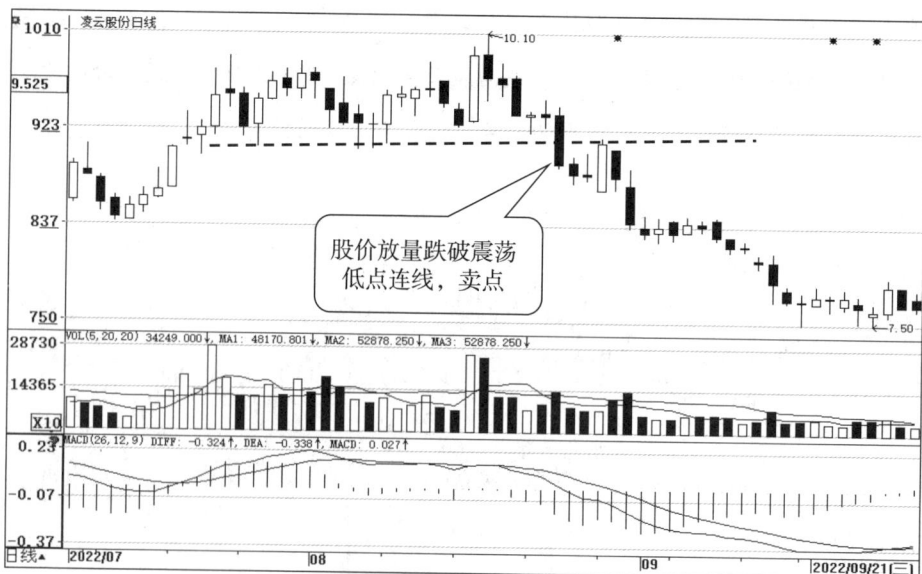

图 3-11　凌云股份日 K 线

精讲提高

在本例中，投资者需要注意以下两点。

（1）前期震荡期间的低点连线，要使震荡走势的大部分低点都在这条线上。

（2）一般来说，当股价放量突破支撑线的时候，下跌趋势已经开始，投资者不可避免已经遭到了损失。实际上，在这个卖点之前，在股价震荡筑顶期间，就出现了相当多的下跌信号。因此，投资者可以综合多种技术分析工具进行研判。

3.2.3　放量连续下跌

放量连续下跌是指在上涨走势中，当股价运行到高位时，突然放量收出一根长阴线，且接下来一段时间（一天或几天）股价继续放量下跌。

放量连续下跌是主力出货已经接近尾声的重要征兆，预示着股价接下来将出现一波较大的下跌走势。投资者一旦见到该形态，应当立即出场。

如图 3-12 所示，2022 年 7 月 1 日，上海家化（600315）的股价放量冲高

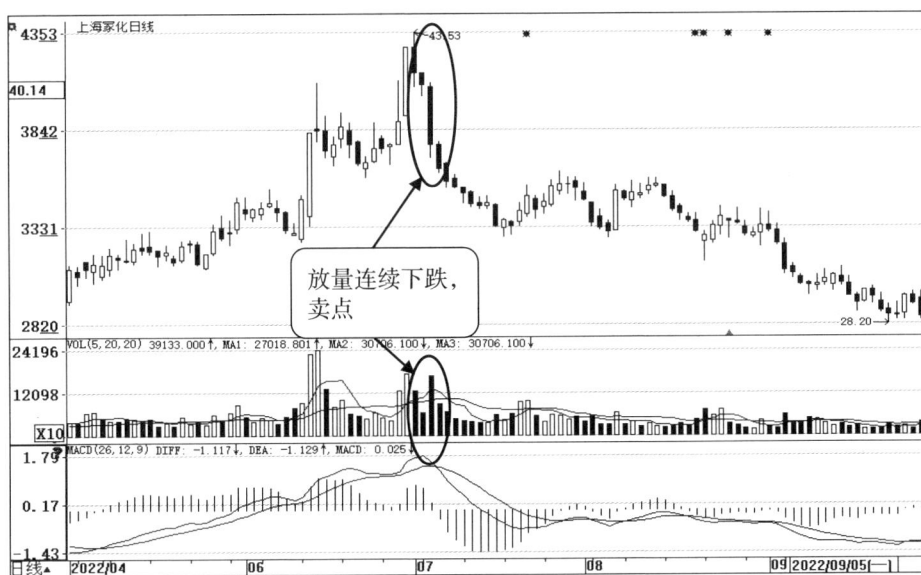

图 3-12　上海家化日 K 线

回落，随后几天该股股价继续下跌，形成放量连续下跌的态势。这表明该股主力正在疯狂出货，投资者要注意及时卖出。

如图3-13所示，2022年3月30日，狮头股份（600539）的股价放量收出一根长阴线，第二、第三个交易日该股股价连续跳空低开低走，三个交易日形成了放量连续下跌的态势。这表明大量筹码正在高位疯狂出货，投资者要注意果断出场。

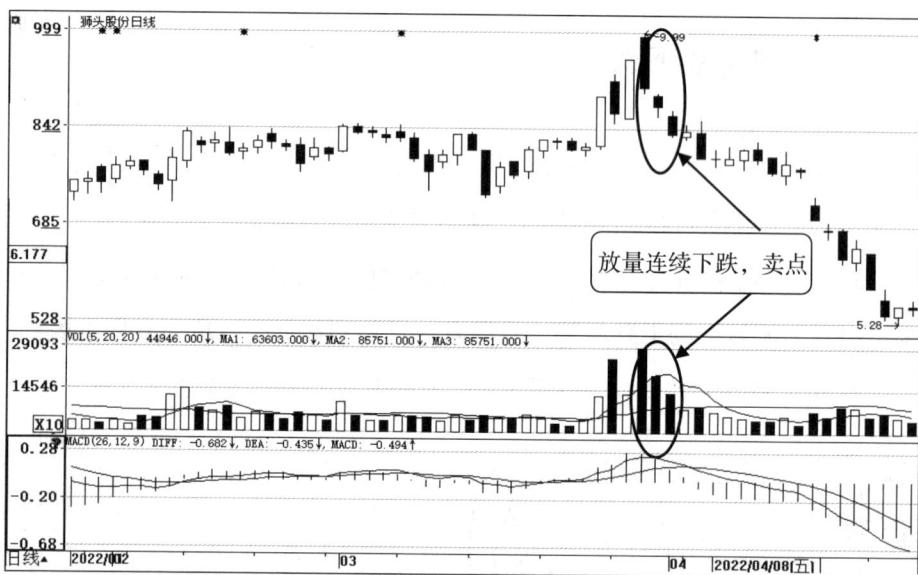

图3-13　狮头股份日K线

3.2.4　下跌途中放量反弹

在下跌趋势中，股价在一波波创新低的同时，成交量也不断缩减，形成价跌量缩的态势。但在这个过程中，股价往往出现一些放量反弹走势，然后再延续原来的下跌趋势。被深度套牢的投资者可以在股价放量反弹的时候伺机卖出，然后再在低位回补，以降低损失。

如图3-14所示，2022年4月至8月，山鹰国际（600567）的股价持续下跌。在这个过程中，该股股价出现了两次明显的放量反弹走势。投资者可以在这个过程中逢高卖出，然后在低位回补，以降低损失。

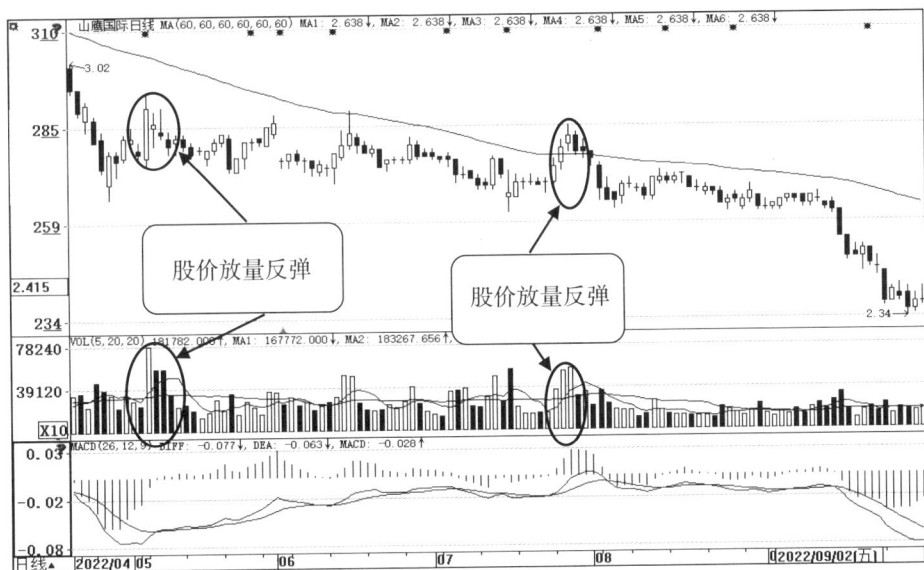

图3-14　山鹰国际日K线

精讲提高

在应用该卖点时，投资者最容易犯的错误有两个。

（1）在熊市中，市场人气低迷，仍然持股的投资者被深度套牢，备受打击，往往出现一些情绪化的反应。"不管了，等几年再解套"就是投资者最常见的一种反应。

（2）要分清楚"放量反弹"和"放量反转"的区别，不能在放量反转来临的时候也逢高卖出。这就需要投资者结合多种技术分析工具进行综合研判。

3.3 成交量的警告信号

3.3.1 天量大阴线

天量大阴线是指在上涨走势中，股价突然收出一根大阴线，并且伴随着成交量的天量。这表明低位筹码正在集中转移，最终将在当前价位形成巨量筹码。如果此时没有人入场接盘的话，接下来股价有较大可能形成一波下跌趋势；如果此时市场仍有强力支撑的话，股价将形成一波回调震荡走势，最终再抉择方向。

因此，投资者一旦见到天量大阴线，就要高度警惕。如果股价继续下跌，投资者要注意及时出场；如果股价在高位震荡，投资者可以耐心等待方向明朗之后再行动。

如图 3-15 所示，2022 年 1 月 17 日，济南高新（600807）的股价在经过一

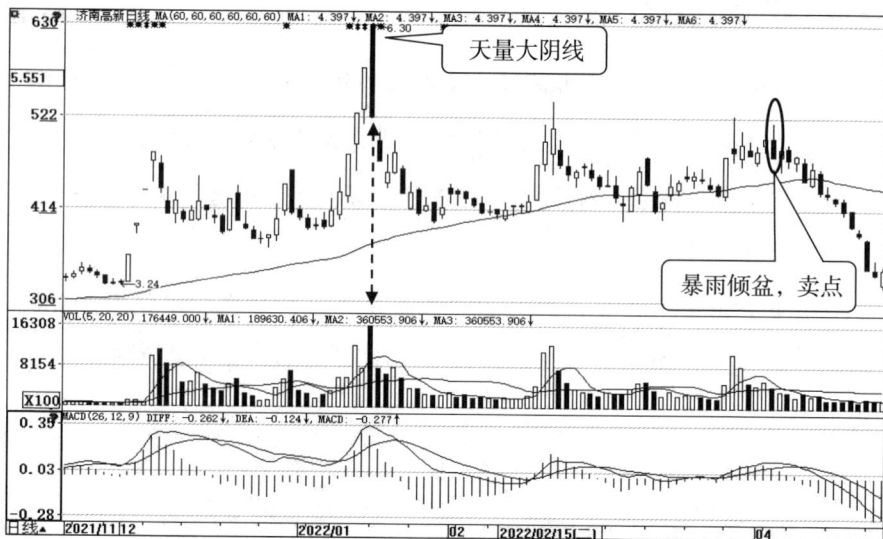

图 3-15 济南高新日 K 线

波较强的上涨走势后，当天突然收出一根大阴线，并伴随着天量成交量，形成天量大阴线形态。之后该股股价在高位大幅震荡，4 月 7 日，该股股价 K 线在滞涨过程中形成暴雨倾盆形态，显示出较为强烈的下跌动能，投资者要注意果断卖出。

精讲 提高

在应用该信号时，投资者要注意以下三点。

（1）天量大阴线表明筹码正在当前价位进行集中转移，之后走势必然发生较大的变化。

（2）天量大阴线出现之后，投资者要注意其他技术分析工具所发出的买卖信号。综合利用各种技术分析工具进行研判，往往能够更快更精准地发现买卖点。

（3）天量大阴线出现后，虽然要分情况处理，但出现下跌走势的概率更大一点。

3.3.2　放量十字线

放量十字线是指在股价上涨走势中，K 线图出现十字线的形态，同时伴随着成交量的放量。这表明多空双方对当前价格已经出现分歧，并开始激烈斗争，市场下跌动能正在积极蓄势，股价接下来有较大可能出现一波下跌走势。

但是，更重要的是，投资者要分辨放量十字线之后的下跌走势的性质到底是什么。

如果这波下跌走势只是上涨趋势中的一波短暂的回调，那么股价回调得到支撑之后势必将延续原来的上涨趋势。此时，投资者要注意及时逢低买入。

如果这波下跌走势是对上涨趋势的彻底反转，股价将出现一波较大的下跌趋势。此时，投资者要注意及时出场。

在这个过程中，特别是当投资者在分辨放量十字线之后的下跌走势的性质时，要注意利用其他各种技术分析工具进行综合研判。

如图3-16所示，2022年10月中旬，九州通（600998）的股价向上放量突破60日均线并确认，表明上涨趋势已经形成。10月28日，该股形成放量十字线，但随后的回调十分无力，因此可以断定该股股价上涨动能十分强劲。11月14日，该股股价放量加速上涨，说明股价正在加速启动，投资者可以积极买入。

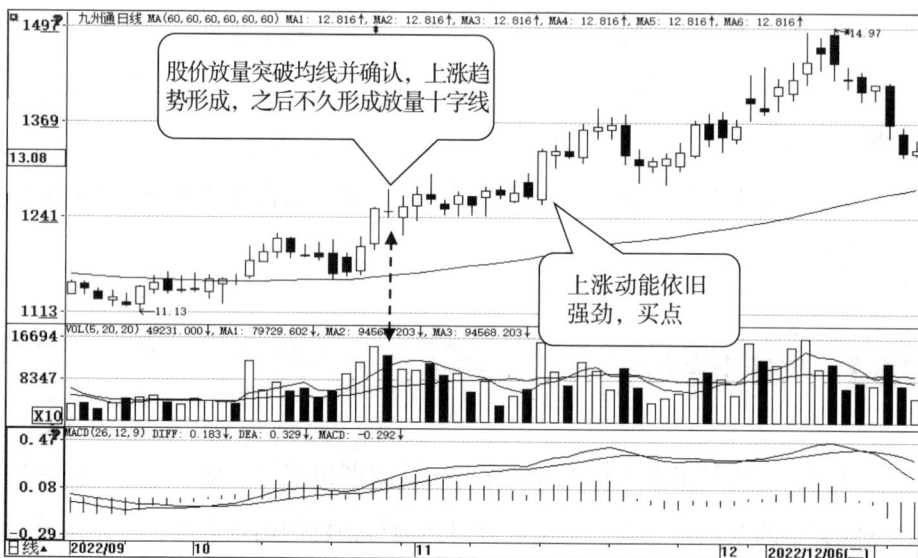

图3-16　九州通日K线

如图3-17所示，2022年6月22日，贵绳股份（600992）的股价在经过一波上涨走势后，出现一个放量十字线形态，之后该股股价缓缓下跌，但在60日均线处受到支撑，因此可以断定6月22日该股在放量十字线之后的下跌只是上涨趋势中的回调，投资者可以积极逢低买入，持股待涨。

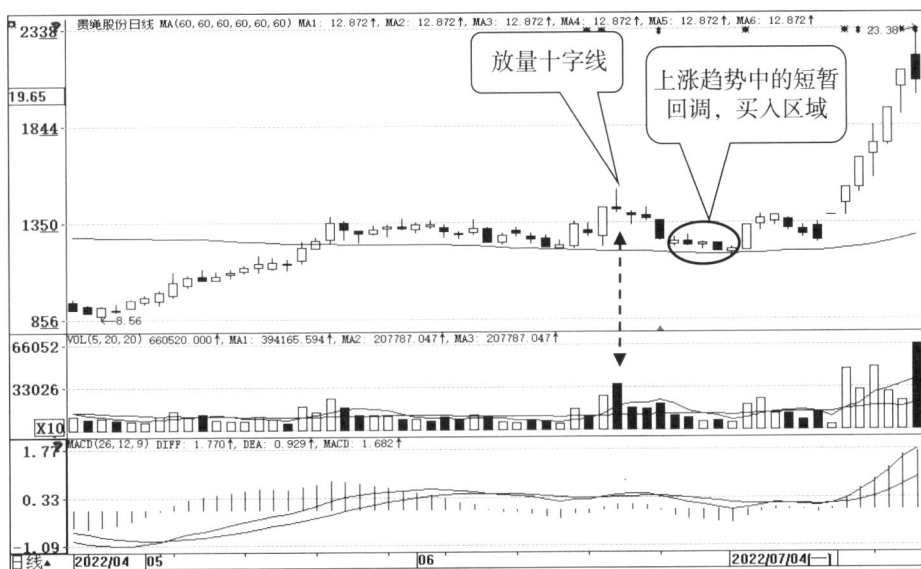

图 3-17　贵绳股份日 K 线

如图 3-18 所示，2022 年 7 月 19 日，皖通高速（600012）的股价在一波上涨走势的后期出现了一个放量十字线形态，显示出较强的下跌动能。同时，

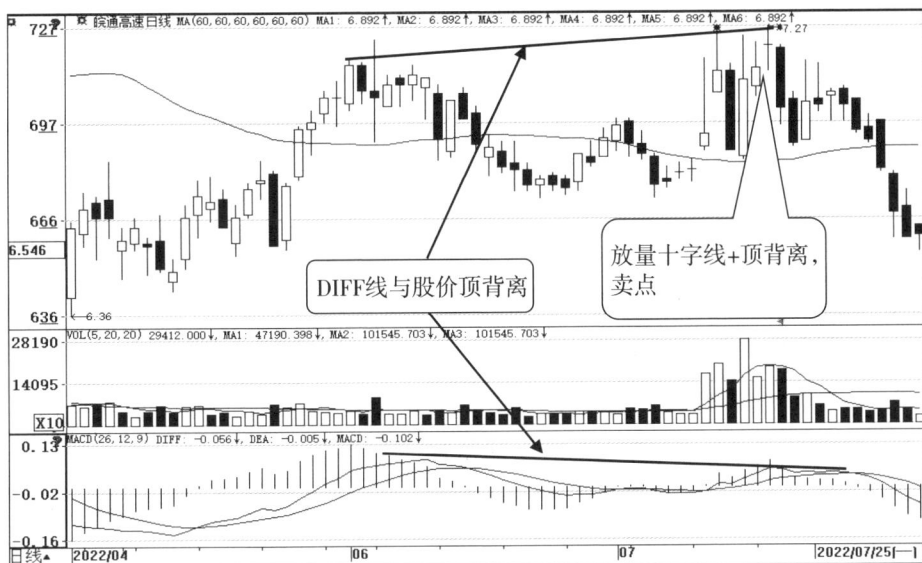

图 3-18　皖通高速日 K 线（前复权）

MACD指标出现DIFF线与股价的顶背离形态，表明市场下跌趋势即将形成。因此，可以判断7月19日该股的放量十字线是对上涨趋势的彻底反转，投资者要注意及时卖出。

精讲提高

在实战中，投资者要注意以下两个方面。

（1）十字线本身就是一种K线的反转形态。上涨走势中出现十字线，预示股价将要下跌；下跌走势中出现十字线，预示股价将要上涨。

（2）放量十字线实际上是上涨十字线与其他买卖信号的叠加，特别是与中长期趋势型买卖信号的叠加，常与MACD指标、均线、趋势线等技术分析工具结合使用。

3.3.3 连续涨停后放量

连续涨停后放量是指股价在上升走势中以多个涨停板的形式持续上涨，之后涨停被打开，同时成交量放出巨量。这表明经过大幅上涨之后，低位获利筹码正在不断涌出，该股在短期内有较大可能出现一波下跌走势。

一般来说，股价在经过连续涨停之后，如果已经越过前期重要压力线，上涨趋势基本已经确定，此时股价出现短期回调，正好构成买入的良机。投资者要把握这个买点。

如果股价在出现连续涨停之前处于下跌趋势中，且连续涨停之后，仍然没有向上突破前期重要压力线，表明市场仍处于下跌趋势中，此次的连续涨停走势只不过是下跌趋势中的一次反弹。面对这种情况，投资者要注意在股价连续涨停后放量时积极出场。

如图3-19所示，2022年1月4日至10日，宋都股份（600077，已退市）的股价形成连续3个涨停板后放量的走势。在此之前，该股股价从低位向上突破60日均线并站稳，表明市场上涨趋势已经形成。因此，投资者可以在股价放量后的回调震荡中积极买入。

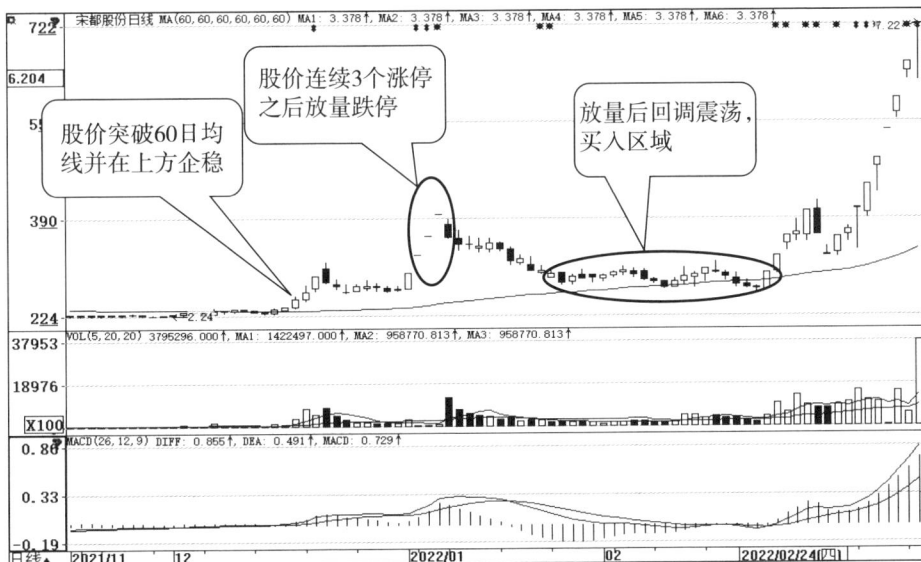

图3-19 宋都股份日K线

如图3-20所示，2021年11月19日，湘财股份（600095）的股价在下跌趋势中突然出现涨停后放量的走势，一举突破60日均线。第二天上午该股股价继续放量涨停，触及前期压力线，但到下午股价涨停被打开，随后几个交易日该股股价放量缓跌。这表明市场上方压力巨大，整体仍处于下跌趋势中，这波连续涨停后放量的走势只不过是下跌趋势中的反弹，投资者应果断卖出。

精讲提高

连续涨停后放量是一个低位筹码大幅出货的过程。因此，在短期内下跌

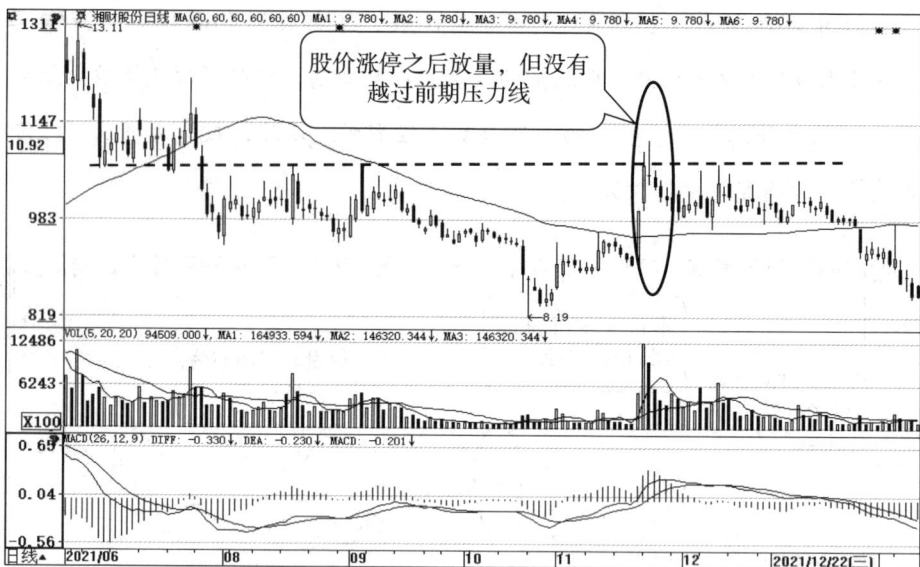

图3-20　湘财股份日K线

动能十分强劲，股价的下跌不可避免。但重要的是判断出这波下跌走势之后
股价的运行方向。在这个过程中，投资者可以结合其他趋势型技术分析工具
进行综合研判，常用的有均线、MACD指标等。

3.4　识破成交量陷阱

3.4.1　长期横盘后的放量突破陷阱

在下跌趋势的后期，股价在低位长期震荡筑底。在这个过程中，股价有
时候会突然放量突破前期一些阻力线，但很快就再次向下，重新回到原来的
震荡区间，这就是长期横盘后的放量突破陷阱。

这种情况的出现，往往是主力在底部试盘所造成的。在底部区域，主力

吸筹达到一定程度之后，就要通过这种动作来测试市场上方的卖出强度，并不是真心要拉高股价。因此，投资者要对这种陷阱保持警惕。

如图3-21所示，2022年4月底至6月初，国投资本（600061）的股价在下跌趋势的后期，在底部不断地震荡筑底。6月中旬，该股股价出现放量突破陷阱，投资者要注意防范这种诱多陷阱。

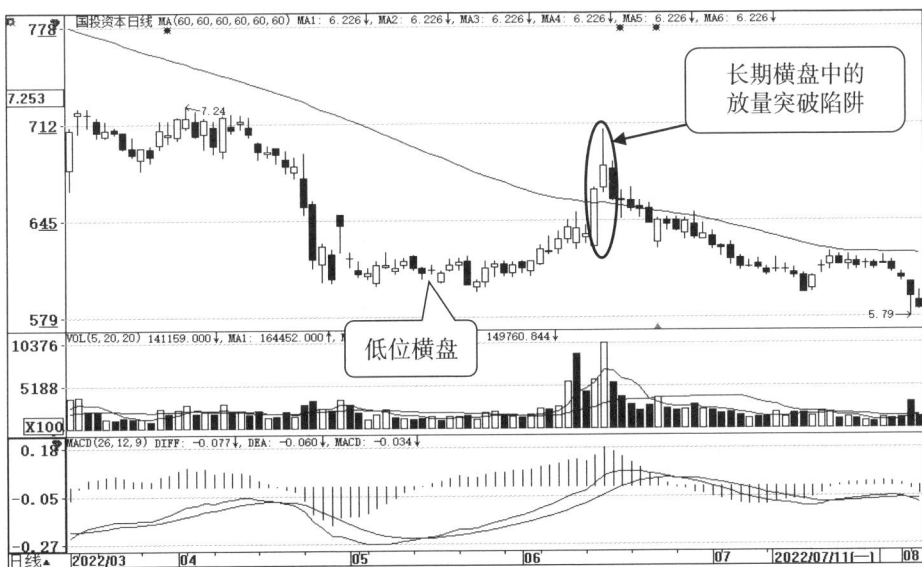

图3-21　国投资本日K线

精讲提高

投资者在辨别股价放量突破到底是不是陷阱时，需要注意走势的级别。一般来说，长期横盘后的放量突破，之所以在当前的走势级别里是陷阱，往往是因为走势在更高级别里仍处于下跌趋势或震荡趋势中。

3.4.2　大比例除权后的放量上涨陷阱

一般来说，股价在大比例除权之后，相应地会在走势图上留下一个巨大的缺口，股价也会在表面上出现巨大的跌幅。此时前期不敢追高买入的投资者，由于价格的错觉而敢于积极买入了。主力则利用投资者此时的心态和追涨的心理，在缺口出现后开始大幅拉升股价，造成大量买入的假象，实则趁机大肆出货。投资者追涨买入之后，将很快被套。

因此，对这种大比例除权的个股，投资者要注意对其复权，让股价保持一种连续性，然后再伺机买入。

如图3-22和图3-23所示，2022年6月至2023年2月，南京高科（600064）的股价始终处于盘整走势中。在这个过程中，该股股价几次放量上涨，甚至突破60日均线，似乎即将出现一波上涨趋势。实际上，复权之后，投资者可以很清晰地看出，2022年7月至2023年2月，该股60日均线一直处于下跌中。因此，投资者要注意持币观望，除非市场趋势彻底发生改变。

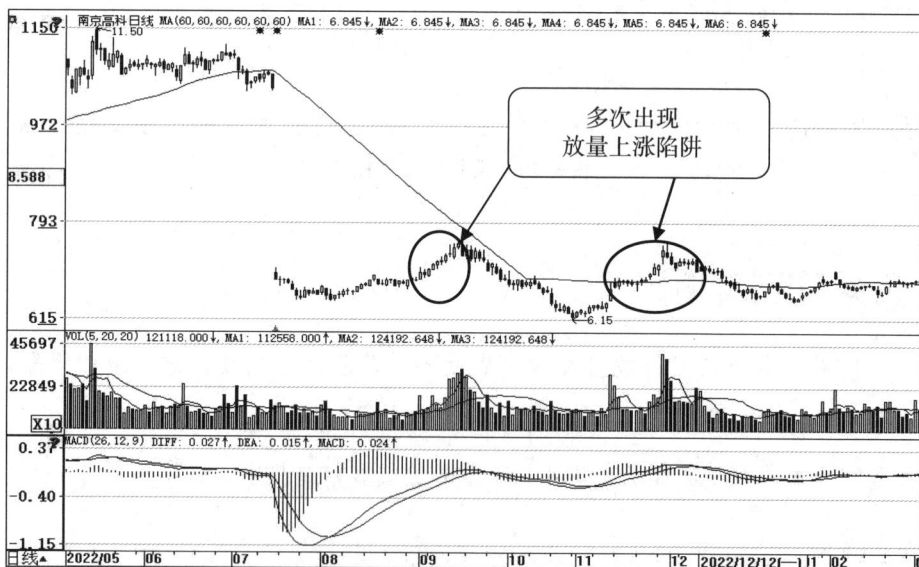

图3-22　南京高科日K线

图 3-23　南京高科日 K 线（前复权）

3.4.3　逆势放量上涨陷阱

当下跌趋势已经彻底形成，并且没有明显信号证明市场上涨趋势将要形成的时候，股价突然逆势放量上涨，往往只是下跌趋势中的一次反弹，接下来股价仍将持续向下，延续原来的下跌趋势。对这种逆市放量上涨陷阱，投资者要注意防范，不能贸然介入。

如图 3-24 所示，2021 年 10 月至 2022 年 4 月，包钢股份（600010）的股价基本上都在 60 日均线下方运行，这表明市场正处于下跌趋势中。在这个过程中，该股股价两次出现放量上涨走势，但很快就再次向下，延续原来的下跌趋势。投资者要注意防范，不能贸然介入。

📖✎ **精讲提高**

下跌趋势中股价放量上涨，投资者在判断这种放量上涨是否能够形成彻

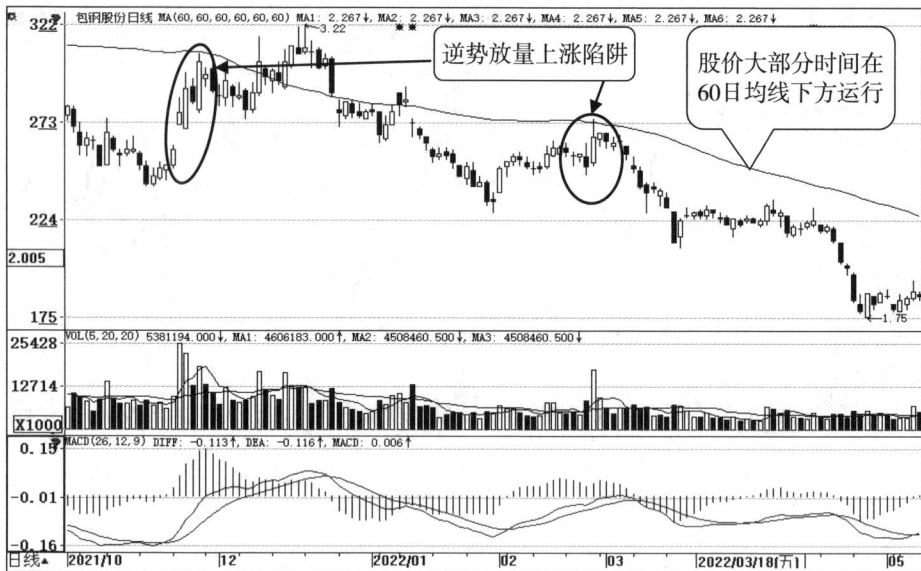

图 3-24　包钢股份日 K 线

底的上涨趋势时，有以下两个常用方法。

（1）注意利用其他技术分析工具进行综合研判。其中，趋势型技术指标，如均线、MACD指标等较为常用。

（2）要注意更高级别的走势。一般来说，较低级别里的放量上涨陷阱，在高级别走势图里往往能够看得更清楚。

3.4.4　缩量阴跌的陷阱

当股价处于高位时，成交量逐步萎缩，价格缓缓下跌，即缩量阴跌态势。由于许多投资者都认定缩量下跌是一种正常的价量配合关系，许多仍然持股的投资者在惯性思维的作用下，会认定市场抛出压力较小，股价不会深跌，从而选择继续持有，错过出场的良机。之后，股价却持续下跌，甚至跌破前期重要支撑位，而这些继续持有的投资者往往被深度套牢。

因此，投资者对缩量阴跌走势要保持高度关注，一旦股价跌破前期重要支撑位，要注意果断卖出。

如图 3-25 所示，2021 年 10 月至 11 月，四会富仕（300852）的股价不断上涨，再创新高，之后该股股价回落。2021 年 12 月初至 12 月中旬，该股出现明显的缩量阴跌态势。2022 年 1 月 5 日，该股股价跌破前期低点和 60 日均线。投资者要注意及时卖出，否则将在接下来的下跌趋势中被深度套牢。

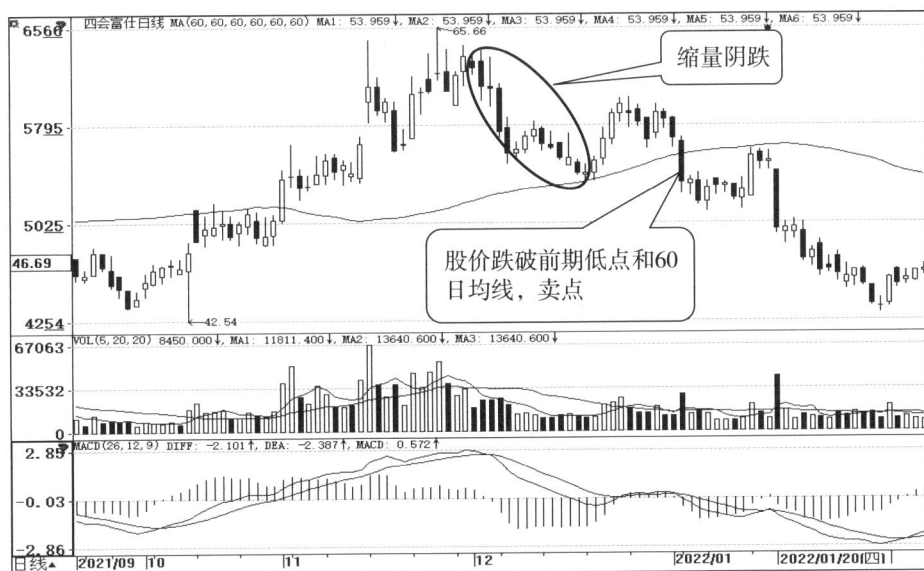

图 3-25　四会富仕日 K 线

如图 3-26 所示，2022 年 5 月 20 日之后，古越龙山（600059）的股价向上突破 60 日均线，之后在均线上方站稳，60 日均线显示出较强的支撑作用。6 月底，该股股价在完成前期阶段性涨势之后，出现了缩量阴跌的态势，仍然持股的投资者要警惕。7 月 15 日，该股股价在经过缩量阴跌之后加速下跌并跌破 60 日均线，之后几个交易日的反弹受阻走势也确认了下跌的可靠性，表明下跌趋势形成。此时，投资者要注意果断卖出。

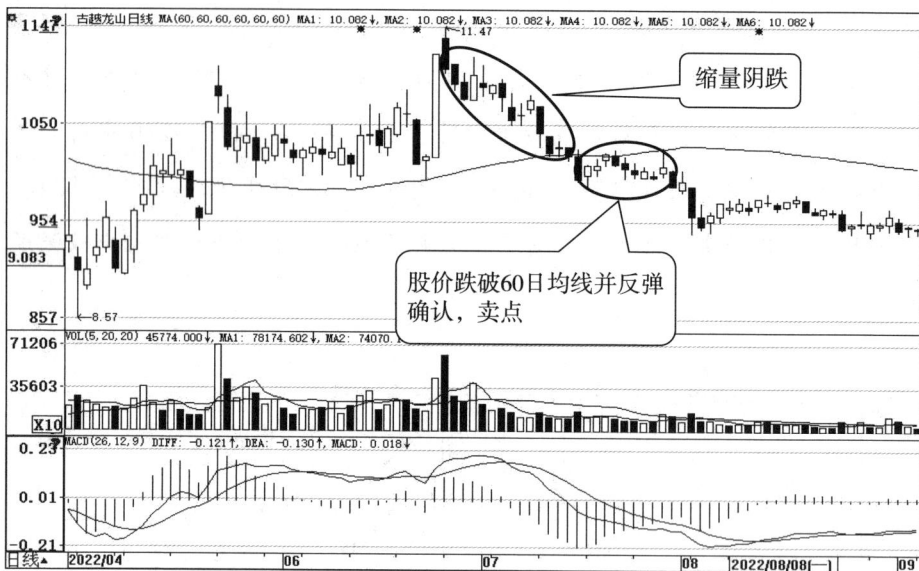

图 3-26　古越龙山日 K 线

3.4.5　利好兑现的放量陷阱

在证券市场中，机构和个人相比有着明显的信息优势。因此，他们往往在个股利好消息没有公布之前就能得到风声，从而提前买入，使得股价在利好消息公布之前就能大幅上涨。而当利好兑现时，他们却趁其他投资者纷纷看好买进的时机，大肆出货。最后，在利好兑现时买进的投资者将被套牢。

如图 3-27 所示，2022 年 12 月 30 日，好想你（002582）发布巨额回购公司股票的利好公告。在这个利好公告发布之前，该股股价经过了一个多月的放量上涨，表明一些先知先觉的资金已经提前布局。而在利好兑现后，该股却在高位放出巨量，表明前期获利筹码正在集中出货。之后该股股价不断下跌，重新跌回前期低位，在 12 月 30 日看到利好消息入场接盘的投资者将被套牢。

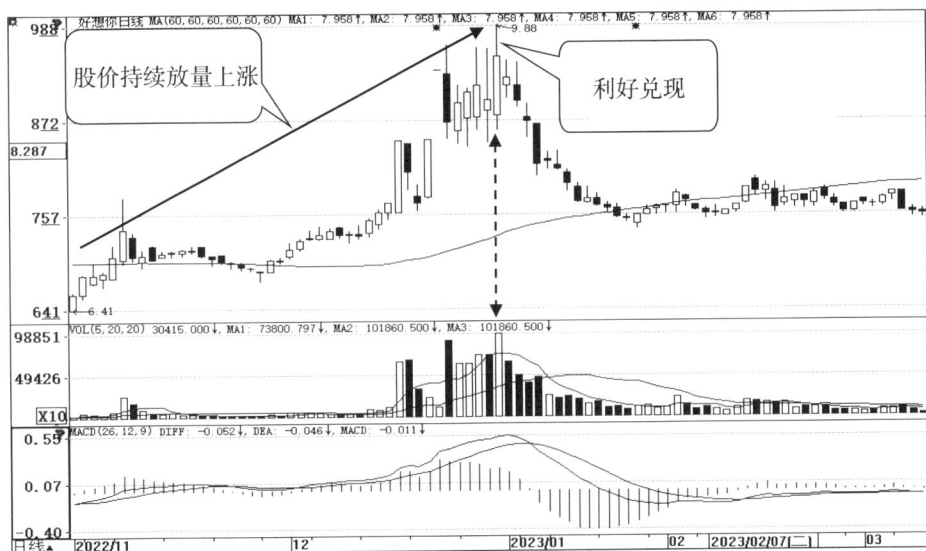

图 3-27　好想你日 K 线

📖 精讲提高

投资者要注意深入分析利好消息。一般来说，如果该利好确实能够使公司的基本面产生积极改观，那么即使在利好公布后股价出现一波下跌走势，投资者也不必忧虑，上涨趋势早晚会到来；如果该利好对公司基本面并不能产生真实的效应，那么即使在利好公布后股价持续上涨，投资者也要伺机卖出。

3.4.6　突发利空的放量陷阱

当个股持续下跌，或者主力在建仓后进行震荡洗盘时，一旦股市出现突然的利空消息，主力为了进一步加强利空消息，会用大手笔对敲的手段来打压股价，刻意制造恐慌性放量下跌的走势。此时，一些持股心态不稳的散户纷纷抛出筹码，主力则借机快速收集散户抛出的筹码，股价将再次出现上涨走势。

投资者面对这种突发利空的放量陷阱，要仔细研判市场的趋势，不要被暂时的市场波动所动摇。

如图3-28所示，2022年6月28日，金沃股份（300984）突然公布股东大幅减持的公告，这对市场信心是一记重击，次日该股股价放量大跌，之后股价回调得到60日均线的强力支撑再次向上，可以判断之前的放量下跌只是主力的一次放量洗盘而已。因此，投资者可以在股价确定得到支撑时逢低买入，持股待涨。

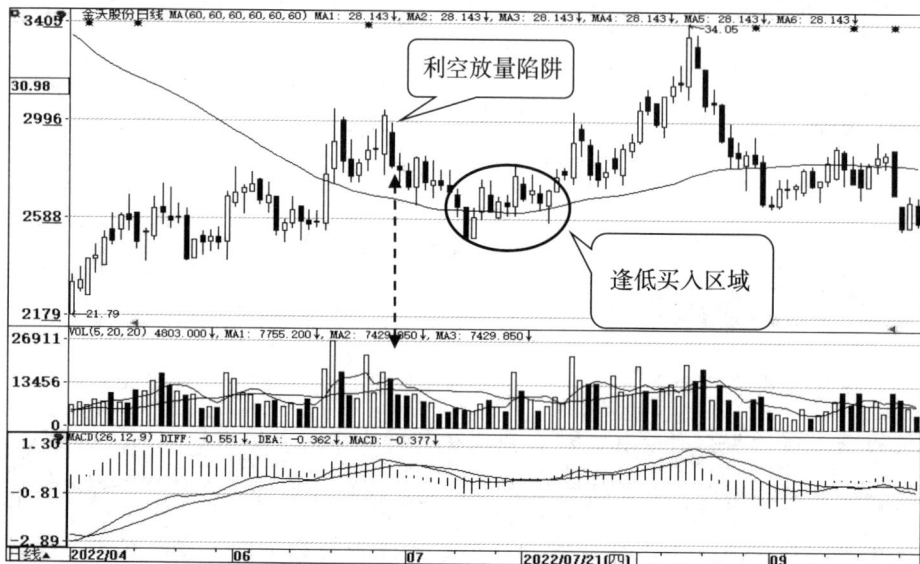

图3-28　金沃股份日K线（前复权）

精讲提高

突发性的利空尽管会对公司短期内的股价有不利影响，但也可能是投资者买入的良机。重要的是要判断出该利空对公司经营的影响程度。如果判断公司基本面受影响较小，投资者完全可以在利空出现时逢低买入。

第 4 章

——

利用成交量把握买卖点

——

4.1　用成交量把握短线买点

4.1.1　支撑位缩量企稳时买入

当股价刚向上突破阻力位后，由于阻力位附近筹码的大量涌出，股价一般会有一个冲高回落的过程。此时，如果上涨趋势已经形成，股价的回落一般会受到支撑位（前期阻力位转化）的支撑作用而出现一波缩量企稳走势，之后再延续原来的上涨趋势。投资者可以选择在股价缩量企稳时积极买入。

如图 4-1 所示，2022 年 6 月中旬至 7 月初，维科技术（600152）的股价向上突破 60 日均线并回抽确认，表明市场上涨趋势已经形成。从 8 月下旬开始，

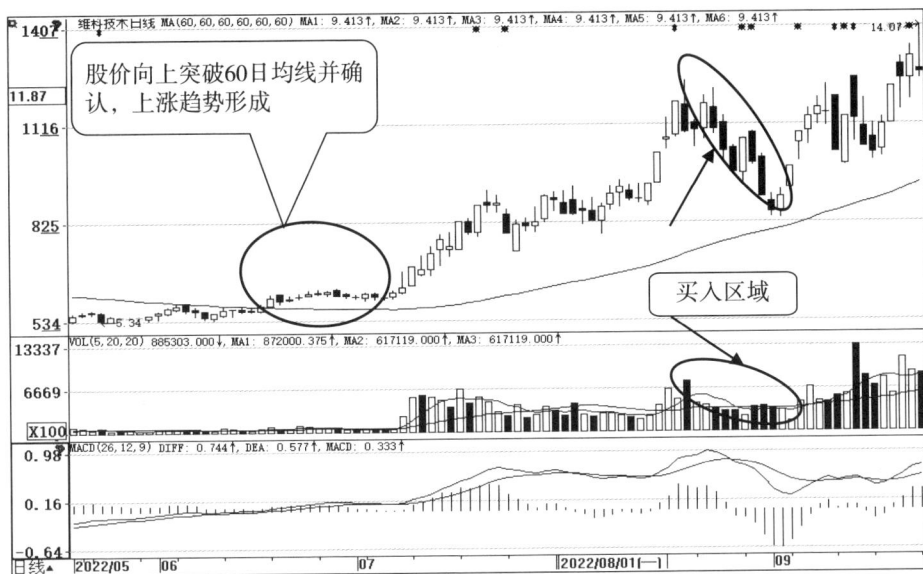

图 4-1　维科技术日 K 线

该股股价冲高回落，但受到60日均线的强有力支撑，逐渐形成缩量企稳态势。这表明市场上涨动能较强，投资者可以在该股缩量企稳、受到均线支撑时积极买入。

精讲提高

在把握该买点时，投资者需要注意以下两个方面。

（1）支撑位一般都是前期阻力位被突破转变而来的。常见的支撑位有均线、前期高点连线、前期下跌趋势线等。当股价回调受到支撑时，就表明市场上涨趋势已经彻底形成了。

（2）股价回调受支撑有强弱程度的区别。当股价是以缓缓平移甚至是缓缓上涨的方式向支撑位靠近时，就表明该股上涨动能极为强烈，股价接下来有极大可能出现连续涨停。投资者见到这种走势就要高度关注，伺机买入。

4.1.2　持续放量走强时买入

在上涨趋势的初期，股价缓缓上涨，同时成交量持续增加，表明市场上涨动能十分强劲，股价接下来有较大可能出现放量加速上涨的态势。因此，投资者可以在股价持续放量走强时伺机买入。

在判断市场上涨趋势是否形成时，投资者可以结合其他技术分析工具进行综合研判。

如图4-2所示，从2021年5月下旬至6月初，东尼电子（603595）的股价缓缓上涨，突破60日均线，同时成交量逐渐增大，形成股价持续放量走强的态势。这表明市场上涨趋势已经初步形成，股价接下来有较大可能出现放量加速上涨的走势，投资者可以积极买入。

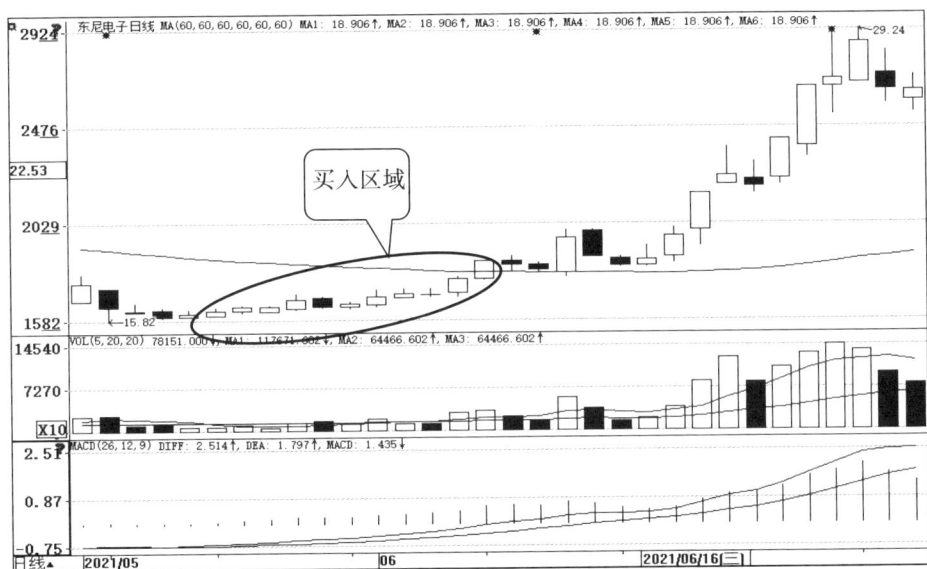

图 4-2　东尼电子日 K 线

精讲提高

"持续放量走强时买入"，实际上是两个买入信号的叠加。第一个是上涨趋势的确定，它可以通过结合其他技术分析工具特别是趋势型技术分析工具完成；第二个是股价持续放量走强，这里的放量只是成交量的逐渐增加，并且小于之后股价加速上涨时的急剧放量。

4.1.3　出现第一个放量缺口时买入

股价向上的放量缺口表明市场上涨动能十分强劲。因此，在上涨趋势的初期，当股价第一次出现放量缺口时，往往预示着强劲的上涨动能和上涨趋势的形成。投资者可以在第一个放量缺口出现后伺机买入。

如图 4-3 所示，2021 年 10 月底，铜峰电子（600237）的股价创新低后逐渐企稳。11 月 12 日，股价放量上涨突破 60 日均线。11 月 15 日，在突破均线后的第二天出现第一个放量缺口，表明市场上涨动能十分强劲。在此之前该股MACD指标出现DIFF线与股价的底背离，这些因素综合起来表明市场上涨趋势已经基本形成，投资者可在第一个放量缺口出现后积极买入。

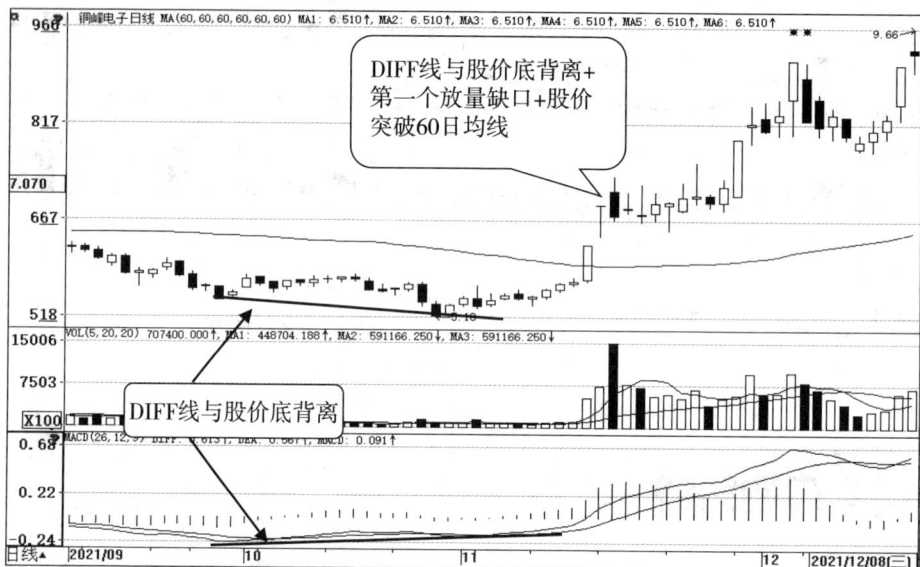

图4-3　铜峰电子日K线

📖 精讲提高

在把握这个买点时，投资者需要注意以下三个方面。

（1）缺口出现之后，接下来的走势中，股价如果回补缺口，就表明前期上涨动能的强度不够。对这种情况，投资者要警惕。

（2）缺口一旦形成，就成为强有力的支撑位。因此，在本买点中，放量缺口出现后，股价可以暂时回调震荡，但不能回补缺口。否则，投资者就不能判断上涨趋势已经形成。

（3）一般来说，当出现第一个放量缺口时，会有其他技术分析工具同时发出上涨信号，投资者要注意结合使用。

4.1.4　出现量价双包形态时买入

量价双包形态是指在下跌趋势中依次出现两根 K 线，第二根 K 线为阳线，且这根阳线的实体和成交量能覆盖住第一根 K 线。

量价双包形态是强烈的看涨反转信号。在一段下跌趋势中，空方持续占据优势，并在某天的开盘时继续进攻（开盘价出现低开情形），但是在当天的盘中，形势突然发生了变化。多方奋起反击，并把收盘价推升到前一根阴线开盘价的上方。当天阳线的实体将前一根阴线的实体完全覆盖，说明多空力量对比发生了极大的转变，多方力量已经开始压倒空方力量，并得到了成交量的确认，发出了看涨的反转信号。投资者一旦见到该形态，要注意及时买入。

如图 4-4 所示，2022 年 4 月 27 日，广晟有色（600259）的股价放量上涨，当日 K 线的实体和成交量都包住了上一交易日的，形成量价双包形态。但由于该日股价创出新低，为了降低风险，投资者可在第二天待股价企稳时买入。

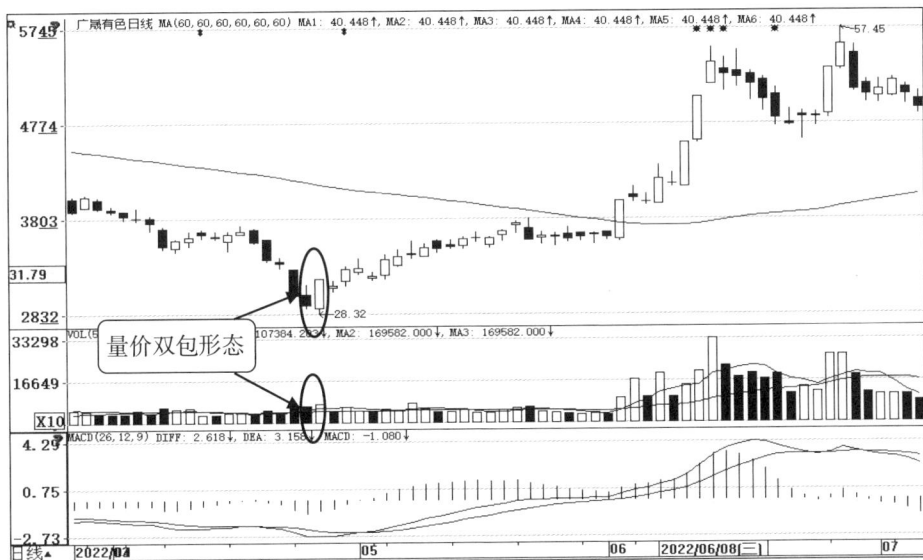

图 4-4　广晟有色日 K 线

如图4-5所示，2022年6月，百利电气（600468）K线两次形成量价双包形态，之后该股股价顺利向上突破60日均线，出现了一波上涨走势，投资者可在该形态出现时买入或突破均线时买入。

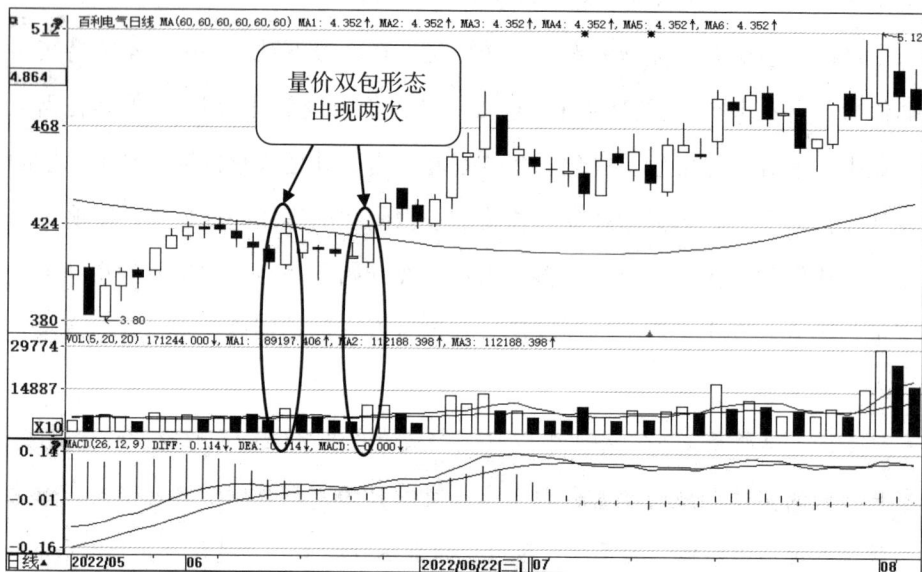

图4-5　百利电气日K线

精讲提高

在把握该买点时，投资者要注意以下两个方面。

（1）量价双包形态实际上就是"K线看涨吞没形态＋成交量放量"。投资者可将这两根K线的最低价当作止损价位。

（2）受此启发，投资者可以将其他K线反转形态和成交量配合，以加强其可靠性。如K线早晨之星形态，如果第三根K线放量，则买入信号就更加明确了。

4.2　用成交量把握短线卖点

4.2.1　放量黄昏星

放量黄昏星是指在上涨走势中，股价 K 线组合出现黄昏星形态，同时成交量显著放大。形成黄昏星的三根 K 线在放量的过程中，一般来说，星线与阳线的成交量较大，阴线相对较小。

放量黄昏星具有强烈的看跌反转意义。在上涨走势中，当黄昏星的第一根 K 线，即阳线放量出现时，说明多方仍然占据着优势，并得到了成交量的确认；星线的出现，表明多空双方的力量对比开始发生了变化，双方开始陷入激烈的争夺，在这个过程中，成交量放出巨量；而之后阴线的出现，表明在之前的僵持后，空方已经占据优势，夺取了行情的主导权。股价接下来将出现一波下跌走势，投资者要注意及时卖出。

如图 4-6 所示，2022 年 11 月 21 日，处在缓缓上涨走势中的时代出版（600551）出现了放量黄昏星的 K 线形态，预示着市场中多空双方力量的转变已经完成，空方已经夺取行情主导权，该股股价接下来将出现一波下跌走势。卖点出现，投资者要注意及时卖出。

精讲提高

放量黄昏星实际上是"顶部放量"和"黄昏星"的叠加。一般来说，顶部 K 线只要放出现影线，就说明有强烈的下跌动能正在积聚，影线越长，成交量越大，下跌动能就越大。

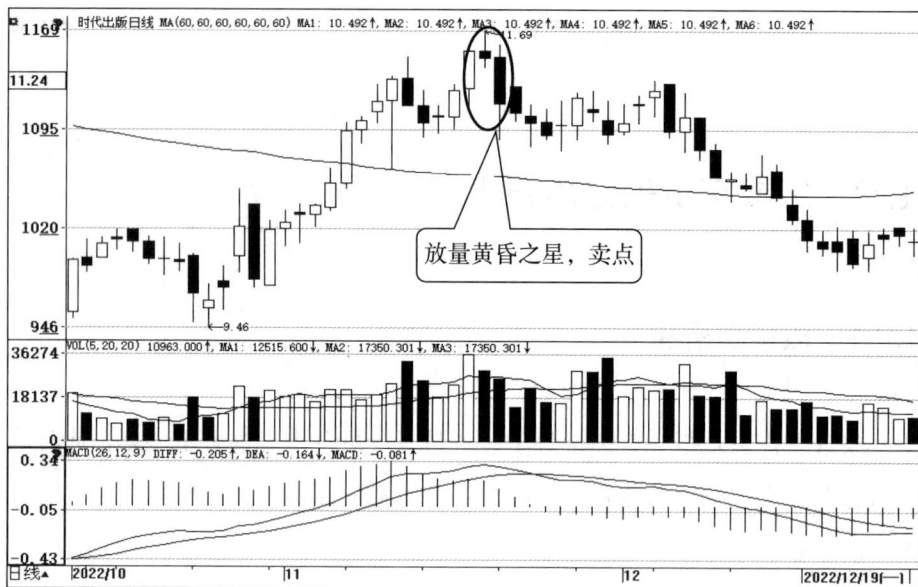

图4-6　时代出版日K线

4.2.2　巨量长阴

巨量长阴是指在上涨走势中，股价经过大幅度上涨后，在高位时成交量突然放出巨量，但价格却没有上涨，至收盘时反而收出一根长阴线。

巨量长阴一旦出现，就表明市场短期内已经由空方主导，下跌将是股价接下来运行的主旋律，投资者要注意及时出场。

如图4-7所示，2022年6月8日，东方创业（600278）的股价在经过一波上涨走势之后，在高位时成交量突然放出巨量，但价格却没有继续上涨，收盘时收出一根长阴线，形成巨量长阴的形态。这表明市场已经由空方主导，卖点出现，投资者要注意及时出场。

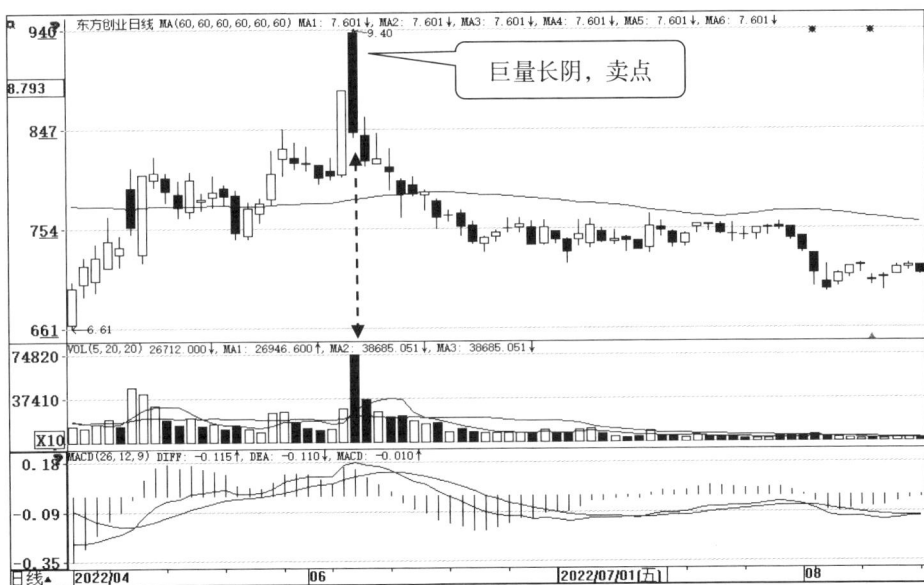

图 4-7　东方创业日 K 线

![精讲提高]

　　巨量长阴表明市场下跌动能十分强劲，往往是下跌趋势形成的重要征兆。投资者尤其要注意的是，当市场趋势型技术指标，如 MACD 指标、均线等已经发出明显的卖出信号时，此时股价形成巨量长阴形态，往往是下跌趋势开始真正发力的时候，投资者要果断出场。

4.2.3　放量射击之星

　　当股价运行到市场高位区域，出现一根带长上影线的 K 线形态，并且成交量出现明显的放大，这种形态就称为放量射击之星。这根 K 线的实体既可以是阳线，也可以是阴线，而上影线的长度要超过实体的两倍。

　　放量射击之星表明股价经过前期大幅上涨之后，低位筹码正在集中涌出，空方正在疯狂打压，下跌动能十分强劲。股价接下来即将出现一波下跌走势，投资者要注意及时卖出。

如图4-8所示，2021年12月31日，航天动力（600343）的股价在经过一波较大的上涨走势之后，形成放量射击之星形态，表明市场下跌动能正在积聚，股价即将出现一波下跌走势。卖点出现，投资者要注意及时出场。

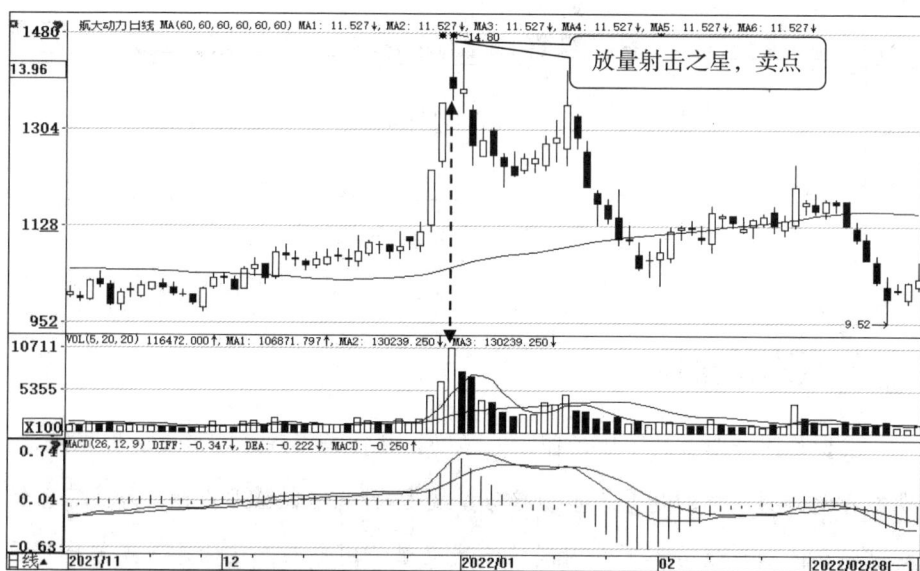

图4-8　航天动力日K线

如图4-9所示，2021年11月4日，安迪苏（600299）的股价在经过一波上涨走势之后，在高位形成放量射击之星形态，表明市场即将形成一波下跌走势。卖点出现，投资者要注意果断卖出。

在该股走势中，在11月4日股价出现放量射击之星后仍然没有出场的投资者，可以等股价在11月25日跌破60日均线时再卖出。这是因为此时市场下跌趋势已经形成。

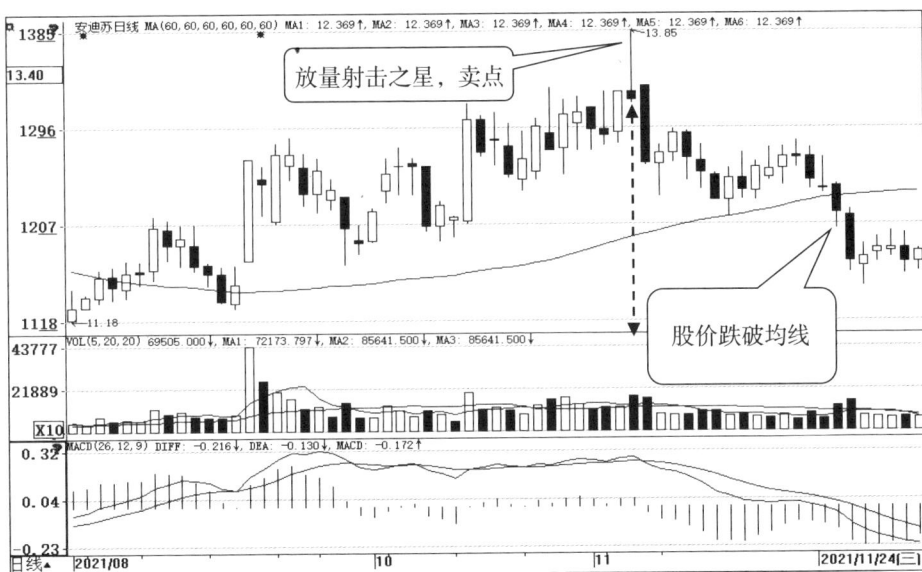

图 4-9　安迪苏日 K 线

📖 精讲提高

把握该卖点时，投资者要注意两个方面。

（1）该卖点往往是下跌趋势最早的卖出信号，害怕踏空的投资者可以再等几天，如果有其他技术分析工具也相继发出卖出信号，再行卖出。

（2）该卖点对上影线的要求是实体的两倍以上。上影线越长，卖出信号就越明确。

4.2.4　大涨之后缩量震荡时卖出

在上涨趋势的后期，股价经过前期大幅上涨之后，在高位开始震荡筑顶。在这个过程中，伴随着股价的上下起伏，成交量也时大时小，但整体上呈缩减态势。

当股价在高位长时间缩量震荡时，市场下跌动能不断积聚，接下来出现一波下跌趋势的概率较大。投资者可以在股价缩量震荡时逢高卖出。

如图4-10所示，2021年10月至11月，长春燃气（600333）的股价在经过一波较大的上涨走势之后，在高位开始震荡筑顶。在1个多月的时间里，伴随着股价的上下起伏，成交量也时大时小，但整体上呈现逐步缩减的态势。这表明市场下跌动能正在不断积聚，投资者可以在该股缩量震荡时逢高卖出。

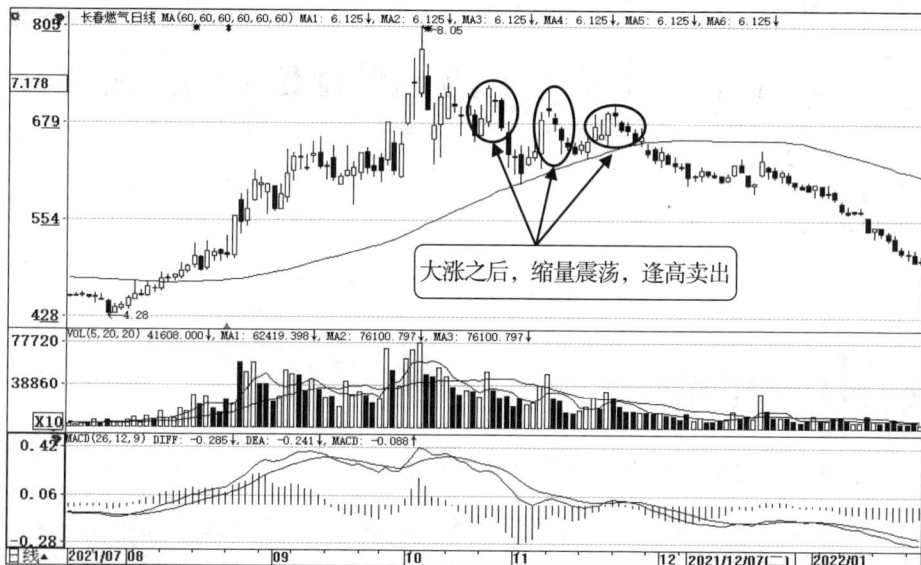

图4-10　长春燃气日K线

精讲提高

在把握这个卖点时，投资者要注意以下三个方面。

（1）大涨之后缩量震荡，往往是股价重新蓄势的一个过程。当股价长时间在高位震荡时，下跌概率较大，但也并不能完全排除股价选择一波上涨趋势。所以为了稳妥起见，投资者可以耐心等待股价自己选择方向。

（2）该卖点的本质是，股价以时间换空间的形式消耗原来的上涨动能，最终转势。

（3）当股价在震荡过程中快速下跌时，投资者可能会产生恐慌情绪，进而慌不择路地卖出。这可能导致卖在最低点。投资者正确的做法应该是只要震荡趋势确立，就尽量选择在上方压力线挂单卖出。

4.3 用成交量把握波段买卖点

波段操作是指投资者利用股价的不断波动，在低位买入股票，在高位卖出股票的投资方法。它是针对目前国内股市呈波段性运行的特征而产生的一种灵活有效的操作方式。这种灵活应变的操作方式可以有效规避市场风险，保存资金实力和培养市场感觉。

4.3.1 从成交量增减看波段高低点

当股价在上涨趋势的初期盘整震荡时，成交量往往较低，这种情况往往最令人捉摸不透。之后，如果股价配合成交量放量突然向上，就表明市场已经选择了上涨趋势，投资者要注意把握这个波段买点。当投资者买入之后，一旦均量线出现死叉，同时又有明显的K线反转形态，就表明市场即将出现一波下跌走势，投资者可以果断卖出。

如图4-11所示，从2022年11月，美丽生态（000010）的股价缓缓向上，同时成交量也较低。11月30日，股价向上配合成交量放量突破60日均线，之后股价在均线上方站稳，表明市场已经选择了上涨趋势，投资者可以果断买入。12月中旬，股价冲高回落。12月22日，在该股均量线指标已经出现死叉之后，股价K线形成看跌吞没的看跌形态，表明市场短期内即将出现一波下跌走势，投资者要注意把握这个波段卖点。

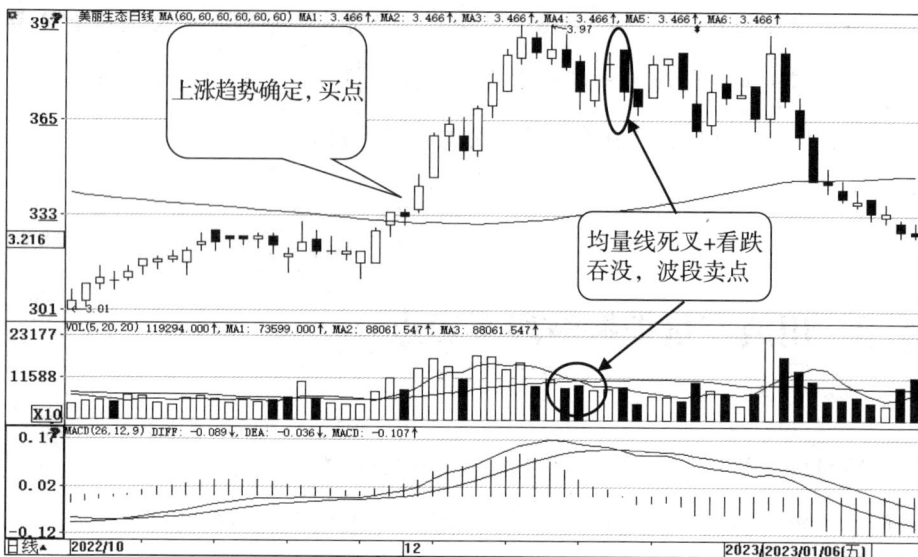

图 4-11 美丽生态日 K 线

精讲提高

在把握这个买卖点时，投资者要注意以下两个方面。

（1）一般来说，买入的时候，需要极为慎重，等到胜算较大时才能行动；而卖出则赶早不赶晚，甚至一有卖出信号就可以出场。

（2）前期盘整震荡时，股价有时候会出现缓缓上涨的态势，有时候会出现股价横向震荡的态势。

4.3.2 用成交量与MACD指标把握波段买卖点

利用成交量和MACD指标把握波段买卖点，主要有以下三种方法。

1.MACD指标与股价的背离

MACD指标与股价的背离分为底背离和顶背离。在下跌走势中，当股价连创新低，而MACD指标却没有创新低时，表明市场上涨动能正在积聚，股价接下来出现上涨走势的概率较大。投资者可以在底背离后，同时成交量放大时，积极买入。

在上涨走势中，当股价创出新高，而MACD指标却没有创出新高时，则表明市场下跌动能正在积聚，股价接下来出现一波下跌走势的概率较大。投资者可以在顶背离出现后，同时成交量回落时，果断卖出。

为了使背离出现后的波段买卖点更加精准，投资者可以结合K线组合等技术分析工具进行综合研判。

如图4-12所示，2022年10月中旬，欧亚集团（600697）的MACD指标出现"MACD指标与股价底背离＋金叉"的态势。11月7日，该股成交量突然放大，同时该股股价突破60日均线，这表明一波上涨走势即将形成，买点出现，投资者可以果断买入。之后股价出现一波上涨走势，2022年12月9日，该股发出"MACD指标与股价顶背离＋K线看跌吞没"的卖出信号，投资者要注意把握这个波段卖点。

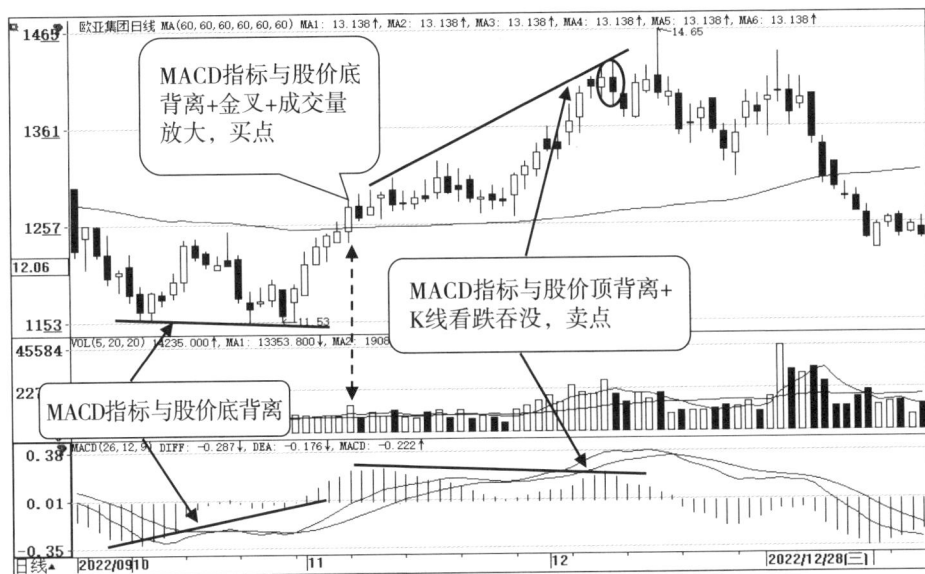

图4-12 欧亚集团日K线

如图4-13所示，2022年12月下旬，京北方（002987）的MACD指标出现"MACD指标与股价底背离"的看涨信号，之后该股股价缓缓上涨。12月29日，股价继续上涨，同时成交量也明显放大，买点出现，投资者可以买入。

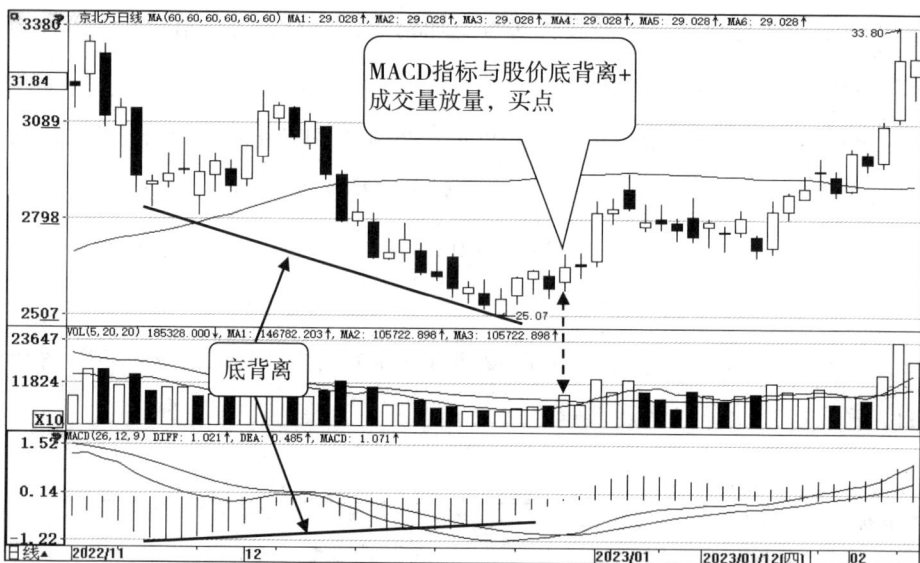

图4-13　京北方日K线

精讲提高

在把握这个买卖点时，投资者要注意以下三个方面。

（1）一般MACD指标与股价底背离之后，DIFF线将会向上突破DEA线形成金叉；同理，MACD指标与股价顶背离之后，DIFF线将会向下突破DEA线形成死叉。

（2）当MACD指标与股价背离形成的时候，股价K线组合往往形成典型的反转形态，投资者要注意把握，以提高波段买卖点的精准性。

（3）一般来说，卖点较难把握。投资者在实战中，要注意宁可卖早也不要卖晚，一旦出现明显的卖出信号，就要果断出场。

2.DIFF 线与股价的背离

DIFF 线与股价的背离也分为顶背离和底背离。当股价创新低，而 DIFF 线没有创新低时，为底背离，表明市场上涨趋势即将形成，为买入信号；当股价创新高，而 DIFF 线没有创新高时，为顶背离，表明市场下跌趋势即将形成，为卖出信号。

背离之后，往往形成 DIFF 线与 DEA 线的交叉，同时成交量也会放大。为更精准地把握波段买卖点，投资者可以将它们结合起来使用。

如图 4-14 所示，2022 年 10 月底，龙源技术（300105）的股价创出新低，而 DIFF 线没有创出新低，形成了 DIFF 线与股价的底背离形态。这表明市场上涨动能正在积聚，股价有较大可能出现一波上涨走势。11 月 4 日，MACD 指标出现金叉，同时成交量大幅放大，更增加了看涨意义的可靠性，买点出现，投资者可以积极买入。

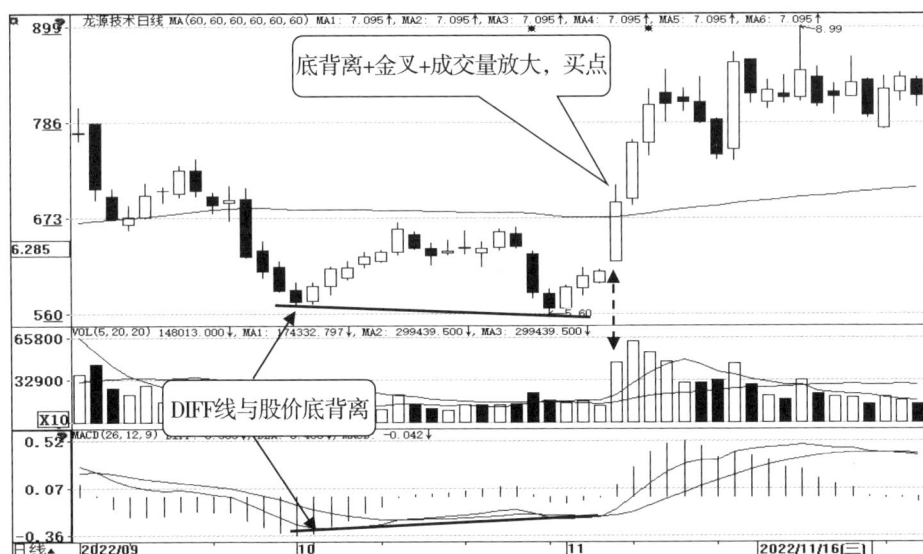

图 4-14　龙源技术日 K 线

精讲提高

在把握这个买卖点时，投资者要注意以下三个方面。

（1）DIFF线顶背离所发出的信号，有时候落后于MACD指标顶背离所发出的卖出信号。按照宁可卖早也不可卖晚的原则，当MACD指标顶背离出现后，投资者可以抢先卖出。

（2）DIFF线与股价顶背离时，往往均量线指标也将与股价顶背离，投资者可以借此验证卖点的可靠性。

（3）DIFF线与股价底背离时，往往能够抓住一波上涨趋势的底，但这时候，成交量较小，辅助判断作用不是很明显。但随着股价的上涨，成交量会逐渐放大。

3.MACD指标零轴放量金叉

如果DIFF线与DEA线的金叉出现在零轴附近，并伴随着成交量的放大，那么此时往往是投资者买入的绝佳时机。

零轴附近的金叉往往出现在一段下跌行情尾端或者一段长时间的整理行情之后。这个位置的金叉预示着弱势行情结束，新一轮上涨行情已经开始。此时如果还伴随着成交量的放大，意味着股价的上涨得到成交量的支持，该形态的买入信号将更加可靠。

如图4-15所示，从2022年12月开始，宝钢股份（600019）股价一直都在60日均线上方运行。这表明在这段时间内，该股一直处于上涨趋势中。

2023年1月6日，MACD指标出现零轴附近金叉，同时成交量放大，表明接下来将有一波较大的上涨走势发动，买点出现，投资者可以果断买入。

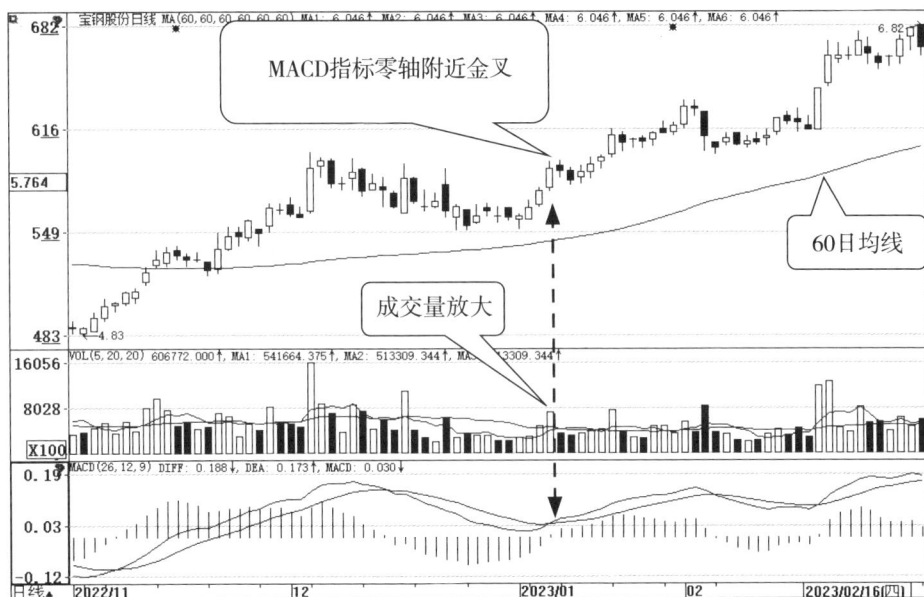

图 4-15　宝钢股份日 K 线

精讲提高

投资者需要注意的是，在盘整行情中 DIFF 线和 DEA 线可能在零轴附近反复纠缠，频繁发出买卖信号。这时 MACD 指标暂时处于失效状态。此时出现零轴附近金叉，并不能保证接下来出现一波上涨趋势。当出现这种情况时，投资者可以结合其他指标综合确定买卖信号。

4.3.3　用成交量与 BOLL 指标把握波段买卖点

用成交量和 BOLL（布林线）指标把握波段买卖点，主要有以下三种方法。

1. 开口形喇叭口形态的买点

当股价经过长时间的底部整理后，布林线的上轨线和下轨线逐渐收缩，上下轨线之间的距离越来越小。此时股价突然出现向上急速飙升的行情，同时伴随着成交量的放大，布林线上轨线同时急速向上扬升，而下轨线却加速向下运动。这样布林线上下轨之间就形成了一个类似于大喇叭的特殊形态，这种形态被称为开口形喇叭口形态。

开口形喇叭口是一种显示股价短期内即将大幅上涨的形态。它形成于股价经过长时间的低位横盘后，预示着多头力量逐渐强大而空头力量逐步衰竭，股价将处于短期大幅拉升行情之中。开口形喇叭口形态的确认条件如图4-16所示。

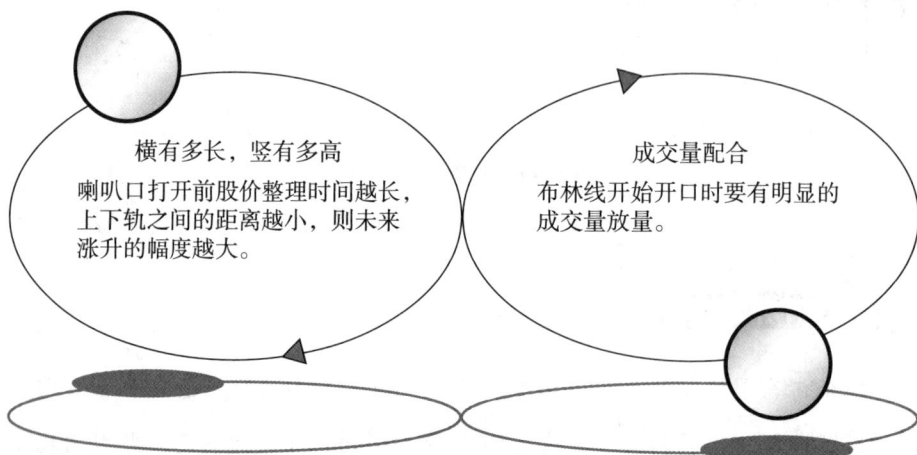

横有多长，竖有多高
喇叭口打开前股价整理时间越长，上下轨之间的距离越小，则未来涨升的幅度越大。

成交量配合
布林线开始开口时要有明显的成交量放量。

图4-16　开口形喇叭口形态的确认条件

投资者一旦发现BOLL指标的上轨线和下轨线逐渐收缩，且布林带长时间窄幅震荡，就要保持密切关注。当股价方向确定向上，喇叭口向上扩张并伴随着成交量的放大时，就是投资者买入的大好时机。

如图4-17所示，2022年3月23日之前，华润双鹤（600062）的股价一直处于窄幅震荡状态中，相应地布林带也逐渐收窄，表明市场正在不断积蓄动能。3月24日，股价向上突破BOLL指标上轨线，并明显放量，形成开口形喇叭口形态，表明市场短期内即将出现一波较大的上涨走势，投资者要注意积极买入。

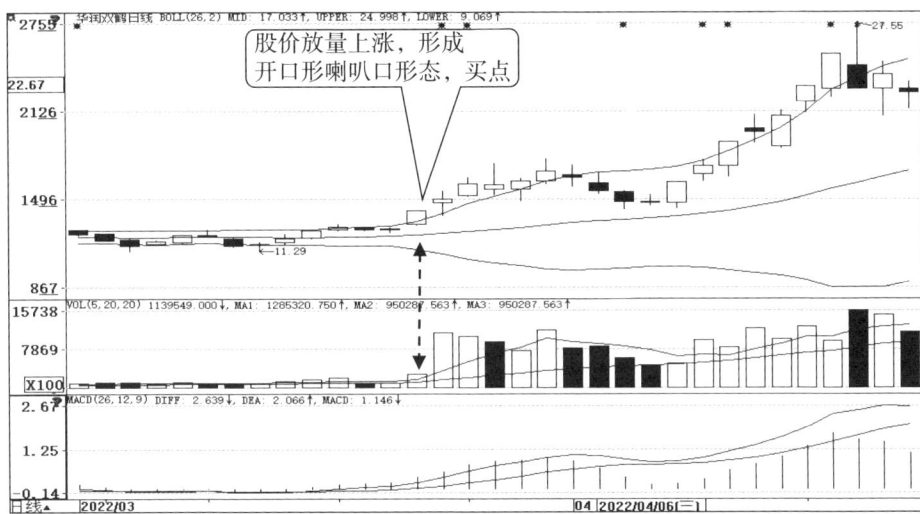

图 4-17 华润双鹤日 K 线

如图 4-18 所示，2022 年 7 月 4 日之前，华电国际（600027）的股价经过了较长时间的盘整震荡，相应地，布林带也逐渐收窄。7 月 4 日，该股股价放量向上突破 BOLL 指标上轨线，形成了开口形喇叭口形态。这表明经过长期的蓄势，股价最终选择了上涨趋势，买点出现，投资者可以果断买入。

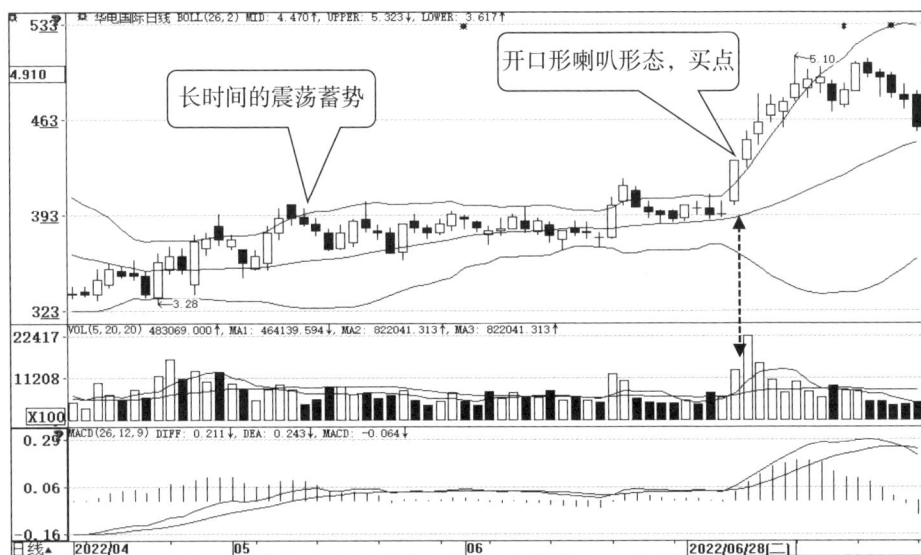

图 4-18 华电国际日 K 线

在实战中，投资者利用成交量和BOLL指标把握波段买卖点，需要注意以下两个方面。

（1）当股价在震荡趋势的时候，市场接下来到底是出现上涨趋势还是下跌趋势并不能确定。只有等到股价自己选择了方向之后，投资者才能伺机入场，即只有股价自己选择了上涨趋势之后，投资者才能入场。

（2）投资者可以利用中轨线来辅助研判趋势方向。

BOLL指标的喇叭口形态除了开口形喇叭口形态，还有收口形喇叭口形态和紧口形喇叭口形态。

收口形喇叭口是一种显示股价短线大幅向下突破的形态，是形成于股价经过短时期的大幅拉升后，面临着向下变盘时出现的一种走势。此时，布林线的上下轨线出现方向截然相反而力度很大的走势，预示着空头力量逐渐强大而多头力量开始衰竭，股价将处于短期大幅下跌的行情之中。

紧口形喇叭口是一种显示股价将长期小幅盘整筑底的形态，是形成于股价经过长期大幅下跌后，面临着长期调整的一种走势。此时，布林线的上下轨线的逐步小幅靠拢，预示着多空双方的力量逐步处于平衡，股价将处于长期横盘整理的行情中。

2.震荡市中的高抛低吸

BOLL指标在震荡市中的买卖点，主要是上轨线的阻力卖点和下轨线的支撑买点，它们提供了一个可以高抛低吸成功率极大的信号。

在震荡市中，伴随着成交量的上下起伏，股价较长时间在一个狭窄的区间范围内上下运动。相应地，在BOLL指标里，股价在布林通道里围绕着中轨线上下运动，每一次触及上轨线因为受到阻力作用有较大可能向下，每一次触及下轨线因为受到支撑作用而有较大可能向上。只要震荡市不结束，股价的这种运行情况一般不会改变，投资者可以在这个过程中不断地高抛低吸，降低持股成本。

有时候，在震荡市中，当股价触及上轨线后，由于上涨动能较强，股价不会立即下跌，而是紧贴上轨线向上运行一段时间，之后再下跌；当股价触及下轨线后，由于下跌动能较强，股价也不会立即上涨，而是紧贴下轨线向下运行一段时间，之后再上涨。对这种走势，投资者可以结合 K 线组合理论来寻找买卖点，往往能够获取更高的收益。

如图 4-19 所示，2022 年 7 月到 9 月，伴随着成交量的上下起伏，海泰发展（600082）的股价在 3.0~3.5 元上下震荡。在这个过程中，投资者可以利用 BOLL 指标下轨线的支撑作用和上轨线的压力作用所产生的四个波段买卖点来降低持股成本。

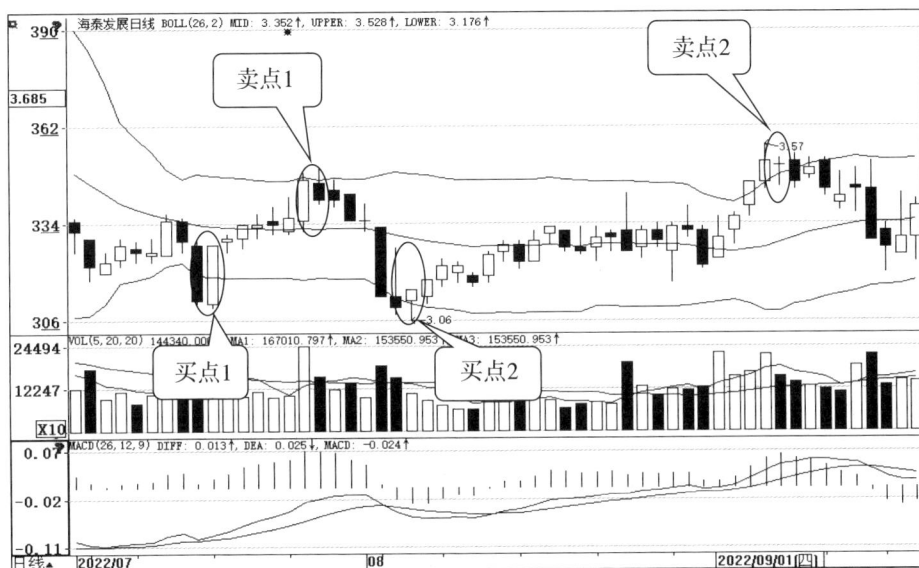

图 4-19　海泰发展日 K 线

买点 1：2022 年 7 月 18 日，该股股价在下轨线处得到支撑，同时该股股价 K 线形成看涨吞没形态，投资者可以果断买入。

卖点 1：2022 年 7 月 27 日，该股股价经过前期上涨在上轨线处受到阻力作用，同时股价K线形成孕育形态，投资者要注意及时卖出。

买点2：2022年8月4日，该股股价再次下跌并得到下轨线的支撑，同时该股股价K线形成底部射击之星和锤子线的看涨形态，投资者可以及时买入。

卖点2：2022年9月7日，该股股价再次上行受到上轨线的阻力作用，同时该股股价K线组合形成孕育形态，投资者要注意果断卖出。

📖 精讲提高

在把握这个买卖点时，投资者要注意以下四个方面。

（1）在盘整走势中，波段一般比较短，单笔操作的利润并不是很高，但由于股价盘整阶段可能会持续很久，所以投资者可以通过多笔交易集腋成裘来不断累积利润。到最后，投资者往往发现，在盘整中累积的利润并不比上涨趋势中的利润少。

（2）在把握盘整中的波段买卖点时，股价K线的反转形态往往有重要的应用。这是因为盘整中的波段操作大多属于短线操作，买卖时机一旦出现，往往持续时间极短，所以要求投资者操作务必找准时机，而K线反转形态正好符合这个要求。

（3）投资者要注意利用其他技术指标来综合研判。在这个过程中，MACD指标的DIFF线与股价背离和MACD指标与股价背离具有重要的辅助判断作用。

（4）在操作中，走势在盘整和趋势的转换过程中往往比较混乱，投资者要耐心等待盘整走势明朗后，再采取高抛低吸的策略。

3.单边市中的缩量回调

当股价处于BOLL指标上轨线和中轨线之间，且股价和布林带同时向上时，表明市场正处于单边上涨行情中，投资者要注意持股待涨。当股价缩量回调到中轨并得到支撑的时候，没有入场的投资者还可以买入。

如图 4-20 所示，2021 年 10 月至 12 月，创维数字（000810）的股价和 BOLL 指标中轨线同时向上，表明市场正处于单边上涨行情中。在这个过程中，该股股价多次缩量回调到中轨线附近，投资者要注意把握这种波段买点。

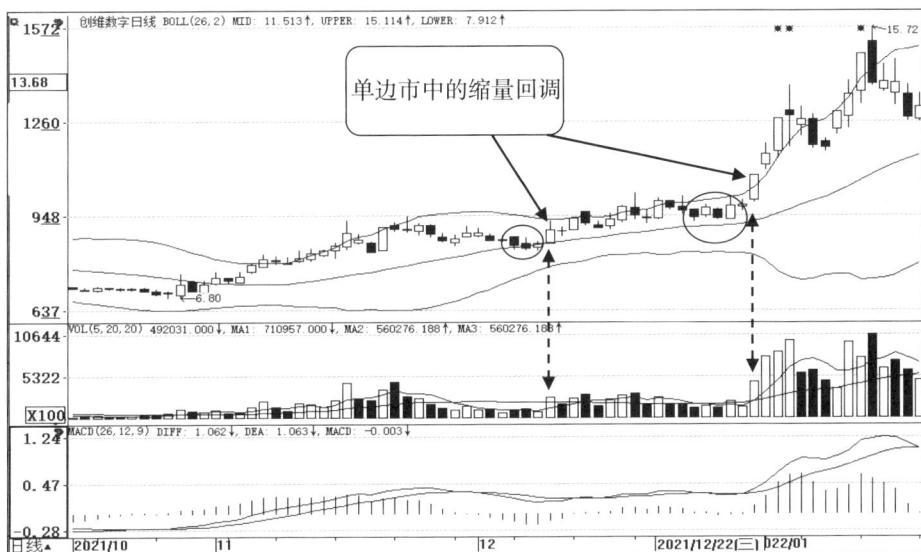

图 4-20　创维数字日 K 线

4.3.4　用成交量与 KDJ 指标把握波段买卖点

用成交量和 KDJ 指标把握波段买卖点，主要有以下三种方法。

1. 超卖区金叉

超卖区金叉是指指标线 K、指标线 J 上穿指标线 D 形成金叉的位置出现在超卖区的情形。它相当于超卖和金叉两个买入信号的叠加，是强烈的买入信号，所以投资者一旦见到超卖区金叉，要注意积极买入。在这个过程中，成交量会逐渐增大，投资者可以用它辅助判断。

如图4-21所示，2022年10月，南京高科（600064）的股价经过一段时间的下跌后，KDJ指标进入20以下的超卖区域，表明股价的下跌走势即将结束。10月31日，KDJ指标出现金叉，发出看涨信号，买点出现。

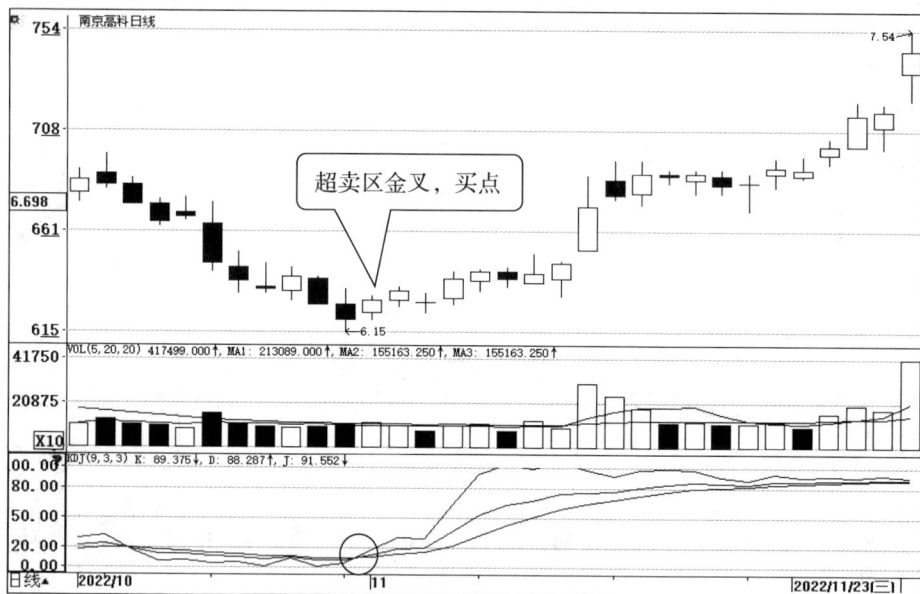

图4-21　南京高科日K线

精讲提高

一般来说，当KDJ指标在20以下的超卖区域时，股价正处于下跌走势中，此时成交量往往较低。当KDJ指标出现超卖区金叉时，上涨动能开始集聚，之后伴随着成交量的放大，股价也将出现一波上涨走势。

2.超买区死叉

超买区死叉是指指标线K、指标线J下穿指标线D形成死叉的位置出现在超买区的情形。它相当于超买和死叉两个卖出信号的叠加，是强烈的卖出信号。见到超买区死叉，投资者要注意及时卖出。之后，成交量将逐步缩减。

如图 4-22 所示，2022 年 10 月底至 11 月初，金圆股份（000546，已更名为 ST 金圆）出现一波上涨走势，其 KDJ 指标中的指标线相继进入 70 以上的超买区域，预示着股价的上涨走势即将终结。2022 年 11 月 14 日，该股股价冲高回落，同时 KDJ 指标在超买区域出现死叉，表明该股股价的上涨走势暂时告一段落，短期内股价将要进入下跌走势，卖点出现。

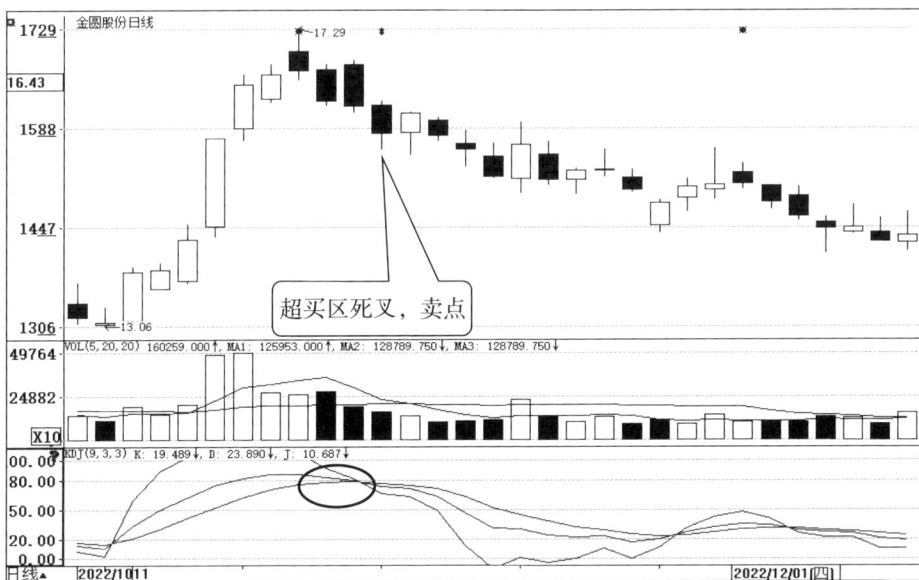

图 4-22　金圆股份日 K 线

3.KDJ 指标线与股价背离

KDJ 指标的背离是实践中应用较多的一种方法。在对背离进行分析的时候，KDJ 指标三条指标线都可以作为分析的标的，三者没有本质的区别。KDJ 指标的背离分为顶背离和底背离。

KDJ 指标的底背离是指股价在下跌走势中连创新低的时候，KDJ 指标却没有创新低的情形。这表明市场有较强的上涨动能，接下来出现一波上涨走势的概率较大，为买入信号。之后伴随着股价的上涨，成交量将逐步放大。

KDJ指标的顶背离是指股价在上涨走势中连创新高的时候，KDJ指标却没有创新高的情形。这表明市场有较强的下跌动能，接下来出现一波下跌走势的概率较大。之后成交量将伴随着股价的下跌而逐渐缩减。

更精准的买卖点可以结合其他技术指标来确定，最常用的是K线组合理论。

如图4-23所示，2021年4月至5月，处于下跌趋势中的湘财股份（600095）KDJ指标与股价形成底背离走势，预示着股价的下跌走势即将终结。5月11日，指标线K向上突破指标线D，形成金叉，同时K线形成看涨吞没形态，表明下跌走势结束，该股股价将要在短期内走强，买点出现。

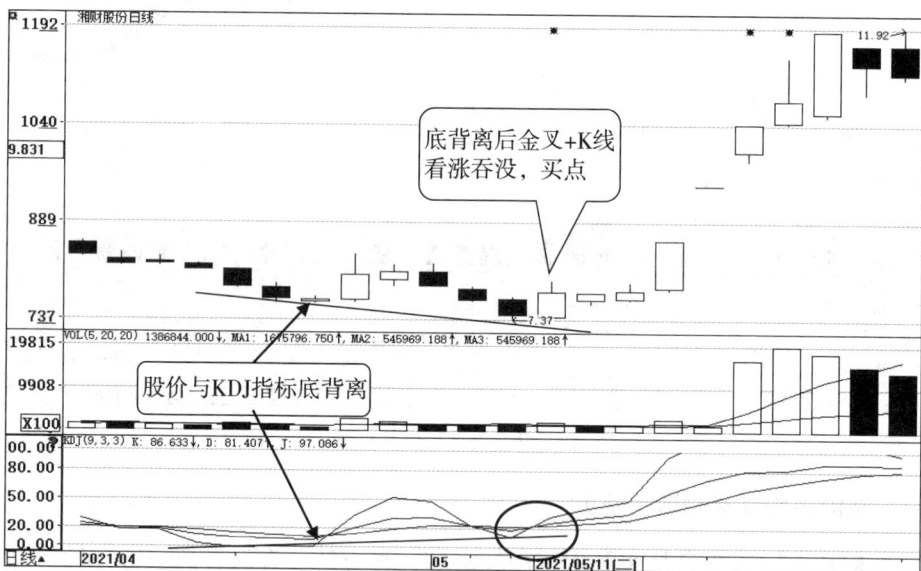

图4-23　湘财股份日K线

如图4-24所示，2022年9月，甘李药业（603087）的股价在下跌过程中与KDJ指标形成底背离走势，预示着股价的下跌走势已经很难维持，发出看涨信号。随后指标线K向上突破指标线D，形成金叉，预示着股价的下跌走势结束，股价在短期内将要走强，买点出现。

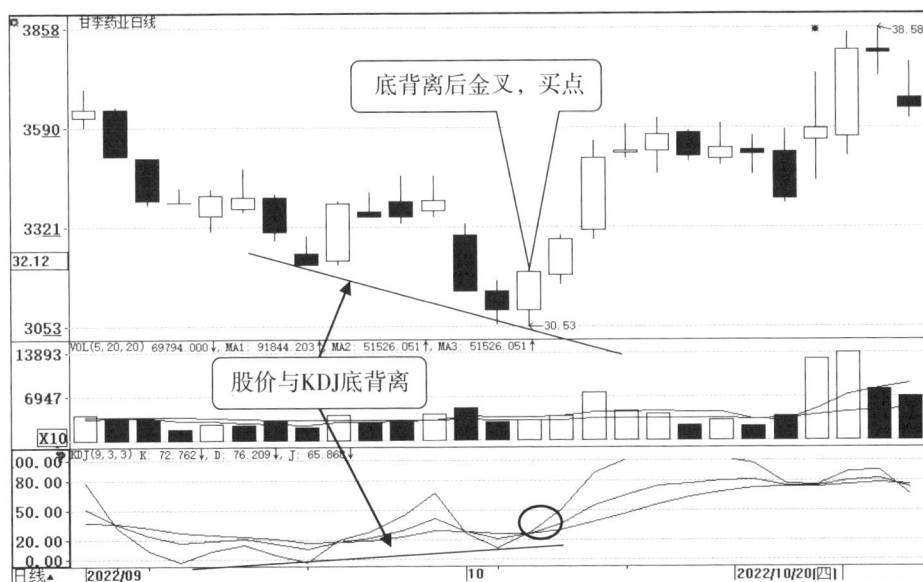

图 4-24　甘李药业日 K 线

如图 4-25 所示，2022 年 10 月至 11 月，康惠制药（603139）的股价与 KDJ 指标形成顶背离，预示着股价的上涨走势即将告一段落。11 月 15 日，该股股

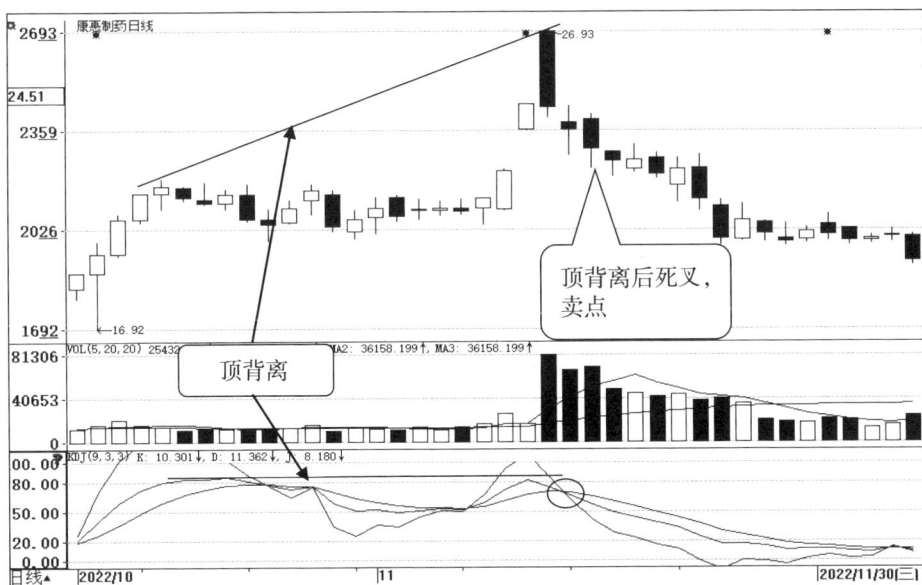

图 4-25　康惠制药日 K 线

价创出新高后开始走弱，且KDJ指标在高位出现死叉，说明上涨走势已经结束，股价短期内将要进入下跌走势，卖点出现。

精讲提高

在把握这个买卖点时，投资者要注意以下三个方面。

（1）在判断KDJ指标和股价是否出现背离时，指标线K、指标线D和指标线J都可以用来和股价相比较。一般来说，指标线J与股价的背离最先出现，也最明显；指标线D与股价的背离最后出现，但最可靠；指标线K居于中间位置。

（2）当背离出现之后，KDJ指标接下来往往出现金叉或死叉。如果投资者想要找到更为稳妥的买卖点，可以将"底背离＋金叉"当作买入信号，将"顶背离＋死叉"当作卖出信号，它们的买入信号或卖出信号更为明确。

（3）一般来说，背离出现的前后，股价K线组合会出现经典反转形态，投资者要注意把握。

第 5 章

——

利用成交量揭秘主力运作

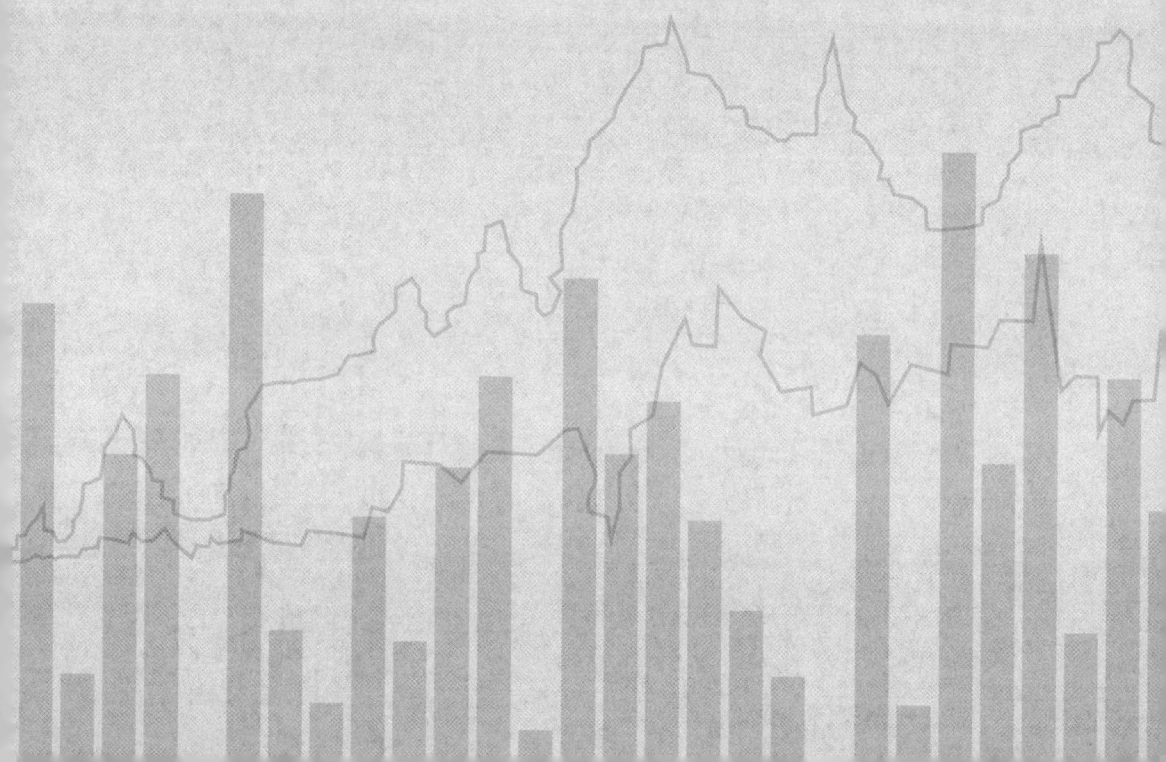

主力是指在证券市场上有意愿并且有能力操纵股价涨跌的机构或个人。主办通过大量买卖股票来影响股价的波动，并利用股价的这种波动，影响其他投资者的买卖行为。在实战中，主力一般具有精密的交易计划、高超的交易技术、严格的交易纪律以及独特的信息渠道，其获利能力要远远超过普通投资者。

主力在运作一只股票时，一般要经历"建仓、洗盘、拉升、出货"这四个步骤。在分析主力动向过程中，成交量是一个重要指标。投资者通过成交量可以清楚地判断主力运作一只股票所处的阶段，然后找到合适的买入卖出时机。

如图5-1所示，2021年8月到2022年3月，中国东航（600115）的股价经历了一波完整的涨跌趋势。这波涨跌趋势包含了"建仓、洗盘、拉升、出货"四个阶段。

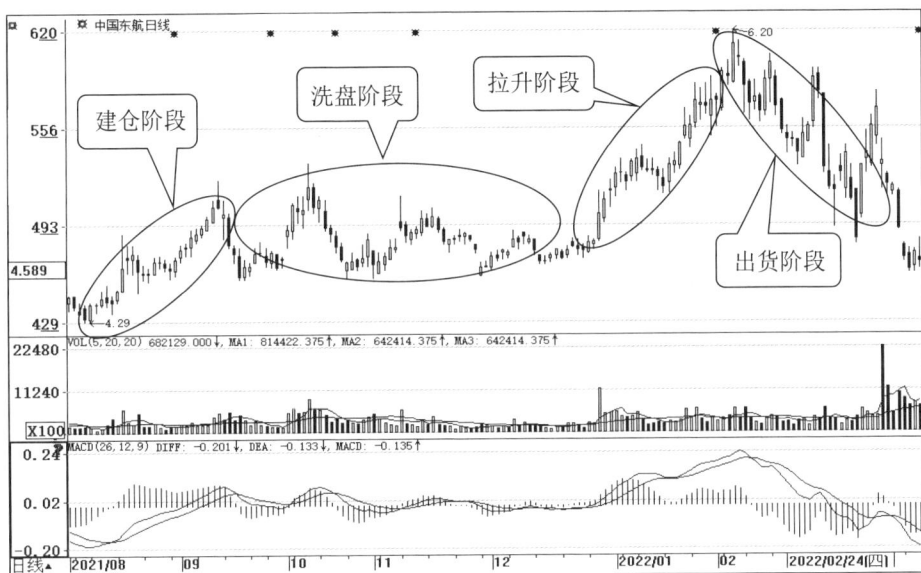

图 5-1　中国东航日 K 线

精讲提高

投资者需要注意的是，主力并不是百战百胜的，同样要承担市场风险。他们有时也会因为资金链断裂、国家经济政策的变化或是大盘行情转弱等原因投资失败，轻则损失即将到手的利润，重则满仓被套。还有的主力虽然账面上浮盈较多，但因为股价虚高缺乏买盘，只能自己苦苦支撑股价，盈利只能停留在账面上。

因此，当投资者根据主力动向操作股票时，应该注意对风险的控制，防止因主力操盘失败而给自己带来额外损失。

5.1 从成交量发现主力建仓

5.1.1 建仓阶段的量价表现

建仓是主力运作一只股票的第一步，主力往往会选择下跌一段时间之后的股票介入建仓。在这个过程中，投资者可以通过以下的量价表现来判断市场所处的阶段。

1.无量止跌

在下跌趋势后期，当股价经过前期大幅下跌之后，开始止跌甚至逐步回升，与此同时成交量极度萎缩，即为无量止跌现象。这表明随着股价的不断下跌，做空动能逐步释放，上涨动能逐步积聚，股价有较大可能即将结束单边下跌行情，有望迎来反弹甚至是反转行情。

投资者一旦发现股价走势中出现无量止跌现象，就要对此高度关注，因为它往往会成为主力建仓的对象。

如图 5-2 所示，2021 年 9 月底至 11 月初，长春一东（600148）的股价在经历了一波较大的下跌走势之后，逐渐止跌回升，同时成交量极低，形成无量止跌态势。之后，伴随着主力的建仓，该股股价出现了一波上涨走势。

图 5-2　长春一东日 K 线

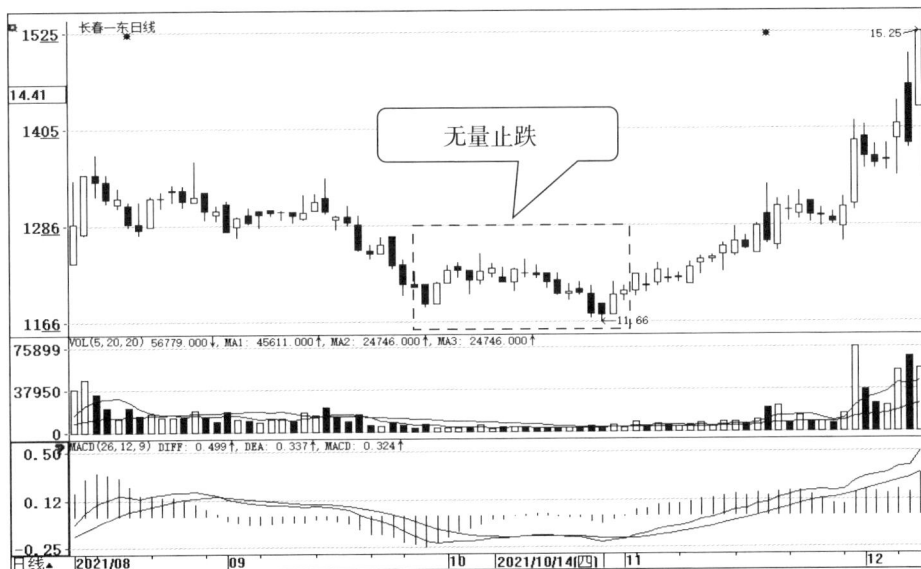

精讲提高

在把握无量止跌态势时，投资者要注意以下两个方面。

（1）股价经过长期下跌之后出现这种无量止跌现象，并不代表股价马上就会迎来一波上涨趋势。股价有可能接下来出现一波长时间的震荡走势，在震荡中不断地筑底。

（2）无量止跌之后的走势类型，投资者可以结合其他技术分析工具进行综合研判。

2. 地量之后的放量

地量之后的放量是指股价经过一波较大的下跌趋势之后，在低位缓缓震荡，同时成交量极度萎缩，之后，伴随着股价的缓缓上涨，成交量也逐渐放量的过程。这表明市场做空动能越来越弱，上涨动能正在逐步积聚，主力正在逐步建仓。

如图5-3所示，2021年11月，廊坊发展（600149）的股价在经历一波较长时间的下跌趋势之后开始震荡筑底，同时成交量出现地量。12月9日至21日，该股成交量整体上持续放量，形成地量之后的放量态势。这表明市场上涨动能正在积聚，主力正在积极建仓。

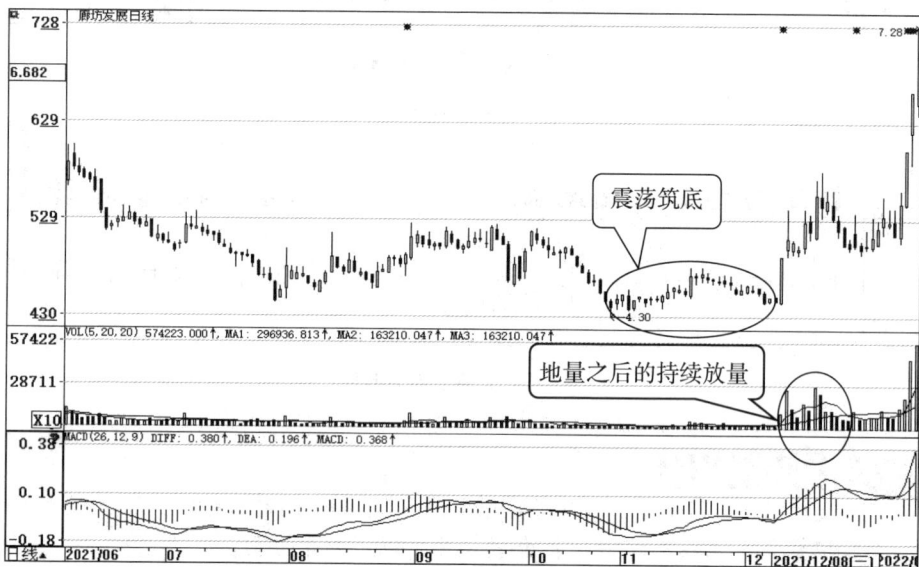

图5-3　廊坊发展日K线

精讲提高

地量之后的放量往往出现在股价低位震荡筑底的过程中。投资者在实战中要注意该量价表现形成之后股价的走势。如果股价回调但得到强力支撑，则彻底形成上涨趋势的概率较大，投资者可以及时入场。

3.无规则放量

当股价运行到市场底部区域时，成交量时大时小，毫无规律可循，同时股价也随之出现大幅度的震荡，即为无规则放量态势。这种态势往往是由于主力在建仓过程中的试盘所致，其主要目的是测试盘中持股者的持股信心和场外投资者的跟风情况。在这个过程中成交量的放大，多是由于主力资金自买自卖而产生的。

当主力资金完成建仓并试盘之后，如果该主力已经基本达到控盘的目的，股价接下来有较大可能出现一波上涨趋势。

如图5-4所示，2022年4月底到6月初，浙江富润（600070，已更名为ST富润）的成交量时大时小，呈现无规则放量的态势，同时该股股价在经历了之前的大跌之后，在低位开始震荡筑底。这表明市场上涨动能正在积聚，主力正在不断地收集筹码，并不断试盘。从2022年6月下旬开始，该股股价开始持续上涨。

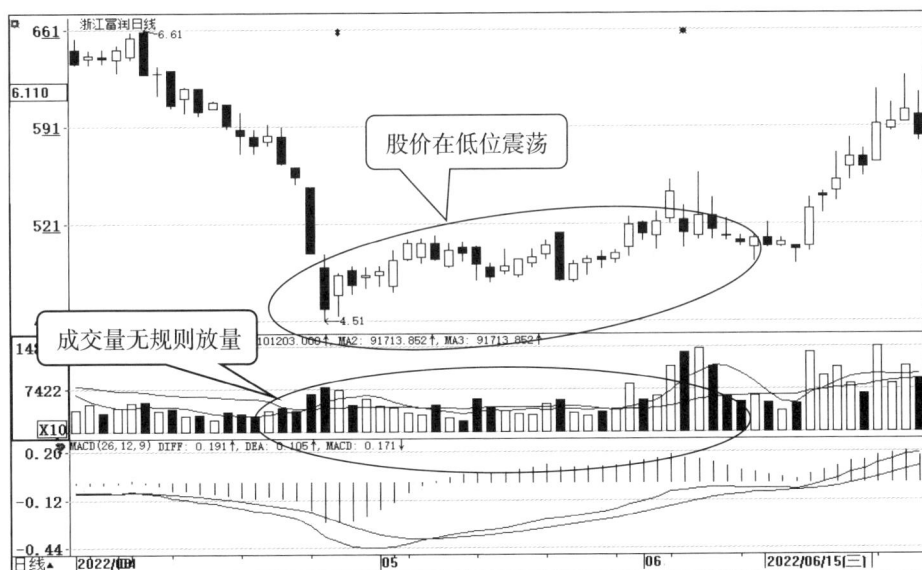

图5-4 浙江富润日K线

📖✒ **精讲提高**

投资者需要注意的是，当股价在底部不断震荡时，成交量虽然时大时小，但与前期相比，总体上处于放量状态。对这种底部无规则放量，投资者一旦发现，就要多加关注。

4.横盘之后放量破位

在下跌趋势后期，股价经过前期下跌之后，开始在底部震荡筑底。如果股价的震荡筑底持续时间很长，同时成交量时有放大，就表明主力在这个过程中不断地震荡建仓，市场有较大可能以时间换空间的形式消耗掉上涨趋势的第一波涨幅。而股价一旦选择向上，就会很快放量突破前期震荡高点，出现一波上涨趋势。

如图5-5所示，2022年4月到11月，生物股份（600201）的股价在经过前期下跌之后，在低位经过了近8个月左右的震荡，同时成交量也时有放大。

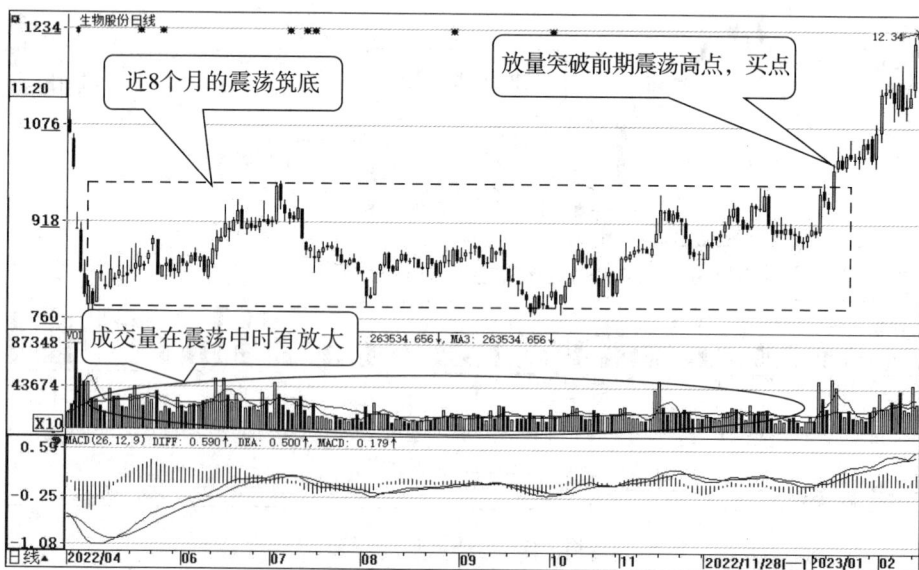

图5-5　生物股份日K线

2023 年 1 月 10 日，该股股价向上且配合成交量放量突破前期震荡高点，市场上涨趋势形成，之后该股股价持续上涨，买点出现。

精讲提高

实际上在前面的章节中，已经对该量价关系进行过介绍。一般来说，股价横盘一旦超过 3 个月，就很有可能是以时间换空间的形式在积聚动能，而一旦抉择了最终的方向，就将有一波较大幅度的涨跌。因此，投资者要十分警惕这种量价关系。

5.股价启动初期单日放量

股价在低位震荡之后，在上涨趋势启动之前，有时候会出现一个放量上涨的大阳线，甚至是以涨停板的形式出现，即股价启动初期的单日放量。这表明主力在经过了较长时间的建仓之后，在进行最后的试盘。如果市场抛盘较弱，主力已经掌握了大部分筹码，紧接着一波上涨趋势就将出现。

如图 5-6 所示，2022 年 10 月 31 日，皖通高速（600012）的股价在经历了低位震荡之后，出现一根巨量大阳线，一举向上突破前期震荡高点。这表明主力经过建仓之后，正在进行最后的试盘。之后该股股价继续上涨，表明抛盘较弱，主力控盘程度已经很高。

6.底部放量滞涨

底部放量滞涨是指当股价在底部区域震荡运行时，在成交量明显放量的情况下，股价并没有上涨多少，在滞涨之后出现一波下跌走势并重新回到原来震荡区域。这种量价表现往往是主力在底部建仓时试盘所造成的。当主力试盘发现市场抛压仍然很严重，就会将股价打压下去，继续在震荡中吸筹。

如图 5-7 所示，从 2022 年 11 月开始，华能水电（600025）的股价在经历了一波下跌走势之后，开始在底部震荡。11 月 23 日，该股股价放量上涨突破

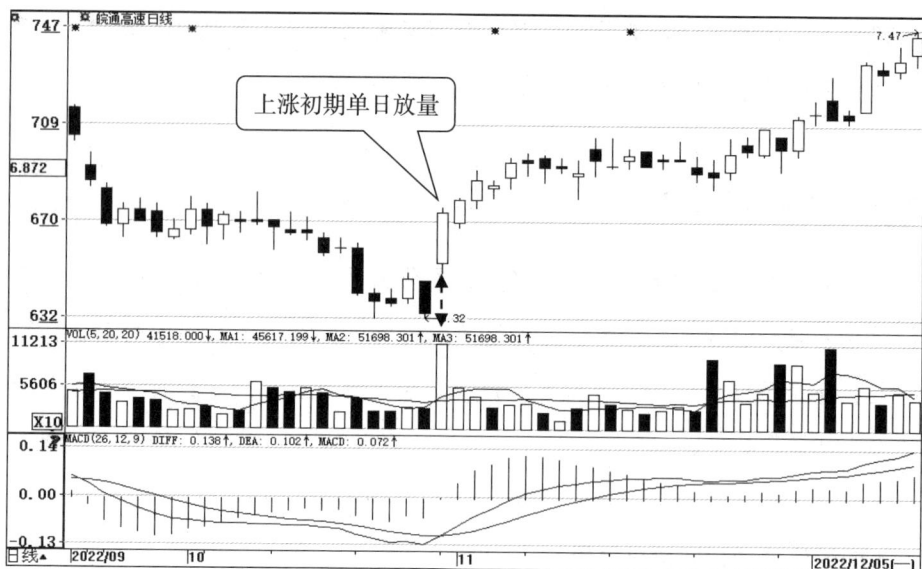

图 5-6　皖通高速日 K 线

前期震荡高点，但随后就开始滞涨，横盘十几个交易日后跌回前期震荡区间。这表明主力在试盘后发现抛压依然严重，又开始在震荡中吸筹。

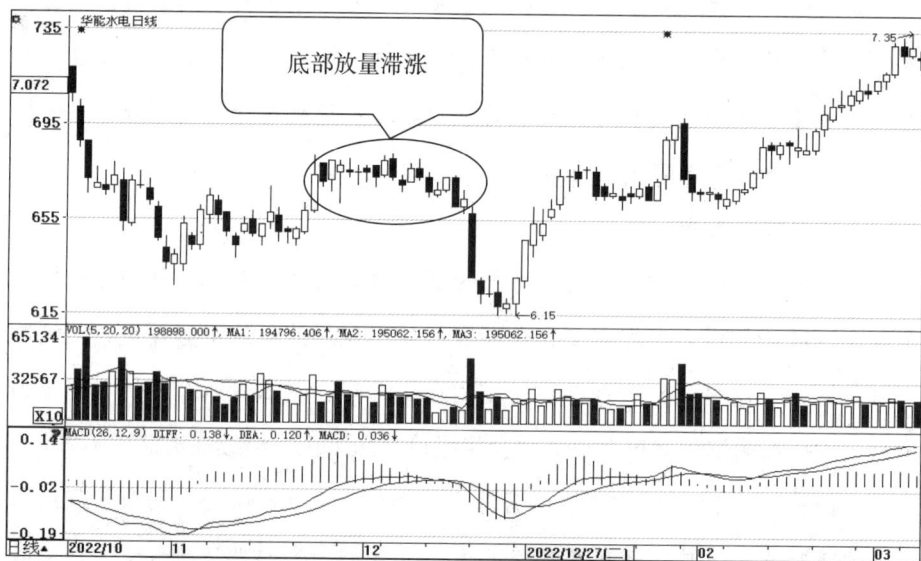

图 5-7　华能水电日 K 线

精讲提高

在实战中，投资者要注意以下两个方面。

（1）底部放量滞涨往往出现在一段时间内，而不是在单一交易日中出现。

（2）一般来说，底部放量滞涨之后，股价仍将有一段时间的震荡，投资者要密切注意市场之后的动向。

5.1.2　建仓阶段的买入时机

在上节介绍了6种主力建仓阶段的量价表现。根据这些量价运行特征，投资者在实战中可以注意把握以下3种买入时机。

1.股价在震荡阶段的突然下跌

在熊市后期，股价在底部不断震荡，主力在这个过程中不断建仓。此时股价突然下跌甚至跌破前期震荡低点，往往是主力"恐吓"散户，逼他们交出筹码的一种打压手段，当散户以为市场即将出现新一轮下跌走势而纷纷抛出筹码的时候，主力则迅速入场，收集散户的筹码，并很快将股价重新拉回至前期震荡区间。

为了验证主力的这种建仓手法并确定买点，投资者可以结合MACD指标作出判断。在实战中，如果投资者发现股价在底部震荡阶段突然下跌，并伴随着MACD指标DIFF线与股价的底背离，就要高度注意。一旦股价止跌并出现MACD指标的金叉或K线看涨形态，投资者就可以大胆买入。

如图5-8所示，从2022年3月中旬开始，中信证券（600030）的股价在经过前期下跌之后，在底部开始持续震荡。4月25日和26日，股价突然放量加速下跌，跌破前期震荡低点。在这个过程中，MACD指标出现DIFF线与股价的底背离。这表明主力正在打压股价以获取散户手中的筹码，投资者要注意。4月28日，该股股价止跌并且出现K线孕育形态，买点出现，投资者可以果断买入。之后，主力迅速拉升，该股股价出现了一波上涨走势。

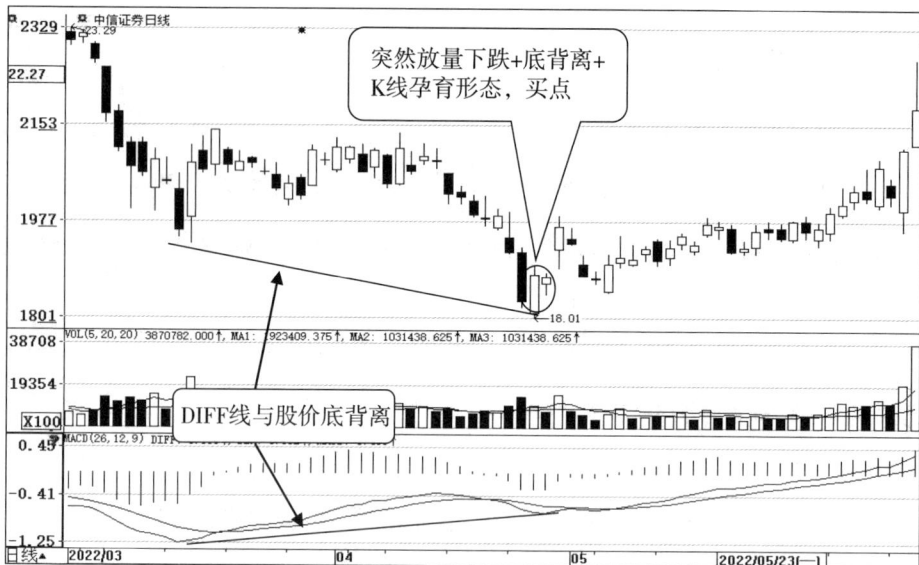

图5-8　中信证券日K线

精讲提高

在把握这个买点时，投资者要注意以下五个方面。

（1）用MACD指标的底背离来狙击主力，实际上是与主力争抢筹码的过程。当主力在震荡走势中把股价打压下去后，因为其真实目的是要收集筹码，所以股价将很快再次上涨。在这个过程中，投资者要注意速度，不能害怕和犹豫不决。

（2）DIFF线与股价底背离之后，一般有K线反转形态和MACD指标金叉两个重要的配合信号。一般来说，走势中总是先出现K线反转形态，然后出现金叉。因此，激进型的投资者甚至可以在底背离形成后出现K线反转形态时，就果断买入。

（3）买入后，股价至少将重新回到原来的盘整震荡走势中。之后，如果主力的控盘程度已经很强，股价将很快出现一波上涨趋势；如果主力的控盘程度还不是很强，股价将很有可能延续原来的震荡走势。因此，投资者要注意判断主力的控盘程度。

（4）在这个过程中，跟前期下跌趋势比起来，成交量可能会略有放大，但总体来说并不是很大。

（5）主力在震荡走势中通过打压的方式来建仓，这个过程又称打压加仓。

2.股价放量突破前期震荡高点

主力在建仓过程中，常常以震荡的方式来不断地收集筹码，即震荡建仓。在这个过程中，主力将股价维持在低位的狭窄区间内，不断地拉高、下砸，并持续相当长的时间，以消耗散户的耐心，逐步增加自己的持股量。当股价向上放量突破前期震荡区间的高点时，就表明主力已经完成筹码收集，股价即将出现一波上涨走势，投资者可以及时买入。

精讲提高

在把握这个买点时，投资者要注意以下两个方面。

（1）有时候，股价放量突破前期震荡高点时，会有一个冲高回落的过程，然后得到支撑再次向上，也可以将其算作买点。

（2）在震荡建仓的过程中，有时候，随着主力仓位的逐渐增大，股价重心可能会逐渐上移。因此震荡建仓区间往往会呈现略向上倾斜的形态。

3.拉高建仓的买入时机

当市场受到突发性利好消息的刺激走势突然转强时，如果主力正处于空仓状态，或者还没有实现建仓目标，往往会采用"向上买入"的方式来进行建仓。因为此时主力已经没有时间在低位慢慢建仓，也没有持股者愿意在低位卖出。主力无法打压建仓或者震荡建仓，而只能向上快速地扫盘。当短期涨幅达到一定幅度时，很多持股者会满足于这一段的利润而纷纷卖出，主力则趁机大力买入。

拉高建仓的走势特征有以下四个。

第一，连续拉升发生在大盘或者个股的相对低位或者涨势的初期。

第二，往往伴随着突发性的重大利好。

第三，成交量持续放大。

第四，在一段拉升后，往往会出现高开低走的放量阴线，当日换手率一般超过10%。这说明当天抛压非常重，但接盘也很踊跃。

如果后市股价能够在这波放量拉升区间的上方稳住，投资者基本就可以确认这段拉升区间内是主力在进行拉高建仓。投资者可以在放量拉升区间的上方逢低买入。

如图5-9所示，2021年8月初至9月初，南方航空（600029）的股价被快速向上拉升，同时成交量放大。这个形态是主力在拉升建仓的信号。这次建仓结束后，该股股价经过短暂整理就再次进入上涨行情。投资者可以在此过程中逢低积极买入。

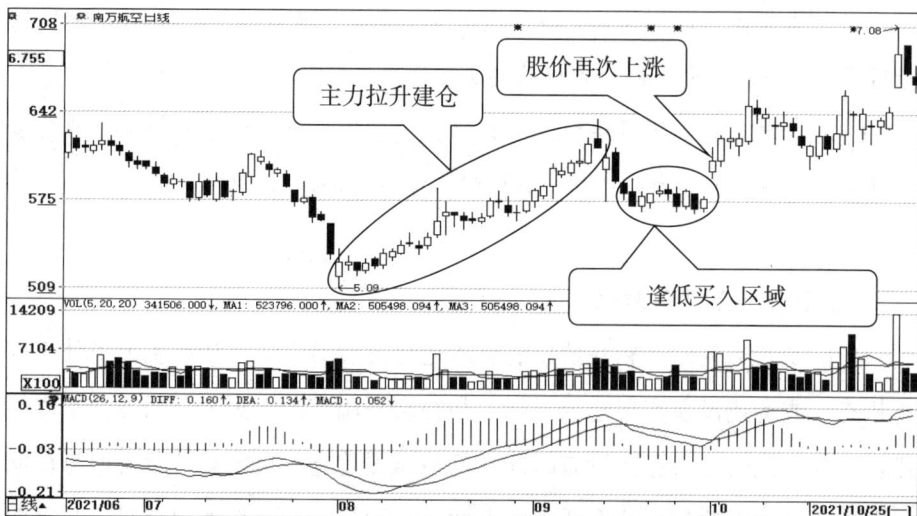

图5-9　南方航空日K线

5.2　从成交量辨识主力洗盘

建仓阶段完成后，除了被主力收入囊中的股票，还有相当部分的股票会留在其他投资者手中。当股价上涨一段时间后，这些投资者可能会获利卖出，这会给主力拉升股价造成很大阻力。为此，主力在大幅度拉升前会不断洗盘，促进股票在不同投资者之间反复交易。主力洗盘的目的如图5-10所示。

第一，抬高投资者成本，锁定筹码。

每当股价上涨一段时间后，主力都会通过洗盘让已经获利的投资者卖出股票，同时会有一批新的投资者进场买入。这样，整个市场上所有投资者的持股成本就会被不断抬高。当主力再次向上拉升股价时，这些新入场的投资者因为获利不多，会是坚定的持有者。此时不管主力拉升还是出货，他们手中的筹码也不会轻易出局，相当于替主力锁定了筹码。

第二，让投资者习以为常，便于出货。

在最初主力的洗盘过程中，很多投资者会比较恐慌。但经过多次类似的洗盘经历之后，大家开始习以为常。当主力真正出货之时，这些投资者按照前期走势，会认为这次也是一次洗盘，却不知道真正的风险已经来临。因此，洗盘不仅仅是为了在拉升阶段更容易拉升，更重要的是，它可以为最后的出货进行相应的准备，是主力运作中非常重要的一个步骤。

图5-10　主力洗盘的目的

5.2.1　洗盘阶段的量价表现

在洗盘阶段，主力一般通过两种方式来诱使投资者卖出股票。一种是通过短期内打压的方式洗盘，另一种是通过不断震荡的方式洗盘。

1. 打压洗盘的量价表现

打压洗盘是指主力不断抛售股票，使股票走势形态变坏，最终诱使投资者卖出股票的一种洗盘手法，往往被用在投机氛围比较浓的股票上。投资者对这类股票大多是抱着投机的心态，一旦走势变坏就会有大量筹码出逃，这样主力打压洗盘的效果会比较理想。

一般主力的打压都会借助大盘的弱势或者利空消息来造势，此时向下打压会事半功倍。在打压过程中，股价会跌破一些重要的技术点位，以此来制造恐慌效应。

随着股价下跌，成交量会不断缩减甚至出现地量。这就说明新进入的投资者并不急于卖出股票，也就验证了主力洗盘的策略。等成交量降低到一定水平时，主力洗盘的目标已经达成，股价就会被拉升。

如图5-11所示，2022年3月，中远海能（600026）的主力在股价向上拉升的过程中，连续多个交易日打压股价洗盘。主力利用大幅度快速打压股价的方式，给市场制造出恐慌的气氛。散户投资者看到股价大幅度地走低，往往失去持股信心，产生卖出筹码的冲动。再加上股价前期有了一定的上涨，获利散户本身的持股意愿就不强，此时一旦下跌就会有大量散户卖出股票。

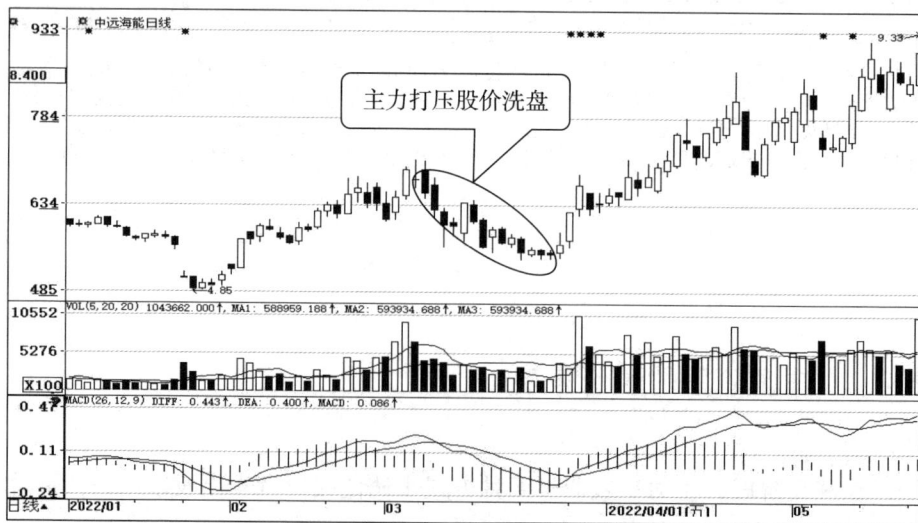

图5-11 中远海能日K线

如图5-12所示，从2022年11月3日开始，中国联通（600050）的股价经过之前几个交易日的放量上涨之后，开始向下回调，同时伴随着成交量的持续缩减。在这个过程中，MACD指标处于零轴之上，表明这次短期的价跌量减只是主力的一次打压洗盘。之后，该股股价再次放量大涨。

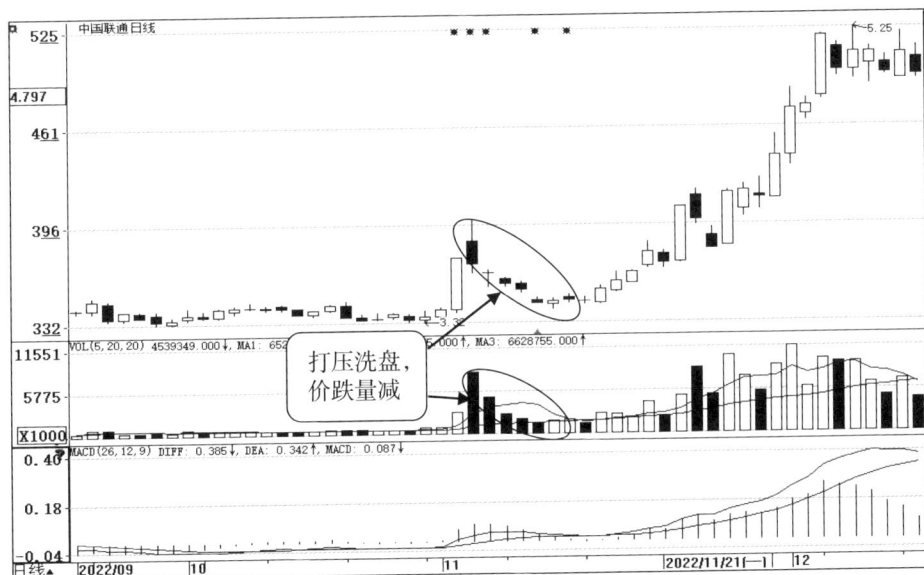

图5-12　中国联通日K线

精讲提高

股价价跌量减是主力的一次打压洗盘还是市场的彻底转势，投资者可以结合一些技术指标进行研判，常用的有均线、MACD指标等。上述例子用"MACD指标在零轴之上"来辅助判断市场仍处于上涨趋势中。

2.震荡洗盘的量价表现

震荡洗盘是主力操纵股价在一定区域内反复波动的一种洗盘方式，一般被用在一段较大幅度的上涨之后。此时，市场中的获利盘、短线盘较多，主力通过较长时间的反复震荡，促使失去耐心的短线盘出局。通过震荡洗盘的方式，主力可以很好地抬高市场平均成本，为下一步拉升做好充分准备。

震荡洗盘的盘面特征如图5-13所示。

第一，股价走势往往会呈现某种整理形态。
例如三角形、旗形、矩形、楔形等整理形态，预示着股价仍将延续原来的上涨趋势。
第二，成交量整体呈现逐渐缩减的态势。
随着获利筹码的不断出局，新进入的筹码不断沉淀下来，成交量也相应地逐步缩减。这是震荡洗盘的最大特征。

图5-13 震荡洗盘的盘面特征

震荡洗盘结束后，股价在主力的拉动下将向上突破整理形态，同时伴随着成交量的放大。

如图5-14所示，从2022年12月下旬开始，古越龙山（600059）的股价处于上涨走势后的盘整状态。在一个多月的时间里，该股股价形成一个矩形的整理形态，同时成交量不断缩减。这个形态说明主力正在不断地震荡洗盘。

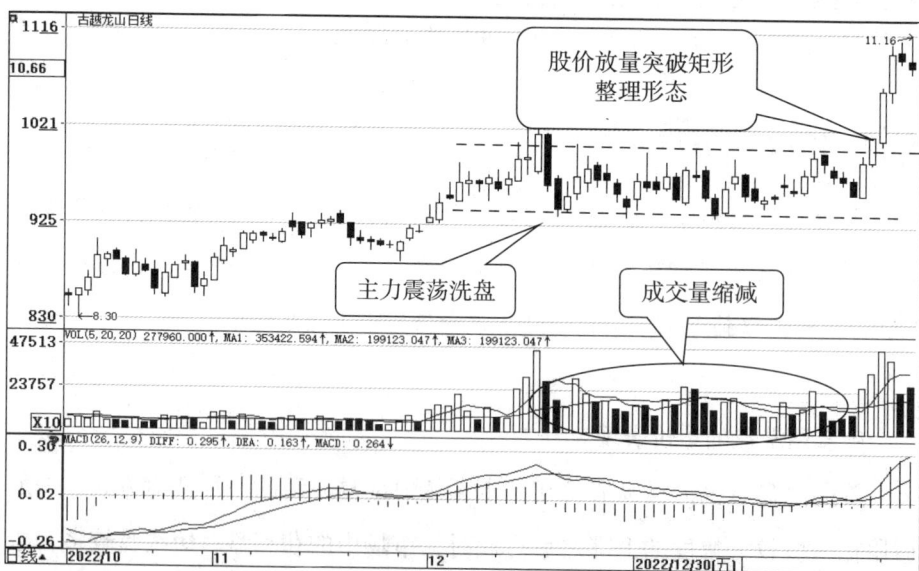

图5-14 古越龙山日K线

2023 年 2 月 10 日，股价向上突破矩形整理形态，同时成交量也开始放大。这表明主力洗盘已经结束，之后股价出现了一波上涨走势。

5.2.2 洗盘结束的买入时机

洗盘结束之后，股价一般将出现一波上涨走势。因此，投资者要注意抓住洗盘结束的买入时机。

1.打压洗盘的买入时机

打压洗盘的最大特征是股价在上涨趋势中突然下跌回调，同时伴随着成交量的缩减。投资者一旦遇到这种突然下跌的走势时，可以冷静观察成交量及后续走势，如果成交量缩减，后续股价不再下跌，且得到支撑线的有力支撑，那么可以判断是主力在打压洗盘。此时还持有股票的投资者应继续持股，还没有入场的投资者可以逢低买入，而更加谨慎的投资者可以等股价放量突破前期高点时买入。

如图 5-15 所示，2023 年 2 月 3 日，股价处于上涨走势中的西藏药业（600211）出现放量中阴线，引发市场短期恐慌，之后，该股股价缓缓下跌。在这个过程中，成交量逐渐缩减，同时 MACD 指标始终处于零轴之上。这表明这次短期急剧下跌只是主力的一次打压洗盘，市场仍处于上涨趋势中。

2 月 22 日，MACD 指标在零轴上方出现 DIFF 线向上突破 DEA 线，同时股价向上突破前期高点，表明市场上涨动能再次发动，投资者此时可以积极买入。

2.震荡洗盘的买入时机

对震荡洗盘来说，一旦股价向上突破震荡区间配合成交量放量，就是最好的买入时机。有时候，股价突破震荡区间后，会有一个回抽确认的过程，也可以将其作为买点。

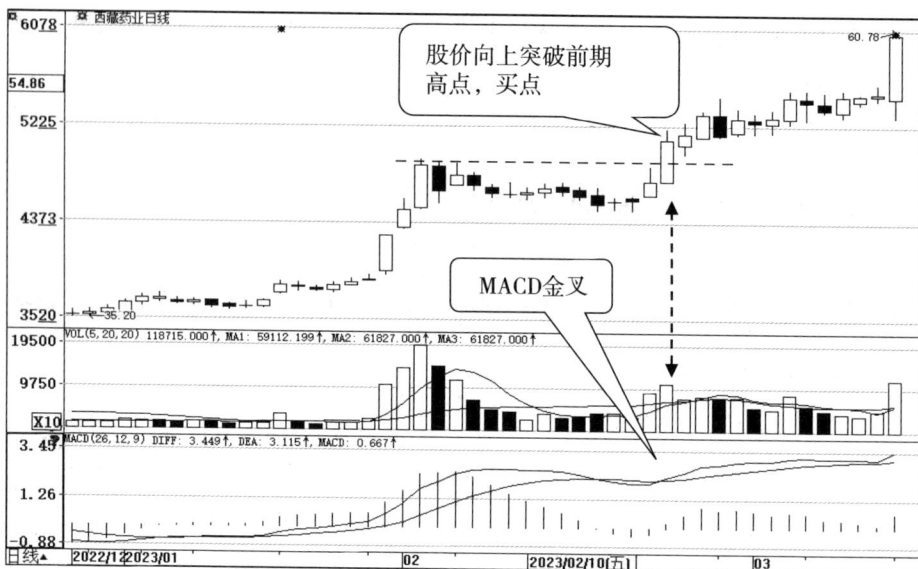

图5-15　西藏药业日K线

如图5-16所示，2021年9月底至2022年4月初，明星电力（600101）经过一段大幅度的上涨之后出现震荡洗盘走势。这表明市场的获利筹码较多，抛盘压力渐重。主力果断采取了震荡洗盘的手法，将浮筹统统震出去，使散

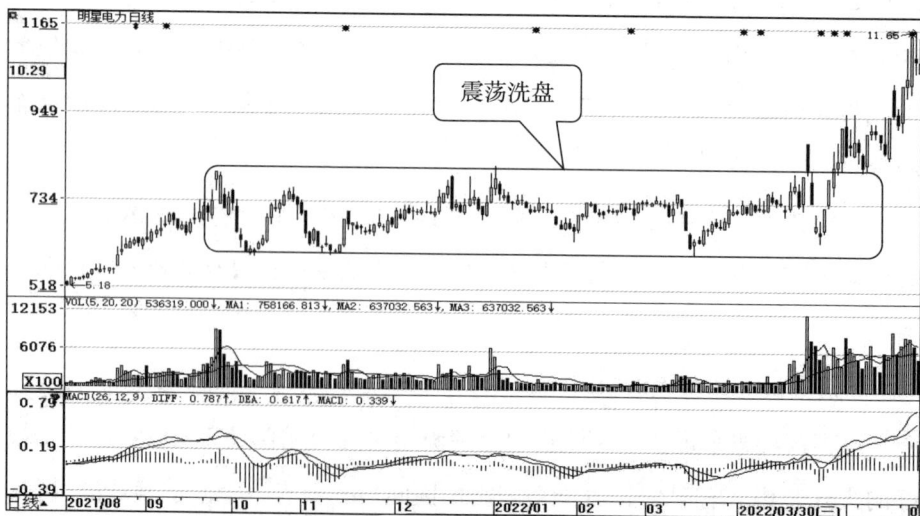

图5-16　明星电力日K线

户投资者进行充分换手，同时降低了自己的持股成本。5月，该股股价向上突破震荡高点并回抽确认，买点出现。

5.3　从成交量看清主力拉升

5.3.1　拉升阶段的量价表现

洗盘阶段一结束，主力就开始拉升股价。在拉升阶段，量价表现主要有逼空式拉升、震荡式拉升和逐波量增等。

1.逼空式拉升

逼空式拉升又称放量加速拉升。当主力经过建仓已经掌握大部分筹码，确定股价上方的抛压已经很小时，往往会采取连续放量上涨的方式快速将股价拉高，这就是逼空式拉升。

逼空式拉升有四个形态特征。

第一，股价沿着5日均线连续上涨，在拉升过程中基本不会跌破5日均线。

第二，主力连续拉升股价一般需要有大盘走势的配合或者个股突发性利好配合。通过借势操作，主力可以事半功倍。

第三，在持续上涨过程中，股价不会出现明显回调。一旦投资者抛出股票，就只能以更高的价格买回。

第四，逼空式拉升一旦开始，股价将放量突破前期重要阻力位，并且在之后拉升的过程中，成交量持续放大。在技术指标上，往往对应着BOLL指标开口形喇叭口形态或MACD指标的零轴金叉。

通过逼空方式拉升股价，主力可以迅速将股价拉至目标价位，同时可以吸引大量的短线跟风盘跟进，整个拉升过程会比较轻松。但是正是由于短线跟风盘太多，股价上涨一段时间后就会遇到巨大的抛售压力。因此，逼空式拉升行情可能不会持续太长时间，而且拉升过后往往会有较长时间的调整过程。

如图5-17所示，2021年11月下旬至12月，重庆路桥（600106）在经过震荡洗盘之后，被主力以逼空式手法拉升。在股价持续上涨过程中，很少有回调出现。一旦投资者卖出股票，就只能以更高的价格将股票买回。因为这种压力，持有该股的投资者很少会卖出股票，而大量跟风买盘进入则推动股价持续上涨。

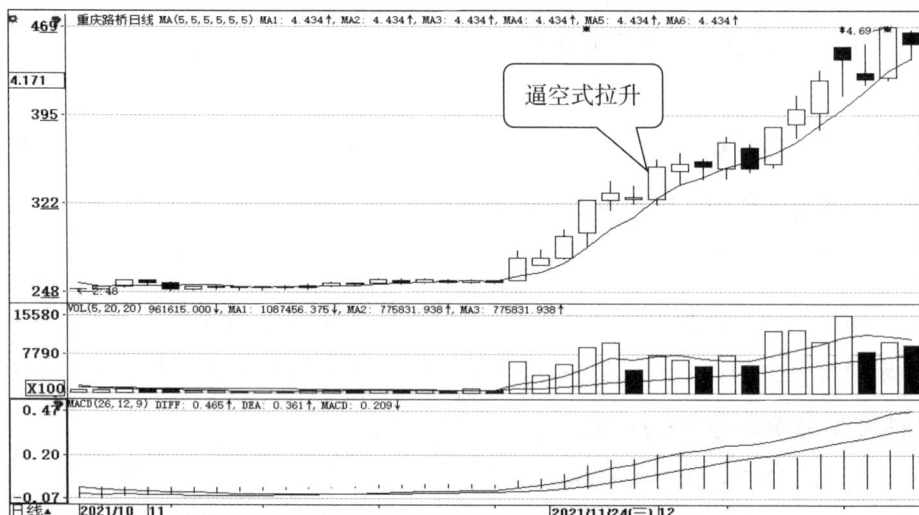

图5-17　重庆路桥日K线

2.震荡式拉升

震荡式拉升是指主力在拉升股价过程中，不断操纵股票价格大幅震荡整理的手法。不过整体来看，股价仍然呈现稳健的上涨走势。

每当股价向上拉升一段时间，主力就会快速打压股价，诱使已经获利的散户将股票卖出。在上涨趋势被完全破坏前，主力又会再次拉升股价，诱使新的散户抄底进入。等股价重新上涨一段时间后，主力又会开始新一轮的打压。

与逼空式拉升相比，震荡式拉升的优势在于可以更好地洗清获利筹码，便于将股价拉升至更高的位置。其缺陷在于主力在打压股价时会打击散户看多的信心，未来主力再次拉升股价时可能难以凝聚市场人气。因此，这种拉升手法经常被应用在股性活跃，且有较多短线投资者参与的股票上。

如图 5-18 所示，2022 年 1 月至 6 月，兰花科创（600123）的主力开始拉升股价。在 6 个月的时间里，该股股价在一个宽幅上升通道内逐步上移，属典型的震荡式拉升。

最终，在反复震荡过程中，主力不仅通过高抛低吸获取了波段收益，还洗出了前期获利盘。在此轮震荡式拉升中，该股的最大涨幅超过了 100%。

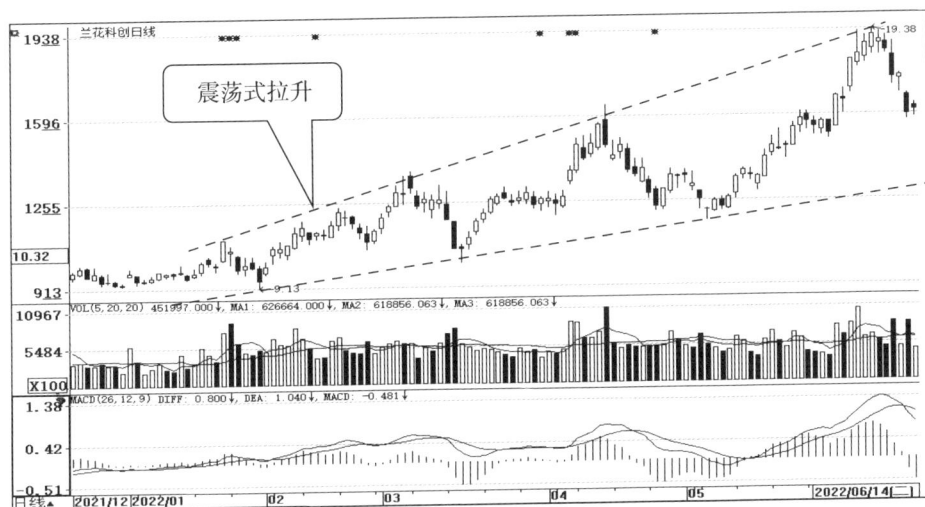

图 5-18　兰花科创日 K 线

3.逐波量增

逐波量增又称慢牛式拉升。在这种拉升过程中，股价的上涨和回调交错频繁出现，好像慢牛爬坡一样，沿着某条中短期移动平均线缓慢上行，比如 10 日均线、20 日均线或 60 日均线。在上涨过程中，股价的波动幅度较小，成交量随着股价的上涨而增加，随着股价的回调而缩减。

股价出现这种走势，一般都是主力完成最后建仓同时开始初步拉升股价的阶段。此时主力在低位区已经将低位筹码采购一空，继续让股价待在低位很少会有投资者再卖出股票。因此主力开始一边推升股价，一边增仓。这样操作既不会吸引太多跟风盘，还能较为隐蔽地完成拉升和建仓任务。

如图5-19所示，2022年5月至8月，东睦股份（600114）股价上涨过程中，主力使用了慢牛式拉升的手法。整个拉升过程中连续出现小阴线和小阳线，上涨趋势十分稳健。

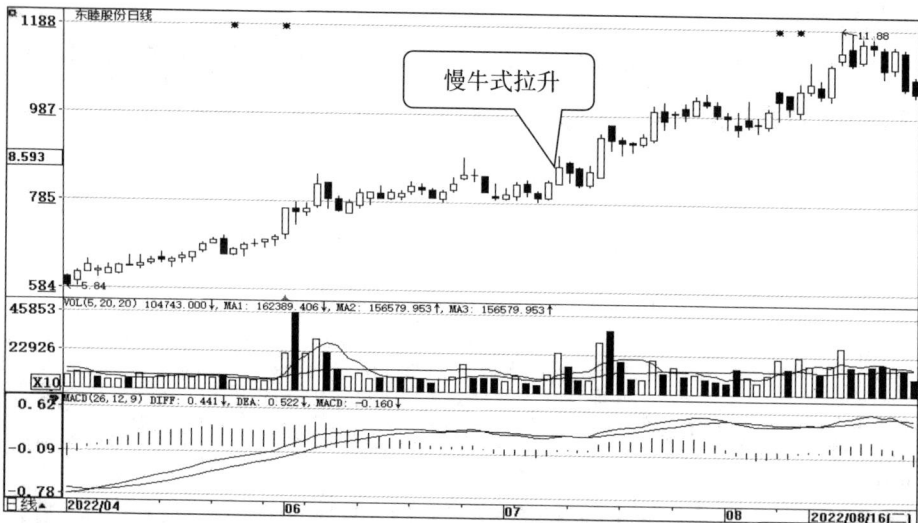

图5-19 东睦股份日K线

5.3.2 拉升初期的买入时机

当股价走势进入拉升阶段之后，一波上涨走势将不可避免。因此，抓住拉升初期的买入时机十分关键。

1.逼空式拉升的买点

一般来说，逼空式拉升一旦开始，股价将放量突破前期重要阻力位，并且在之后拉升的过程中，成交量持续放大。在技术指标上，往往对应着BOLL指标开口形喇叭口形态或MACD指标的零轴金叉。

主力建仓完毕后，一旦股价放量突破前期重要阻力位，或BOLL指标出现开口形喇叭口形态，就说明逼空式拉升行情即将开始。此时投资者可以积极买入。

如图 5-20 所示，2021 年 4 月 30 日，中国国贸（600007）的股价在经历了较长时间的盘整震荡之后，放量突破 BOLL 指标的上轨线，形成布林带开口形喇叭口形态。这表明股价的逼空式拉升已经开始，买点开始，投资者可以果断买入。

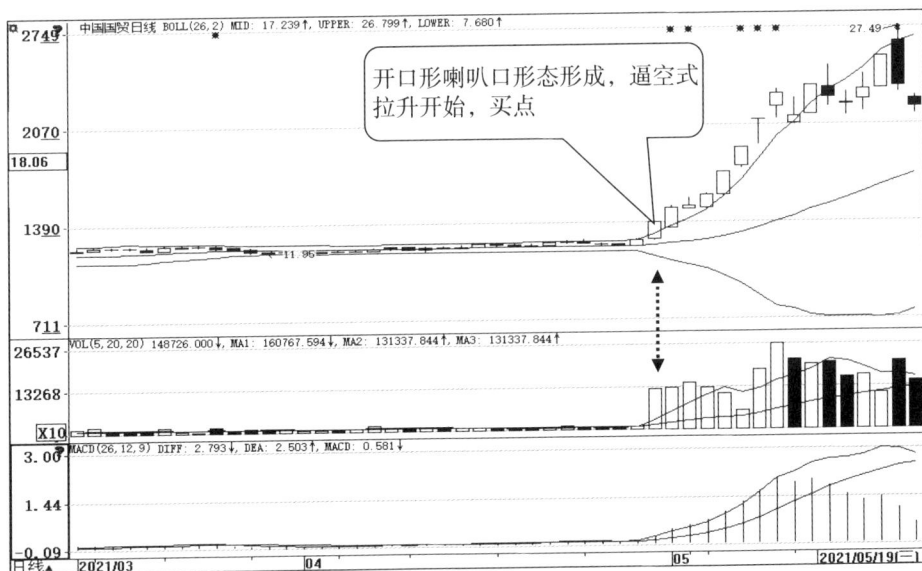

图 5-20　中国国贸日 K 线

![精讲提高]

在 BOLL 指标开口形喇叭口形态形成的时候，MACD 指标 DIFF 线也开始从零轴附近向上运行，投资者要注意把握此时出现的买点。

2. 震荡式拉升的买点

震荡式拉升时，股价往往沿着均线或上升趋势线持续向上。投资者可以等股价回调到这些支撑线并受到支撑的时候再逢低买入。

3. 慢牛式拉升的买点

当股价出现慢牛式拉升的走势时，说明主力对于该股的后市非常看好，这种股票的后期涨幅会比较可观。投资者一旦判断出现慢牛式拉升行情，可以逢低买入，持股待涨。

如图5-21所示，2022年5月20日，弘业股份（600128，已更名为苏豪弘业）的股价向上突破30日均线。之后该股股价沿着30日均线缓缓向上，同时成交量随着股价的上涨而增加，随着股价的回调而缩减，形成慢牛式拉升走势。投资者可以在股价刚突破30日均线的整理过程中伺机买入，持股待涨。

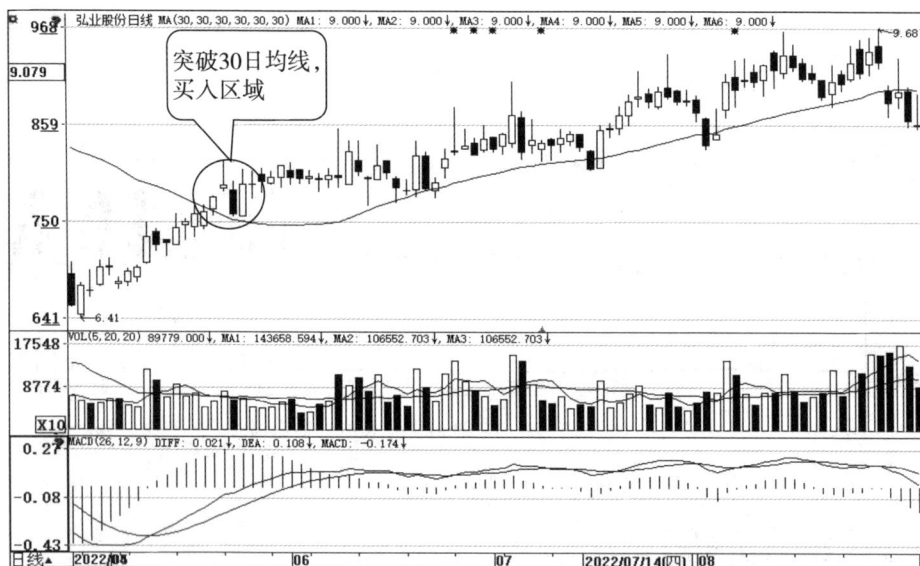

图5-21　宏业股份日K线

5.4　从成交量透视主力出货

出货阶段是主力运作一只股票中最为重要的阶段，关系到主力是否能够顺利脱身，是否能够成功兑现账面利润。主力之前所做的一切，包括建仓、拉升和洗盘，都是为了最后阶段的出货做准备的。出货是否顺利，决定了主力本次运作的成功与否。

在出货阶段，主力大体需要做两件事。一件事是稳住散户，使他们安心持股，不会和主力比赛谁卖得快；另一件事是吸引买盘，这样主力才能把手中的筹码交出去。

为了完成这两件事，一方面，主力要选择好的市场时机。一般市场气氛热烈、人气狂热，普通投资者对后市普遍持乐观态度之时，往往就是主力出货之时。或者主力会选择个股利好消息出台的时候，抓住时机卖出股票。另一方面，主力通过各种操盘手法，营造良好的股票形态，在大多数投资者安心持股的时候，极力吸引跟风盘入场，然后再逐步将手中的筹码散出去。有时主力也会在短时间内集中大批量卖出，打其他投资者一个措手不及，当大家醒悟过来时，主力已经出脱了手中的大部分筹码。

主力出货具有以下两个重要特征。

第一，成交保持活跃。成交量放大，是主力出货的最大盘面特征。主力要想卖出股票，必须有一个活跃的成交量，要么放出巨量，要么成交能够在长时间内保持活跃。这点和洗盘截然不同。洗盘过程中，成交量呈现缩减情形，而在出货过程中，成交量则始终保持活跃。

第二，股价重心下移。主力出货过程中，股价一般不会再次超过上次放量位置，主力往往不会让接盘资金有解套的机会。另外，当主力已经出脱大部分持股后，将不再继续维持股价，股价也将不断下跌。

5.4.1　出货阶段的量价表现

出货阶段的量价表现，主要有以下三种。

1.放量集中出货

当主力将股价拉升到高位后，一般会吸引到大量的跟风买盘，此时主力会利用个股的利好消息，甚至是利好预期，趁机大举卖出出场，之后股价往往出现一波下跌走势。这种出货方式即为放量集中出货。

如图5-22所示，2022年9月1日至5日，波导股份（600130）的股价连续出现三个放量涨停板。9月6日，该股成交量出现天量，且K带有长长的上影线，形成高位射击之星的形态，表明主力正在集中出货，之后该股股价出现了一波下跌走势。

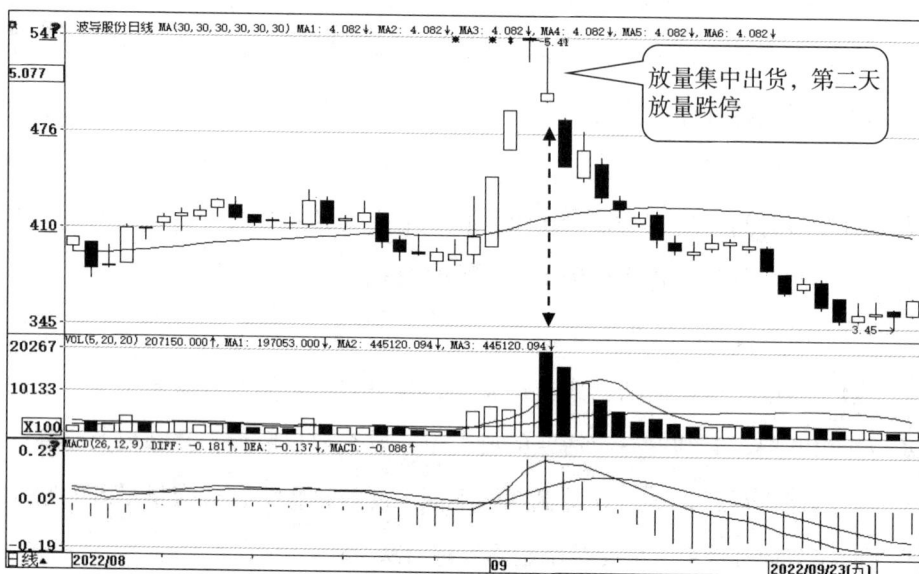

图5-22　波导股份日K线

精讲提高

本书第三章和第四章中介绍的诸多的卖出信号，其实都是主力出货的预兆，如天量大阴线、放量十字线等。

2.大幅震荡出货

震荡出货是主力使用比较广泛的一种出货方式，当主力持仓量比较大、出货时间比较充裕时，会采用这种方式。

大幅震荡出货的一般表现形式是股价经过大幅拉升，到达主力目标价位后，主力开始控制股价在一个区域内上下震荡。在这个震荡区域内，股价上涨时主力顺势出货，成交量放量，而股价下跌至某个价位时主力就开始护盘，不让股价出现破位走势，以免惊动其他投资者。在这个过程中，主力完成高卖低买、卖远远多于买的出货行为。

主力一般选择在大盘指数还没有真正到达顶点时采用这种出货手法。此时的大盘仍有上升空间，大多数投资者都看好后市。这样主力就可以顺利地在震荡中出脱手中大部分筹码。

如图 5-23 所示，2022 年 2 月至 4 月，中青旅（600138）的股价在经过一波明显的上涨走势之后，在高位大幅震荡，同时伴随着成交量的时涨时跌。这表明主力在这个过程中正在不断地出货。2022 年 4 月 21 日之后，该股股价加速下跌，形成一波较大的下跌走势。

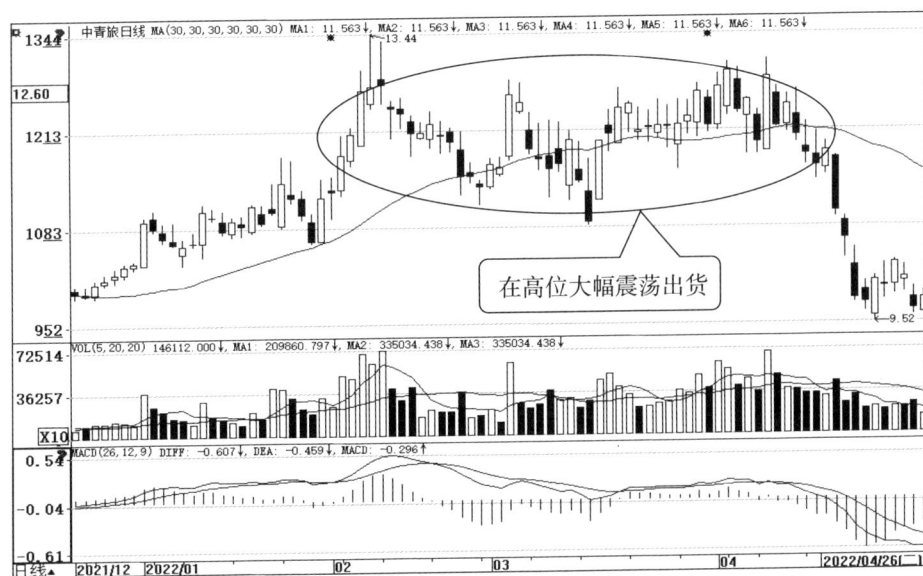

图 5-23　中青旅日 K 线

3.反弹出货

由于大势的变化往往出人意料，有时主力也会对行情判断失误，或者出现某些无法预料的巨大利空，使得主力在高位没有及时出货。

遇到这种情况，很多主力会选择顺势而为，让股价大幅度下跌，待跌至某个低位后，借助大盘反弹，通过对敲等手段推动股价放量上涨。此时很多投资者会认为股价已经跌了这么多，现在底部开始放量，明显是主力开始进场。于是大家也开始纷纷买入，这些试图抄底的资金，再加上抢反弹的短线资金，就成为主力的出货目标。

利用大跌后的反弹出货，虽然卖出价位相对于顶部价位低了不少，但是对于主力巨大的获利幅度来说完全可以接受。最重要的是，主力可以借机出掉手中筹码，规避日后更大幅度的下跌，这才是其主要目的。

如图5-24所示，2022年8月中旬至11月初，宁科生物（600165）走出一波下跌行情。该股在下跌过程中出现了一次明显的反弹，反弹时成交量放大，且反弹到达高点后股价快速下跌。这种整体下跌、反弹时活跃的走势，往往是主力在利用反弹出货。

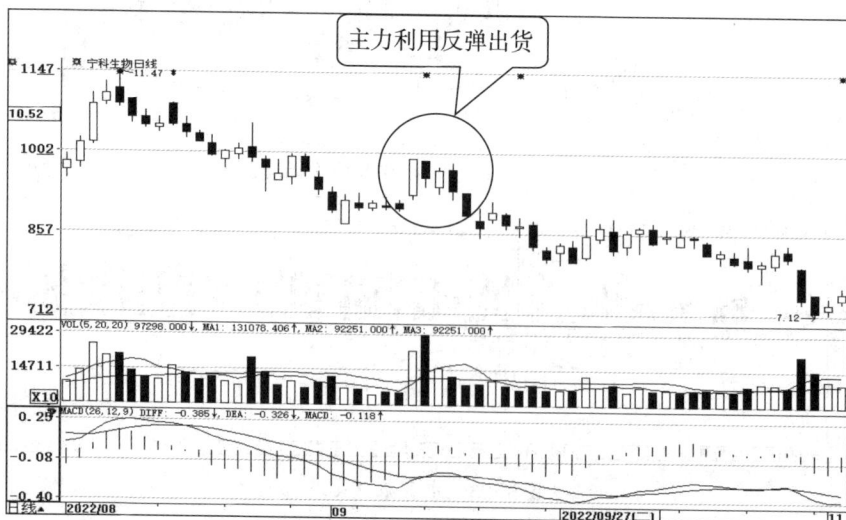

图5-24　宁科生物日K线

5.4.2　出货阶段的卖出时机

主力出货预示着股价即将出现一波下跌趋势。因此，投资者要注意及时卖出持股。

1. 放量集中出货的卖出时机

一旦出现放量集中出货，特别是天量天价时，投资者要注意果断卖出出场。这个过程中，投资者可以结合其他技术指标进行综合研判，以提高卖出时机的精准度。

如图 5-25 所示，2022 年 3 月 11 日，黑牡丹（600510）的股价在连续涨停后成交量放大，同时该股 K 线出现射击之星的看跌形态，卖点出现，投资者要注意果断卖出。

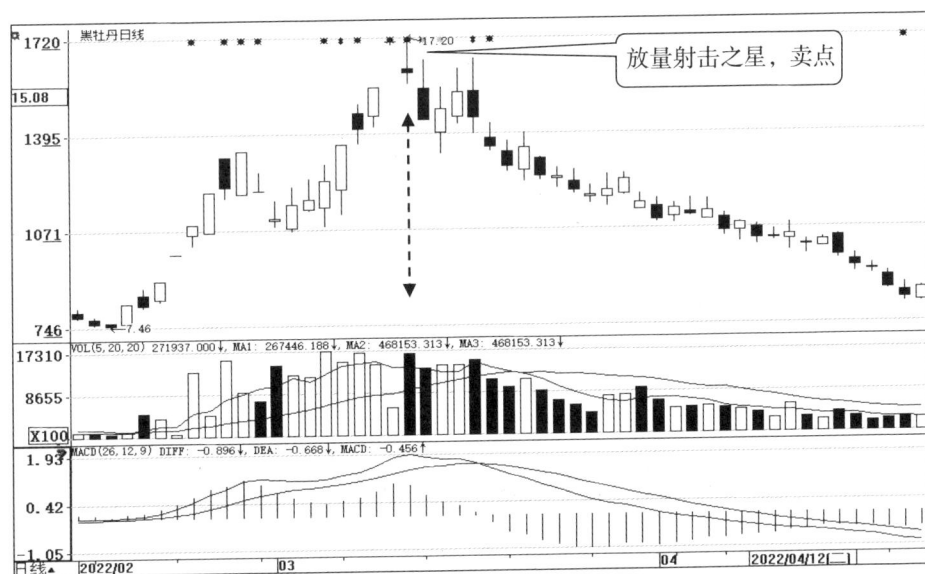

图 5-25　黑牡丹日 K 线

精讲提高

在实战中，投资者尤其要注意"倒V字形"走势的出现。一般来说，当主力大幅拉升，股价短期内出现巨幅上涨后，由于市场跟风盘较多，这时往往是主力出货的良机。此时如果主力突然大肆出货，股价往往出现这种"倒V字形"走势。因此，投资者要注意遵循一个出场原则："短期内如果出现暴利，市场一有风吹草动，就要立即出场。"

2. 大幅震荡出货的卖出时机

如果投资者发现股价经过大幅度上涨后，在某个区间长期地大幅震荡，迟迟不向上拓展空间，则应考虑主力是否在进行震荡出货。尤其当股价跌破这个震荡区间时，投资者应立即卖出。

如图5-26所示，2021年9月中旬至2022年1月中旬，东睦股份（600114）的股价在高位大幅震荡过程中，成交量呈不规则放量，同时MACD指标形成了"DIFF线与股价顶背离+MACD指标死叉"的强烈卖出信号，表明主力正在大幅震荡中

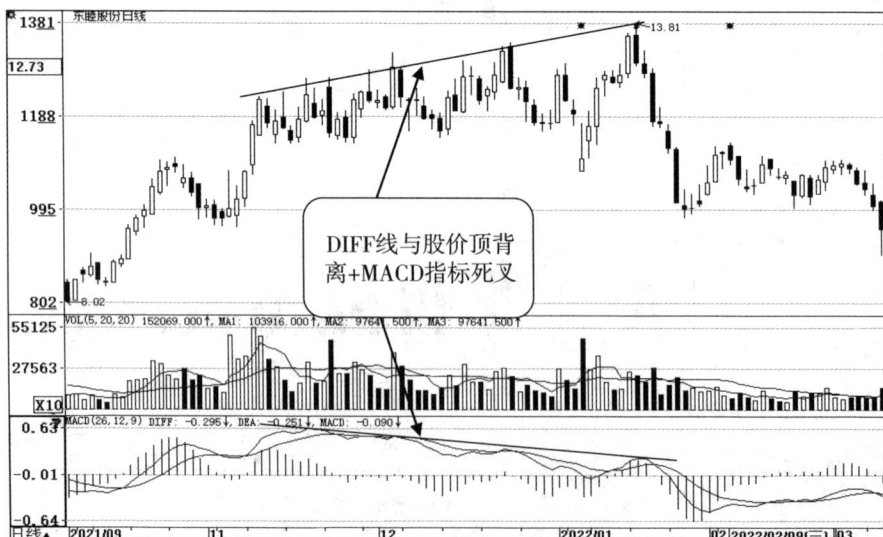

图5-26　东睦股份日K线

不断出货，股价接下来将出现一波下跌趋势，卖点出现，投资者要果断卖出。

精讲提高

在实战中，投资者需要注意以下两个方面。

（1）当股价在高位大幅震荡时，如果确实为主力震荡出货，MACD指标往往也会发出相应的卖出信号。投资者要注意结合其他技术指标综合研判。

（2）如果股价跌破前期震荡低点或重要的支撑位，一定要果断卖出，不可犹豫不决。

3.反弹出货的卖出时机

操作上，投资者对于反弹出货的庄股（指股价涨跌或成交量被庄家有意控制的股票）要尽量把握，因为这往往是最后的卖出时机。只要下跌趋势没有改变，就可以在股价放量反弹到重要压力位时卖出。

如图5-27所示，2021年10月至2022年3月，郑州煤电（600121）的股价

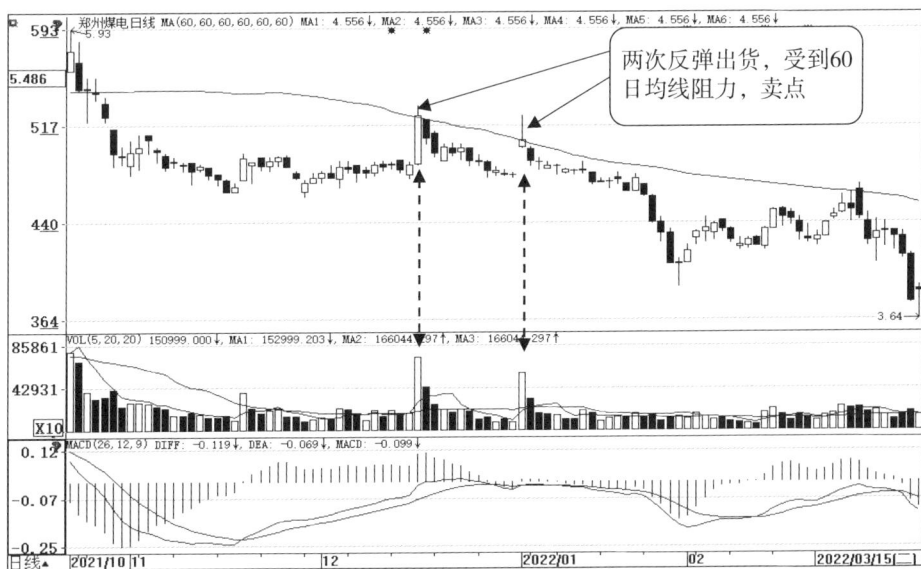

图5-27　郑州煤电日K线

一直处于下跌趋势中。在这个过程中，走势在2021年12月16日、2022年1月4日两次出现明显的放量反弹，但在60日均线处明显受阻，表明主力正在不断地趁着反弹出货，卖点出现，仍有持股的投资者要注意及时出场，以避免更大的损失。

第 6 章

从成交量透视经典理论

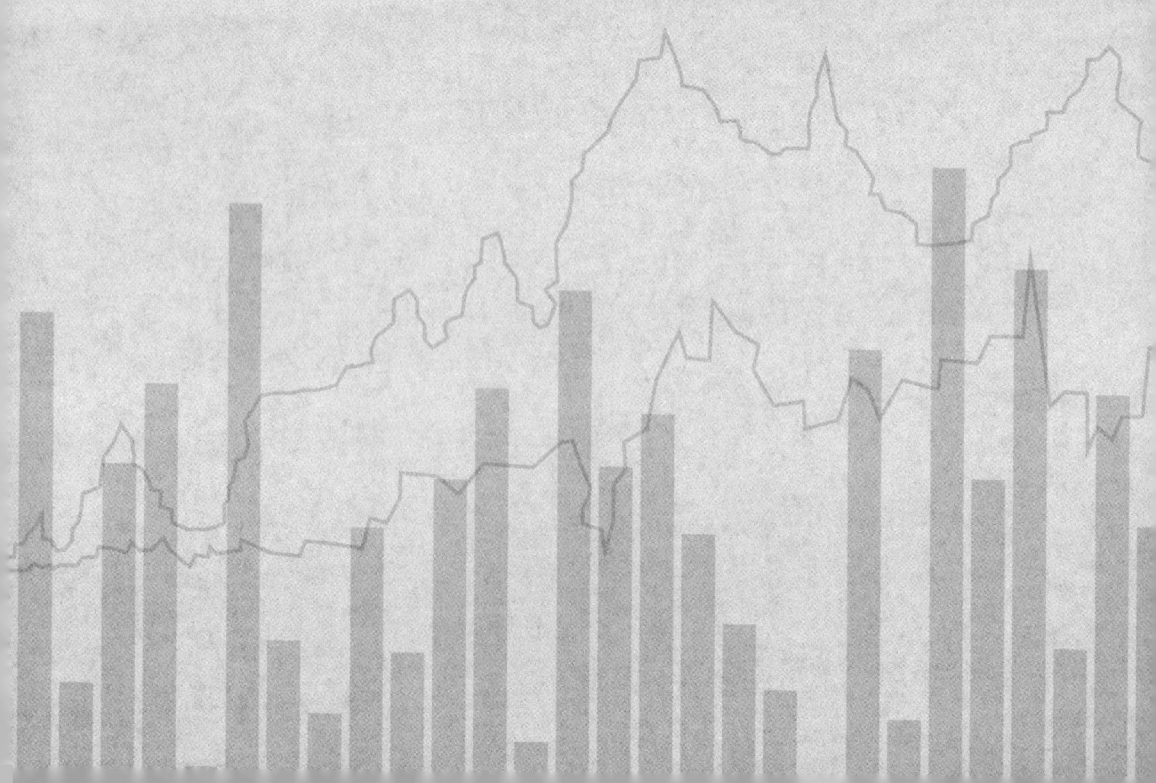

6.1　成交量与 K 线理论

6.1.1　认识 K 线形态

K线图，又称蜡烛图，是目前国内证券、期货市场上使用最广泛的价格信息载体。能够看懂 K 线图，并能熟练地使用 K 线分析技术，是技术分析投资者的一项重要技能。

K线由每个交易日（或分析周期）的开盘价、最高价、最低价和收盘价绘制而成。例如，周 K 线以本周第一个交易日的开盘价作为周 K 线的开盘价，以本周最后一个交易日的收盘价作为周 K 线的收盘价，本周的最高价作为周 K 线的最高价，本周的最低价作为周 K 线的最低价。其他诸如月 K 线、年 K 线均以此类推。

K线的颜色表示了当天的涨跌。在我国，红色 K 线表示当天的收盘价高于开盘价，即今日出现上涨，称为"阳线"；绿色 K 线表示当天的收盘价低于开盘价，即今日出现下跌，称为"阴线"。

图 6-1 是阳线和阴线的示意图。阳线实体部分的下边线代表开盘价，上边线代表收盘价；阴线则相反，上边线代表开盘价，下边线代表收盘价。实体的长度代表股价当天的涨跌幅度，实体越长，说明当天的涨跌幅越大。

处于 K 线实体上方的影线，称为"上影线"，其最顶端代表当日的最高价；处于 K 线实体下方的影线，称为"下影线"，其最低端代表当日的最低价。上下影线的长度代表了当天股价运动的整体波幅。没有上影线的 K 线，被称为"光头 K 线"；没有下影线的 K 线，被称为"光脚 K 线"；既没有上影线，也没有下影线的 K 线，被称为"光头光脚 K 线"。

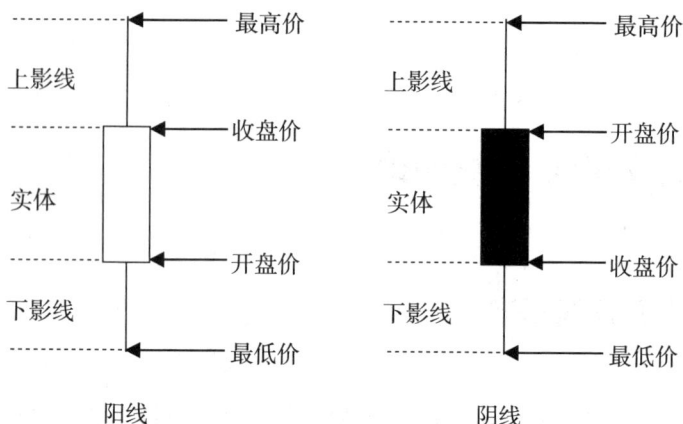

图 6-1　阳线和阴线

投资者需要注意的是，K线中最重要的部分是实体部分。实体代表了实质性的价格变化，而影线仅仅代表了附属性的价格变动，其重要性要低于实体。

在实战中，可以将多根K线组合在一起，通过它们的形态来研判股价未来的走势。股价K线形态分为看涨形态、看跌形态和持续整理形态。

6.1.2　从成交量看K线看涨形态

一般来说，当K线看涨形态形成后，如果有成交量的放大，那么市场看涨意义就更加强烈了，此时投资者可以积极买入。

1.启明星形态

如图6-2所示，启明星形态由三根K线组成。在一段下跌趋势中，先是出现一根实体较长的阴线，然后是一根实体较短的K线（或十字星，阴阳均可），并且这两根K线的实体之间出现跳空情形。形态的最后是一根阳线，同时这根阳线的实体要进入第一根阴线的实体之内，且成交量和前面两根K线相比有所放大。

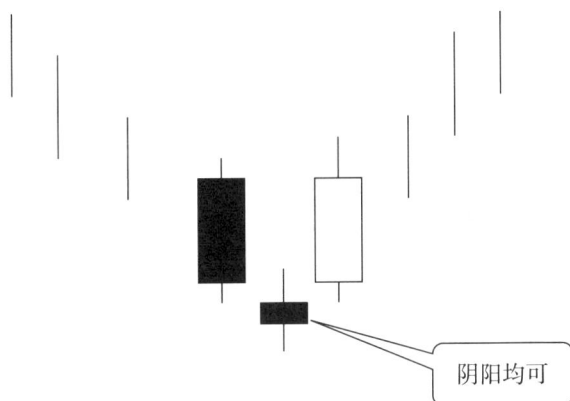

图 6-2　启明星形态

　　启明星形态是一个反转形态，表明市场短期内即将出现一波上涨走势。在第一根阴线出现时，空方仍然主导着局面。但是随后的小 K 线，无论何种颜色，都说明空方已经无法大幅度打压价格，多空双方的力量对比开始发生变化。第三根阳线出现，市场出现放量上涨，并且进入了第一根 K 线的实体，说明多方力量开始超过了空方力量，多方已经开始反攻。

　　这个形态研判的重点在于，第三根阳线一定要探入第一根阴线的实体，探入越多，说明多方力量越强大，反转的力度也将越大。有些时候，中间的小 K 线与第一根阴线之间没有跳空，这种形态也可以认为是一个近似的启明星形态，只不过信号强度有所降低。

　　如图 6-3 所示，2021 年 10 月 27 日至 29 日，福光股份（688010）的股价在经历了一波下跌走势，在底部企稳后出现了一个启明星形态，其中第三根 K 线的成交量比前两根 K 线有明显放大。这表明短期内即将出现一波上涨走势，买点出现，投资者要注意把握这个买点。

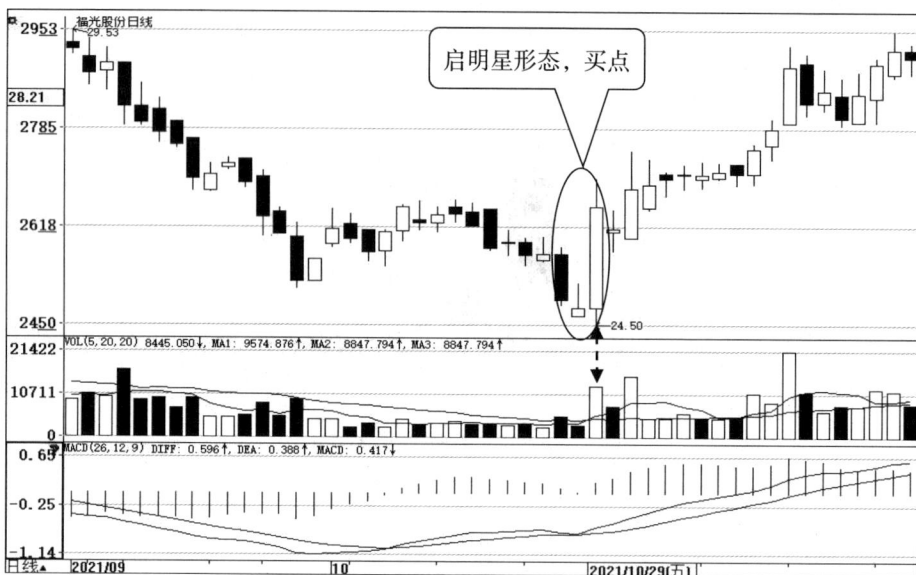

图6-3　福光股份日K线

精讲提高

　　投资者需要注意的是，启明星形态出现时，一般股价仍处于市场底部，其整体成交量仍处于较低的水平。但构成启明星形态的三根K线，其整体成交量尽管仍然较低，但第三根K线的成交量与前两根相比有明显的放大。启明星形态形成后，股价将有明显的放量上涨。

2.好友反攻形态

　　好友反攻形态往往出现在下跌行情中，由一阴一阳两根K线组成，如图6-4所示。

　　在股价下跌过程中，先是出现一根中阴线或者大阴线，这表示下跌行情还在持续。阴线之后，股价虽然跳空低开，但随即上涨，收出一根中阳线或者大阳线，并且阳线的收盘价和阴线的收盘价在相同或相近的位置上。

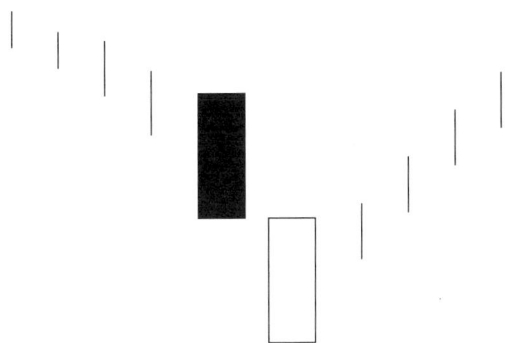

图6-4 好友反攻形态

好友反攻形态表示多方在开盘不利的情况下补回跳空缺口，预示着股价将见底反弹，是看涨信号。但是，在好友反攻形态中，阳线并没能深入到阴线的实体部分，所以这种形态的看涨信号并不强烈。阴线和阳线"约会"的位置可能是股价上涨的一个压力位。因此，投资者在看到这种形态时，不用急于操作，可以等股价突破阳线的收盘价后再买入股票。

如图6-5所示，2021年5月10日和11日，沪硅产业（688126）的日K线图上形成好友反攻形态。这表明市场接下来有较大可能出现一波上涨走势。5

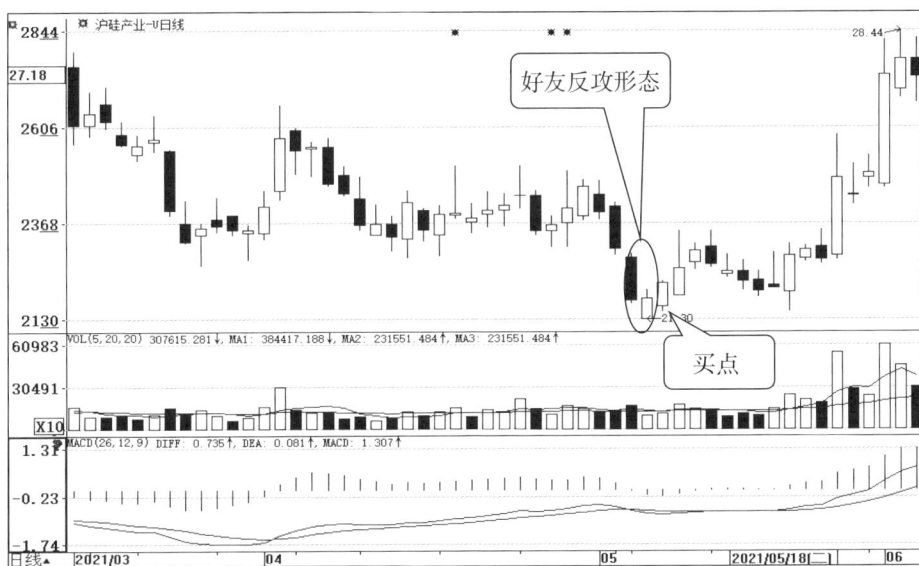

图6-5 沪硅产业日K线

月12日，股价继续上涨，顺利突破前一根阳线的收盘价，买点出现，投资者可以积极买入。

精讲提高

与启明星形态类似，当好友反攻形态出现时，一般股价仍处于市场底部，其整体成交量仍处于较低的水平。之后伴随着股价的上涨，成交量会逐步扩大。

3.曙光初现形态

曙光初现形态又称刺透形态、斩回线形态，出现在下跌行情中，由一阴一阳两根K线组成，如图6-6所示。

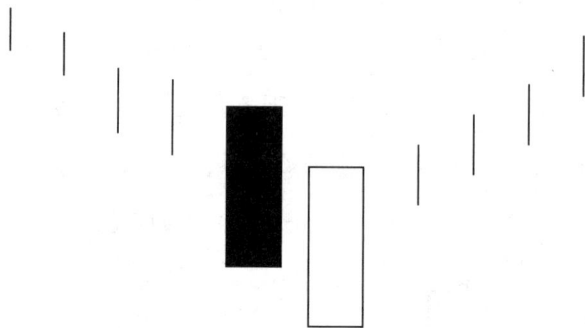

图6-6　曙光初现形态

在股价持续下跌过程中，先是出现一根表示下跌行情仍在继续的中阴线或者大阴线，之后出现一根跳空低开的中阳线或者大阳线。阳线虽然低开，但开盘后持续上涨，最终收盘价深入到阴线实体的1/2以上处。

曙光初现形态表示行情结束下跌，多方力量开始反攻，预示着股价见底回升，是看涨信号。在这个过程中，由于股价仍然处于下跌趋势的末期，所以成交量仍然较低。之后伴随着股价的上涨，成交量将逐渐放大。

如图6-7所示，2022年4月26日和27日，炬光科技（688167）的日K线图上出现曙光初现形态，发出买入信号，投资者可以短线买入。

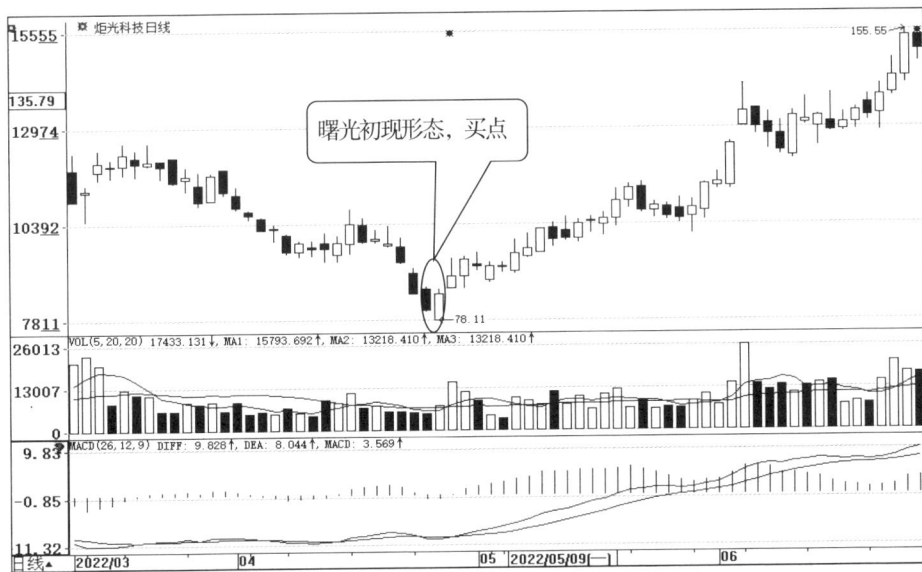

图6-7　炬光科技日K线

精讲提高

在实战过程中，投资者需要注意以下两个方面。

（1）曙光初现形态形成之后，虽然成交量较小，但之后随着股价的上涨成交量将逐渐放大。如果成交量并没有出现放大，表明上涨动能较弱，投资者要注意及时出场。

（2）曙光初现形态多是短线买点。趋势型投资者可以将其与趋势型技术指标结合起来，综合应用。

4.旭日东升形态

旭日东升形态通常出现在下跌行情中，也由一阴一阳两根K线组成，如图6-8所示。

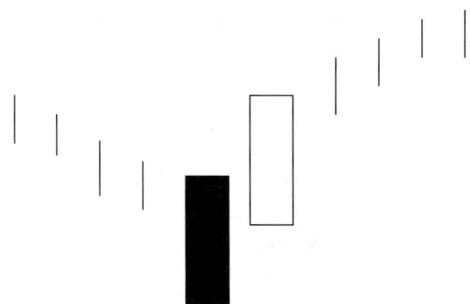

图6-8　旭日东升形态

在股价下跌行情中，首先出现一根中阴线或者大阴线。阴线之后，出现一根跳空高开的中阳线或者大阳线，阳线的收盘价高于阴线的开盘价。

旭日东升形态表示股价经过连续下挫，空头能量已释放殆尽。在空方无力再继续打压时，多方重新占据主动，股价高开高走。因此，旭日东升形态是较强的看涨买入信号。

在旭日东升形态形成的过程中，股价整体上仍处于下跌趋势中，成交量仍然较小。之后，随着股价的持续上涨，成交量将不断放大。

如图6-9所示，2022年4月28日至29日，皓元医药（688131）日K线图

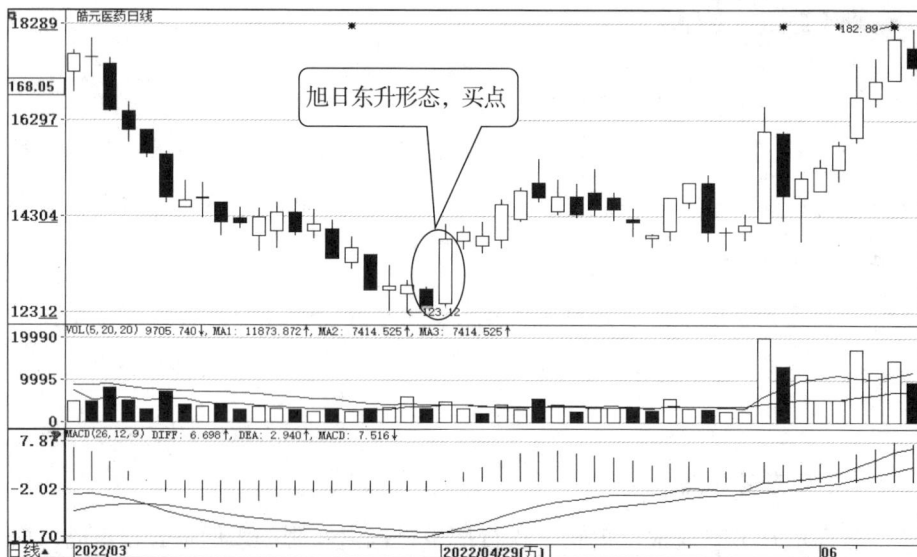

图6-9　皓元医药日K线

上出现旭日东升形态，发出买入信号，投资者可以积极买入。

5.红三兵形态

红三兵形态是由三根小阳线组成的K线组合，如图6-10所示。

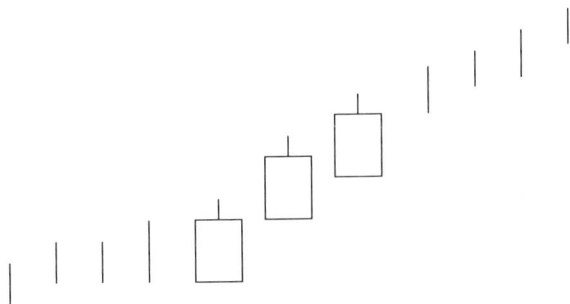

图6-10　红三兵形态

在红三兵形态中，连续出现三根小阳线。这三根小阳线的收盘价均高于前一根K线的收盘价。三根小阳线可以有上下影线，也可以没有。

红三兵形态出现在股价上涨行情中，往往伴随着成交量的逐步放大，表明上涨动能正在持续增强，股价仍将延续上涨趋势，是看涨买入信号。

如图6-11所示，2021年11月9日至11日，敏芯股份（688286）的股价

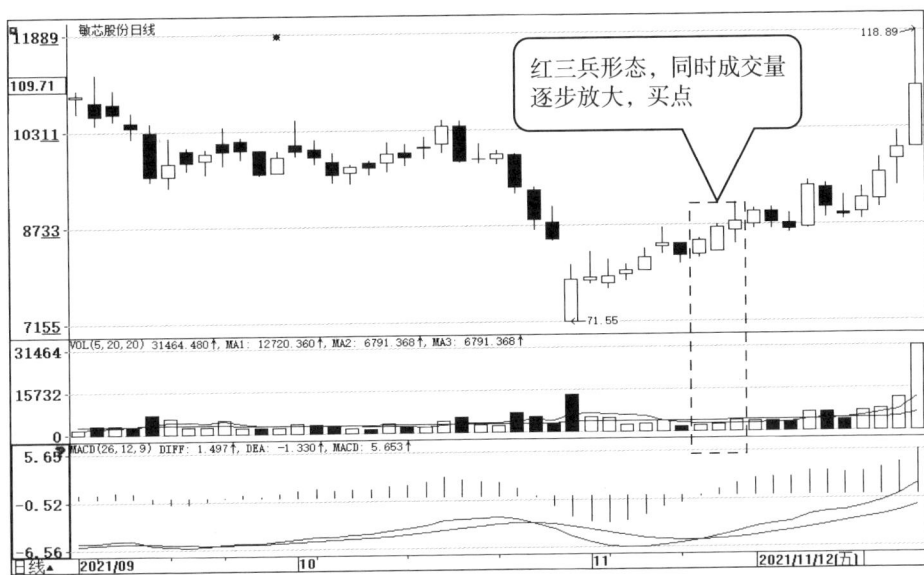

图6-11　敏芯股份日K线

K线组合出现红三兵形态，同时伴随着成交量的逐步放大。这表明市场上涨动能持续增强，股价仍将延续原来的上涨趋势，买点出现，投资者可以伺机买入。

精讲提高

在实战中，投资者要注意以下两个方面。

（1）投资者可以将止损价位设定在第一根小阳线的最低点。如果股价跌破这个价位，说明形态失败，这时投资者需要果断卖出股票。

（2）红三兵形态中三根小阳线的上涨幅度越大，看涨信号就越强烈。如果是跳空上涨，则该形态对上涨的指示作用会大大增强。

6.低位孕线形态

低位孕线形态又称低位身怀六甲形态，是由两根K线形成的K线组合，如图6-12所示。

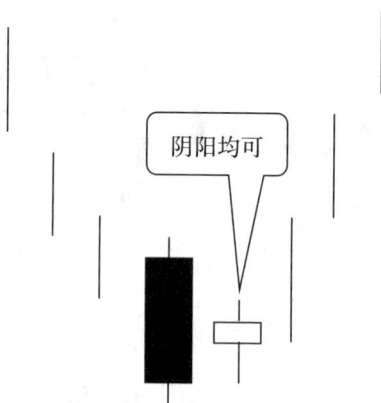

阴阳均可

图6-12　低位孕线形态

在股价下跌趋势中，在一根大阴线或中阴线之后又出现一根小K线，且第一根阴线的实体完全包容第二根K线，就构成低位孕线形态。

低位孕线形态是买入信号，这表明市场原来空方占优势，但多方力量正在迅速积聚。第二个交易日收出一根"被包容"的小 K 线，说明空方开始犹豫不定，向下的推动力量正在迅速减弱。股价接下来将会开始一波上涨走势。

在低位孕线形成的过程中，由于股价仍处于市场低位，成交量较小。之后随着股价的不断上涨，成交量将持续放大。

如图 6-13 所示，2022 年 10 月 10 日至 10 月 11 日，中复神鹰（688295）日 K 线图上出现低位孕育形态，发出买入信号，买点 1 出现，投资者可以积极买入。

10 月 14 日，股价高开高走，顺利突破 10 月 10 日大阴线的开盘价和最高价，此时多方强势得到彻底确认，买点 2 出现，投资者可以再次买入股票。

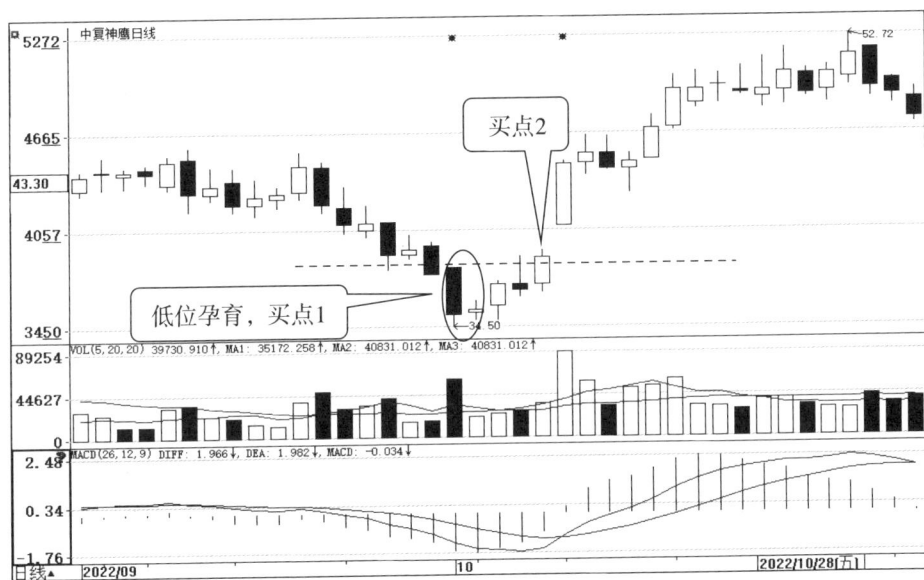

图 6-13 中复神鹰日 K 线

6.1.3 从成交量看 K 线看跌形态

1.黄昏星形态

黄昏星往往出现在上涨趋势的末期，一般由 3 根 K 线组成，如图 6-14 所示。

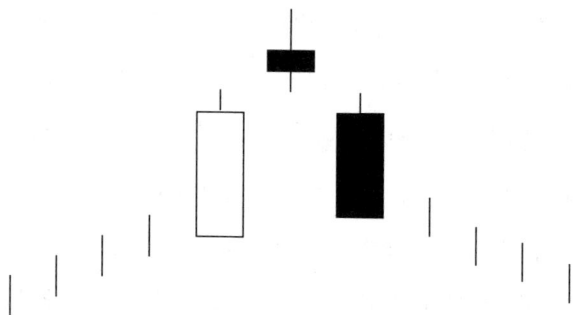

图6-14　黄昏星形态

在股价上涨过程中，首先出现一根中阳线或者大阳线，表示多方占据主动，正在推动股价上涨。紧跟阳线之后，出现一根向上跳空的小星线。星线可以是小阳线，也可以是小阴线，还可以是十字星，带有较长的上下影线。这表示上方抛盘压力巨大，多空双方陷入僵持，股价有滞涨下跌的可能。紧跟星线又出现一根跳空下跌的中阴线或者大阴线。阴线的实体深入到阳线实体中。这表示经过僵持后空方胜出，股价即将下跌，投资者要注意及时卖出。

如图6-15所示，2021年2月3日，处在滞涨状态中的深天马A（000050）

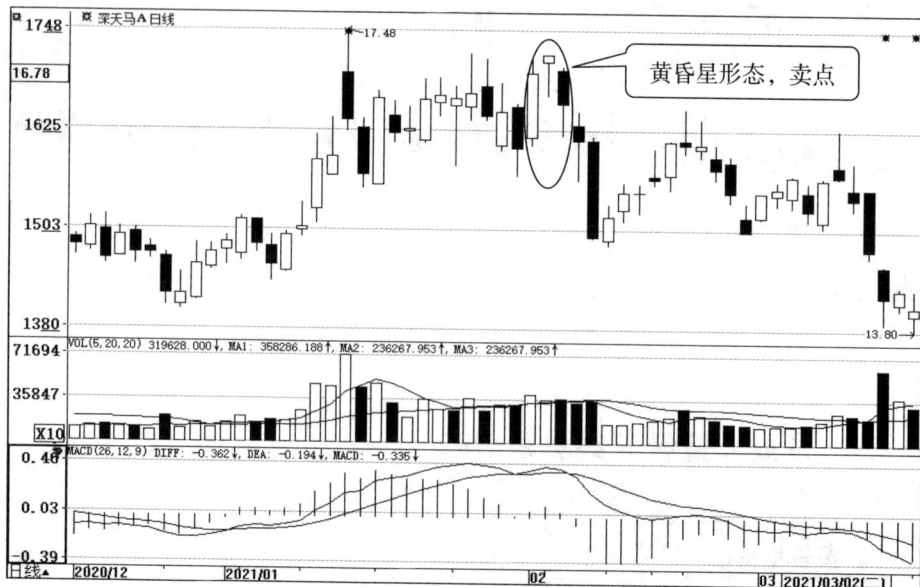

图6-15　深天马A日K线

日 K 线图上出现了黄昏星形态，预示着市场中多空双方力量的转变已经完成，该股股价有可能进一步走弱，卖点出现，投资者要注意把握。

精讲提高

在实战中，投资者要注意以下五个方面。

（1）黄昏星形态中，如果星线是十字星，则看跌信号的强度要超过小阴线或小阳线。

（2）阴线的实体部分越长，进入阳线部分越深，该形态对下跌的指示作用就越强；如果能进入阳线实体部分一半以上，看跌信号强度将大大升高。

（3）在实战中，黄昏星形态可能变形，阳线和阴线中间可能会夹杂多根星线。这种变形的黄昏星同样是看跌信号，多根星线并不影响信号强度。

（4）黄昏星形态往往是 MACD 指标顶背离的临界点。

（5）在黄昏星形态形成的过程中，股价整体上仍处于上涨趋势中，成交量较大。之后，随着股价的下跌，成交量将逐步缩减。

2.淡友反攻形态

与好友反攻形态相反，淡友反攻形态出现在上涨趋势的末期，由一阳一阴两根 K 线组成，如图6-16所示。

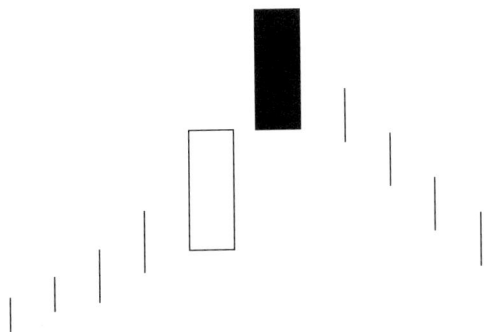

图6-16　淡友反攻形态

在上涨趋势末期，先是出现一根中阳线或者大阳线，阳线之后，股价虽然跳空高开，但开盘后持续下跌，至收盘时完全丧失跳空高开的涨幅，收出一根中阴线或者大阴线。这根阴线的收盘价和阳线的收盘价在相同或相近的位置上。这表明股价在大幅高开后遇到阻力回调，上方抛盘压力巨大，是股价见顶下跌的信号。

在这个过程中，成交量往往较大，是股价上涨遇到巨大阻力的标志。投资者要及时卖出。

如图6-17所示，2022年7月27日，皇庭国际（000056）的股价经过连续上涨，日K线图上出现淡友反攻K线组合形态，同时伴随着成交量的放大，表明市场有较大可能出现一波下跌走势，投资者可以卖出。

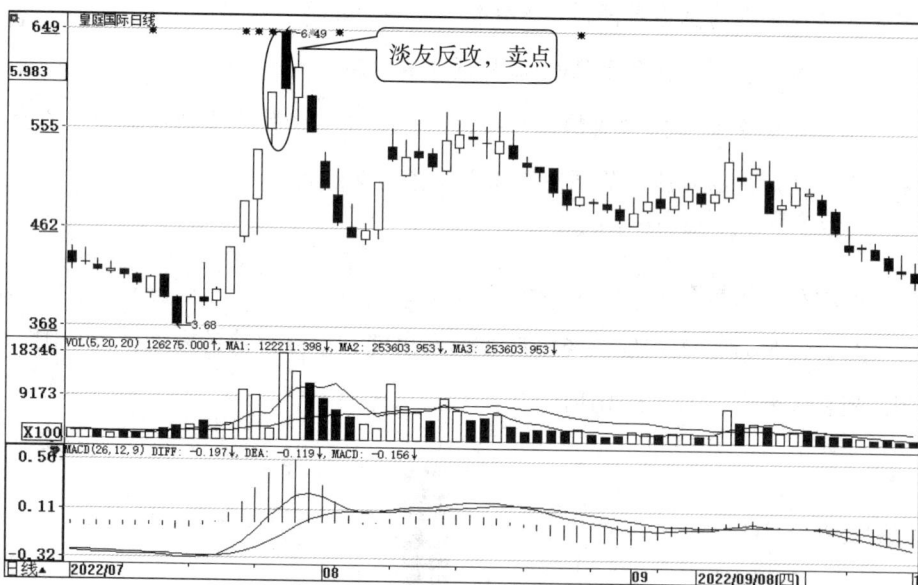

图6-17　皇庭国际日K线

3.乌云盖顶形态

乌云盖顶形态往往出现在上涨行情中，由一阳一阴两根K线组成，如图6-18所示。

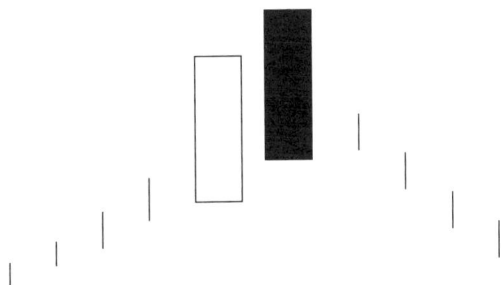

图 6-18 乌云盖顶形态

　　在股价持续上涨的过程中，首先出现一根中阳线或者大阳线，这表明上涨行情还在继续。阳线之后，股价高开低走，最终出现一根中阴线或者大阴线。阴线的实体深入阳线实体超过 1/2 以上。

　　在乌云盖顶形态出现的过程中，一般伴有较大的成交量，这表明前期获利的投资者正在踊跃将股票卖出。股价上涨遇到阻力，可能会见顶下跌，是看跌信号。投资者要注意及时卖出，规避风险。

　　如图 6-19 所示，2023 年 2 月 16 日，海王生物（000078）的股价在经过一段时间的上涨过后，出现乌云盖顶形态，预示着股价可能已经见顶，卖点出现。

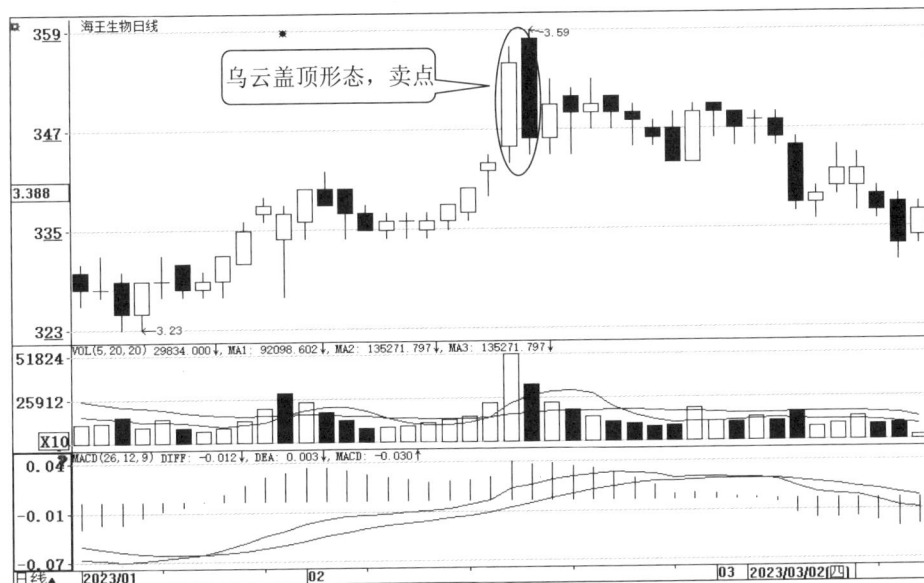

图 6-19 海王生物日 K 线

精讲提高

在实战中，投资者要注意以下两个方面。

（1）阴线实体进入阳线实体部分越深，看跌信号就越强烈。

（2）投资者要注意结合其他技术分析指标进行综合研判。

4.倾盆大雨形态

倾盆大雨形态通常出现在上涨趋势末期或下跌趋势的反弹中，由一阳一阴两根K线组成，如图6-20所示。

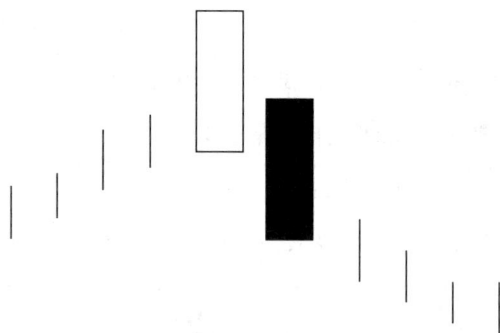

图6-20　倾盆大雨形态

在股价上涨的过程中，首先出现一根中阳线或者大阳线，这表示上涨行情仍在继续。阳线之后，出现一根低开低走的中阴线或者大阴线。阴线的收盘价低于阳线的开盘价。

倾盆大雨形态形成的过程中，往往伴随着成交量的放大。这表明股价经过连续上涨后，多方力量已经消耗殆尽，空方的卖盘汹涌。股价继续上涨的压力较大，很可能会掉头下跌。因此，倾盆大雨形态是较强的看跌卖出信号，投资者要注意及时卖出。

如图6-21所示，2022年8月19日，广聚能源（000096）的股价在连续上涨过后出现了倾盆大雨的K线组合形态，同时伴随着成交量的明显放量。这表明市场中原本强势的多方和弱势的空方地位发生根本性转变，后市看跌，卖点出现，投资者要注意及时卖出。

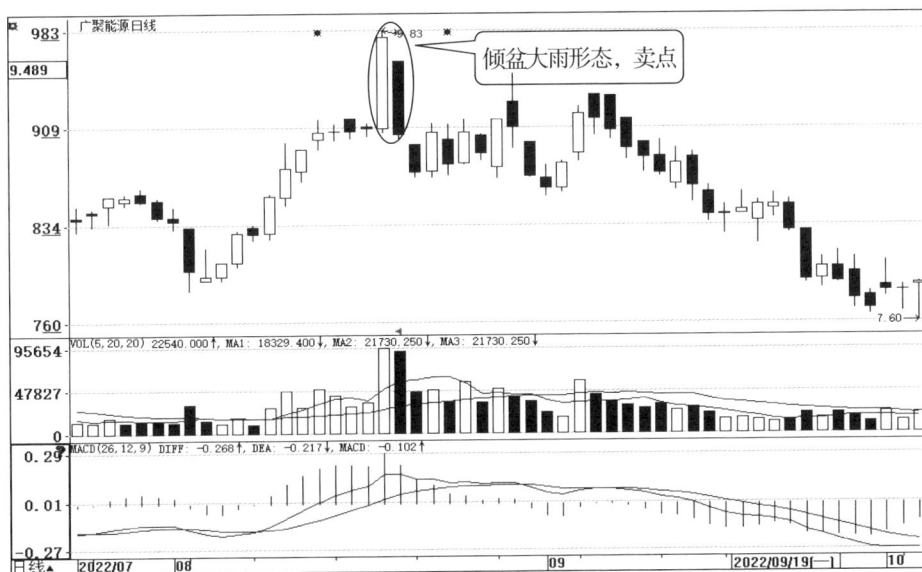

图 6-21 广聚能源日 K 线（前复权）

5. 看跌吞没形态

看跌吞没形态往往出现在上涨走势的末期，由两根 K 线组成，如图 6-22 所示。

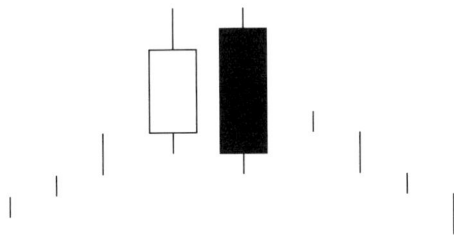

图 6-22 看跌吞没形态

在股价持续上涨一段时间后，出现一根阳线。阳线之后，出现一根阴线，阴线的实体将阳线完全吞没（但并不一定吞没阳线的上下影线），表示空方力量压倒多方，开始占据主动。因此，看跌吞没形态为顶部看跌信号。

在看跌形态形成的过程中，股价多空即将转换，成交量往往较大，之后伴随着股价的下跌，成交量逐步缩减。

如图6-23所示，2022年7月14日，处于连续上涨走势中的长虹华意（000404）出现放量看跌吞没形态，预示着股价可能已经见顶，接下来将出现一波下跌走势，卖点出现，投资者要注意把握。随后几个交易日，该股股价疲弱无力，验证了看跌吞没形态发出的反转信号。

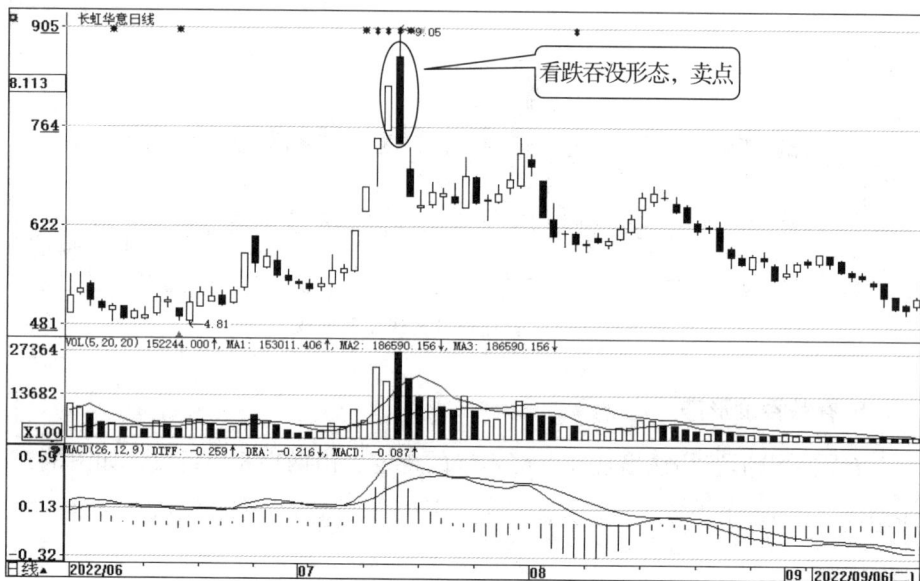

图6-23　长虹华意日K线

精讲提高

在实战中，投资者要注意以下两个方面。

（1）在看跌吞没形态中，前一根小K线可以是十字线甚至是一字线（涨停）。这并不影响该形态对股价反转的指示作用。

（2）投资者要注意综合多种技术指标，以提高判断的精准性。

6.2　成交量与形态理论

6.2.1　认识走势形态

形态分析是技术分析的重要组成部分，通过对市场横向运动时形成的各种价格形态进行分析，配合成交量的变化，推断出市场现存的趋势将会延续或反转。走势形态可分为反转形态和整理形态。

反转形态是指股票价格改变原有的运行趋势所形成的运动轨迹。反转形态存在的前提是市场原先确有趋势出现，而经过横向运动后改变了原有的方向。反转形态的规模，包括空间和时间跨度，决定了随之而来的市场动作的规模，也就是说，形态的规模越大，新趋势的市场动作也越大。在底部区域，市场形成反转形态需要较长的时间；而在顶部区域，则经历的时间较短，但其波动性远大于底部形态。成交量是确认反转形态的重要指标，而在向上突破时，成交量更具参考价值。

反转形态可以分为顶部形态和底部形态，主要包括以下五类。

（1）M顶形态和W底形态。

（2）头肩顶形态和头肩底形态。

（3）三重顶形态和三重底形态。

（4）圆弧顶形态和圆弧底形态。

（5）倒V形顶形态和V形底形态。

整理形态是指股票价格维持原有的运动轨迹。市场事先确有趋势存在，是整理形态成立的前提。市场经过一段趋势运动后，积累了大量的获利筹码，随着获利盘纷纷套现，价格出现回落，但同时对后市继续看好的交易者大量入场，对市场价格构成支撑，因而价格在高价区小幅震荡，市场采用横向运动的方式消化获利筹码，重新积聚了能量，然后又恢复原先的趋势。整理形态即为市场的横向运动，它是市场原有趋势的暂时休止。

与反转形态相比，整理形态形成的时间较短，这可能是市场惯性的作用，保持原有趋势比扭转趋势更容易。整理形态形成的过程中，价格震荡幅度应当逐步收敛，同时，成交量也应逐步萎缩。最后，在价格顺着原趋势方向突破时，应当伴有大的成交量。

整理形态包括以下四类。

（1）三角形态。

（2）矩形形态。

（3）旗形形态。

（4）楔形形态。

精讲提高

投资者在把握反转形态时，需要注意它们共同的一些特点。

（1）反转形态存在的前提是市场上事先确有趋势存在。

（2）现行趋势反转的第一个信号往往是重要趋势线被突破。因此，投资者要注意找出反转形态的重要趋势线，如颈线、60日均线等。

（3）反转形态的规模越大，随之而来的趋势规模也越大。

（4）顶部形态所经历的时间通常短于底部形态，但其波动性较强。

（5）底部形态的价格波动范围往往较小，但其酝酿时间往往较长。

（6）成交量在验证底部形态的可靠性方面更具参考价值。

6.2.2　从成交量看底部形态

1.W底形态

W底形态一般出现在下跌行情的尾端。股价连续两次下跌均获得支撑，形成两个底部。从第一次获得支撑反弹的顶点画一条水平线，即得到W底的颈线，如图6-24所示。

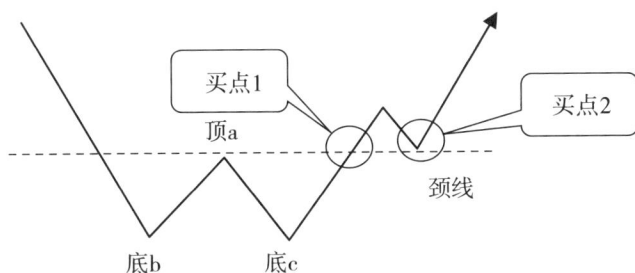

图6-24　W底形态

在W底形成过程中，首先股价经过一段下跌后出现反弹，形成底b。但这次反弹并没有持续太长时间，股价在上涨一段时间后遇到阻力回调，形成顶a。在顶a上的水平线就是颈线。这次短暂的上涨说明空方力量未被彻底消化，或者多方力量并没有准备充分。当股价回调一段时间后，再次获得支撑反弹，形成底c。在底c完成后，股价放量上涨，突破颈线。这说明多方已经准备充分，股价有望出现较大幅度上涨，为买点1。

股价突破颈线之后常常有回抽，但是在回抽到颈线附近时可以止跌回升。这种回抽是对W底形态的确认，为买点2。

在这个过程中，成交量逐步增大，特别是当买点1出现时。投资者要注意这个特征。

如图6-25所示，在经过前期一波下跌走势之后，2021年11月到2022年1月，靖远煤电（000552，已更名为甘肃能化）出现W底形态。2021年11月底，当W底形态的第二个底形成时，表明多方力量再次反攻。此时投资者可以重点关注后市行情。

2021年12月16日，该股股价放量突破颈线，这表明上涨动能强劲，股价彻底由下跌趋势转为上涨趋势，买点出现，此时投资者可以积极买入。

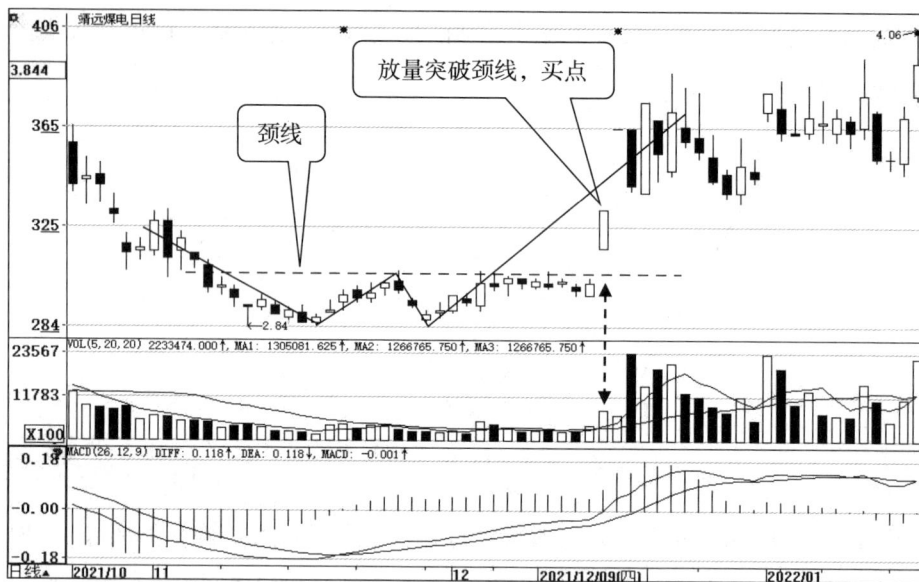

图6-25　靖远煤电日K线

2.三重底形态

三重底形态出现在一段下跌行情的尾端。股价连续三次下跌获得支撑，形成三个底部c、d和e。形成底c和底d后，股价反弹到一个几乎相同的价位时遇到阻力回调，形成顶a和顶b。顶a和顶b高点的连线就是颈线。在形成底e后，股价开始放量上涨，突破颈线。

与W底形态一样，股价向上突破颈线后，一般会出现一个回抽确认的过程，它表明下跌趋势已经彻底转为上涨趋势。所以，三重底形态的买点也有两个：一是股价向上突破颈线时，二是回抽确认时。三重底形态如图6-26所示。

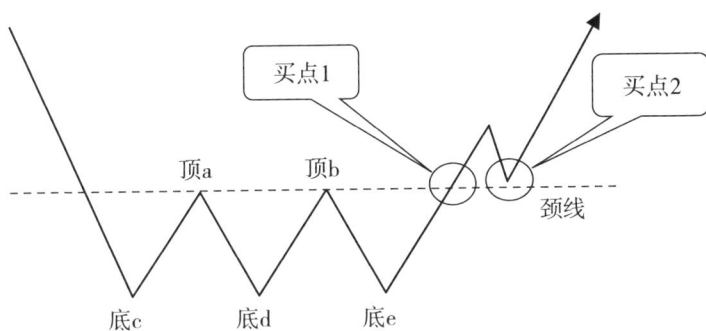

图 6-26 三重底形态

本形态中，股价连续三次下跌都获得支撑，表明空方力量在底部震荡中逐渐衰竭，上涨动能逐渐增强。第三个底部形成后，股价向上一举放量突破颈线，这表明股价已经由下跌趋势转为上涨趋势。

如图 6-27 所示，在经过一波下跌走势之后，2022 年 1 月至 5 月，中兵红箭（000519）出现三重底形态，发出看涨信号。5 月 27 日，该股股价向上突破三重底形态的颈线，成交量放量，表明上涨趋势已经形成，买点出现。

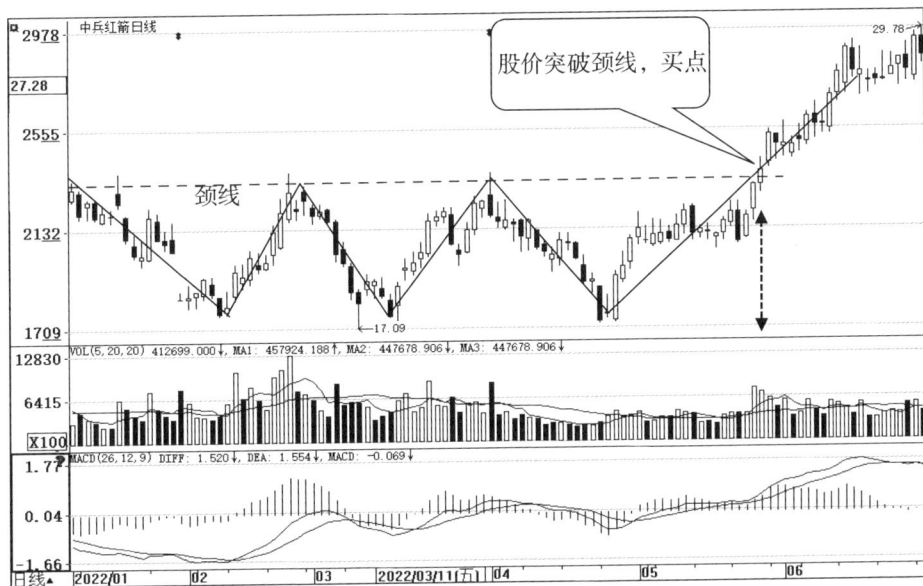

图 6-27 中兵红箭日 K 线

精讲提高

在实战中，投资者要注意以下两个方面。

（1）一般来说，当股价突破颈线时，往往也会突破其他重要阻力线，如60日均线、前期震荡高点等。

（2）投资者一旦发现第三个底形成，要密切注意两点：一是看第三个底是否对应着其他技术指标的重要买点；二是要注意股价接下来是否突破颈线并伴有成交量放量。

3. 头肩底形态

头肩底形态出现在下跌趋势末期，由连续出现的三个底部组成。三个底部从左到右依次叫作左肩、头部、右肩。左右两肩的最低价基本相同，头部的最低价明显低于两肩。同时，在形成左肩和头部后，股价反弹向上形成两个顶点，它们的最高点相同或相似。连接这两个顶点就形成了颈线。头肩底形态如图6-28所示。

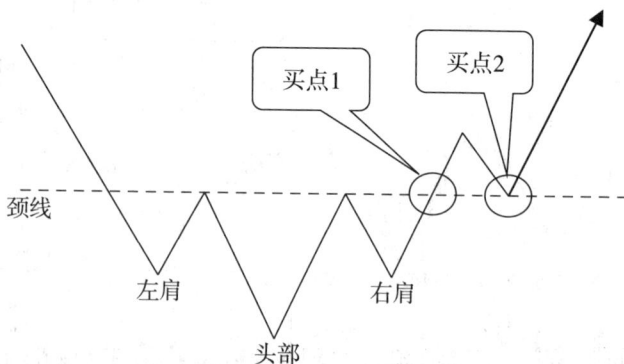

图6-28　头肩底形态

在头肩底形态形成过程中，左肩和头部的成交量大致相等。而右肩区域成交量往往大幅放大，出现放量向上突破行情。这是市场由下跌趋势转为上涨趋势的标志。

　　头肩底形态是典型的反转形态，它表明空方力量不断被消耗，上涨动能不断积聚。一旦头肩底形态形成，之后将是一波较大的上涨趋势。与 W 底形态一样，头肩底形态的买点也有两个：一是股价向上突破颈线时，二是回抽确认时。

　　如图 6-29 所示，2021 年 7 月至 9 月，泸州老窖（000568）日 K 线图上出现头肩底形态。9 月 27 日，股价以缩量涨停的态势向上突破颈线，表明上涨动能强劲，上方抛压已经很弱，此时投资者可以积极买入股票，之后股价迅速冲高，上涨趋势彻底确认。

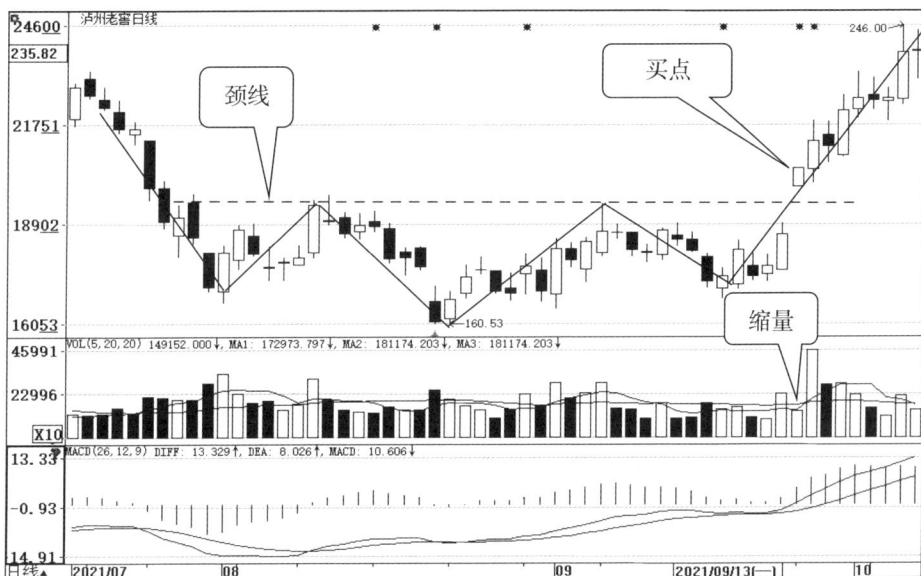

图 6-29　泸州老窖日 K 线

4.圆弧底形态

　　圆弧底往往出现在一段下跌行情的尾端。股价下跌一段时间后，下跌的速度逐渐减缓，开始在低位反复震荡。如果将反复震荡的低点用线连接起来，就形成一个向下凹陷的圆弧形状，如图 6-30 所示。

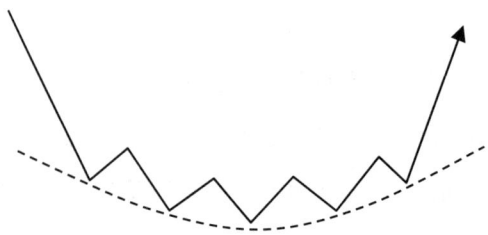

图 6-30　圆弧底形态

在圆弧底形态中，股价先是在成交量逐渐减少的情况下，下跌速度越来越缓慢，直到成交量出现极度萎缩，股价才停止下跌。然后多方力量开始入场，成交量温和放大，股价由缓慢上升逐渐转变为加速上升。

圆弧底形态表示市场由空方主导行情逐渐变成多方主导行情，为股价见底反转的信号。圆弧底形态没有颈线，因此并没有明显的买点。当股价结束下跌、出现加速上涨趋势时，投资者可以积极买入。

如图 6-31 所示，2021 年 9 月至 10 月，科汇股份（688681）日 K 线图上出现圆弧底形态。11 月 5 日，形成放量加速上涨走势，此时圆弧底形态已经基本可以确立，投资者可以积极买入。

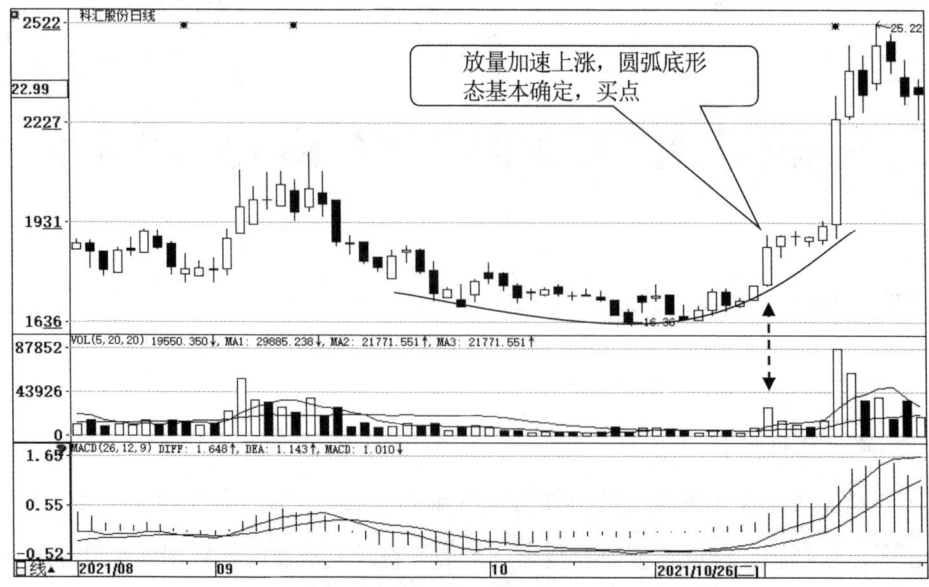

图 6-31　科汇股份日 K 线

5. V形底形态

V形底形态出现在一段下跌行情的尾端。股价首先快速下跌，在下跌到一定幅度时掉头上涨。上涨和下跌之间完全没有整理过渡行情。V形底形态的反转十分尖锐，常在几个交易日内形成，而且在转势点往往有较大的成交量，如图6-32所示。

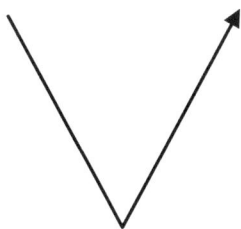

图6-32　V形底形态

在V形底形态的左侧，股价下跌速度很快，表示空方力量较强。但是当股价到达V形的底部时，空方力量突然消失，多方力量迅速放量崛起，股价触底后即一路上涨。

V形底形态是较强势的底部反转信号。但是当它刚开始形成时，投资者并不能判断股价放量上涨性质；而当V形底形态彻底形成之后，股价涨幅已经很大，买入价位很不理想。因此，V形底形态在实战操作中的应用难度较大。面对这种暴跌暴涨的走势，投资者最好持币观望。

如图6-33所示，2022年4月下旬至5月上旬，金冠电气（688517）出现一波"急剧下跌—急剧上涨"的走势，形成V形底形态。5月中旬开始，股价冲高回落，但没有再创新低，而是企稳回升，这是新一波上涨趋势形成的标志，投资者可以逢低买入。

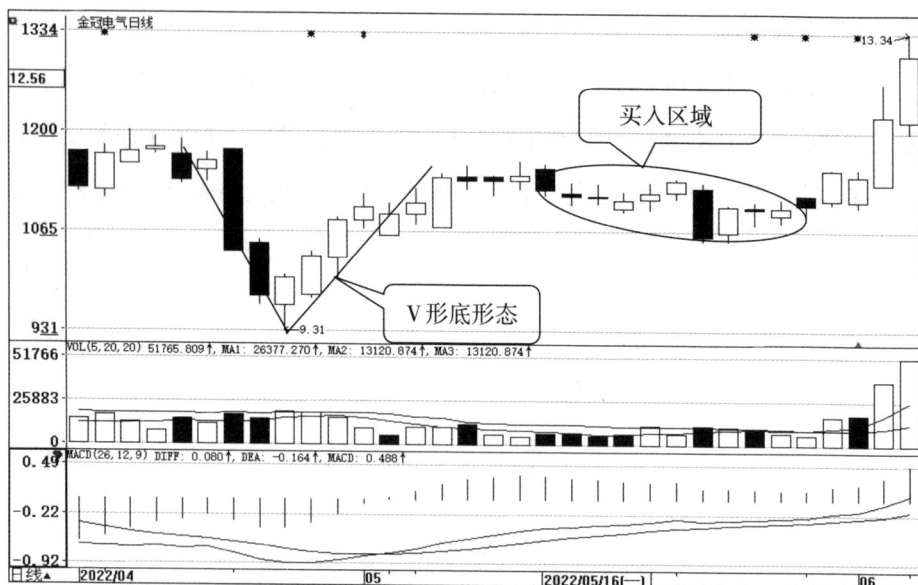

图6-33　金冠电气日K线

6.2.3　从成交量看顶部形态

1.M顶形态

M顶形态出现在一段上涨行情之后。股价连续两次上攻失败，形成两个顶峰。从M顶形态中第一次回调的低点画一条水平线，即可得到颈线，如图6-34所示。

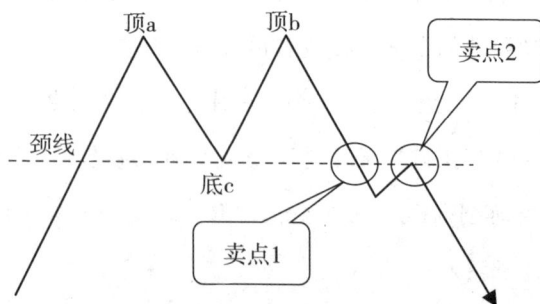

图6-34　M顶形态

在 M 顶形态形成的过程中，股价先是连续放量上涨，为多数投资者带来不错的收益。当股价上涨到一定幅度时，会有已经获利的投资者将手中的股票卖出，股价下跌，形成顶 a。

经过短暂的下跌后，在颈线位置会有短线投资者抄底买入，造成股价反弹，形成底 c。

但这些短线投资者不会持续拉升股价，当股价到达前期高点时，他们就会将股票抛出。股价受到压力会再次下跌，形成顶 b。

在股价下跌过程中，一旦跌破颈线，说明上涨行情已经被完全破坏。此时虽然可能会有个别投资者入场抄底，拉动股价小幅回抽，但这种回抽难以突破颈线，此后股票将进入持续的下跌行情。因此，M 顶形态实际上有两个卖点：一是股价跌破颈线时，二是股价跌破颈线后的反弹确认时。

如图 6-35 所示，2021 年 3 月至 4 月，杭华股份（688571）的股价走势形成一个 M 顶形态。4 月 27 日，股价一路下滑，并一举放量跌破颈线，M 顶形态得到确认，股价将要进入下跌趋势，卖点出现。

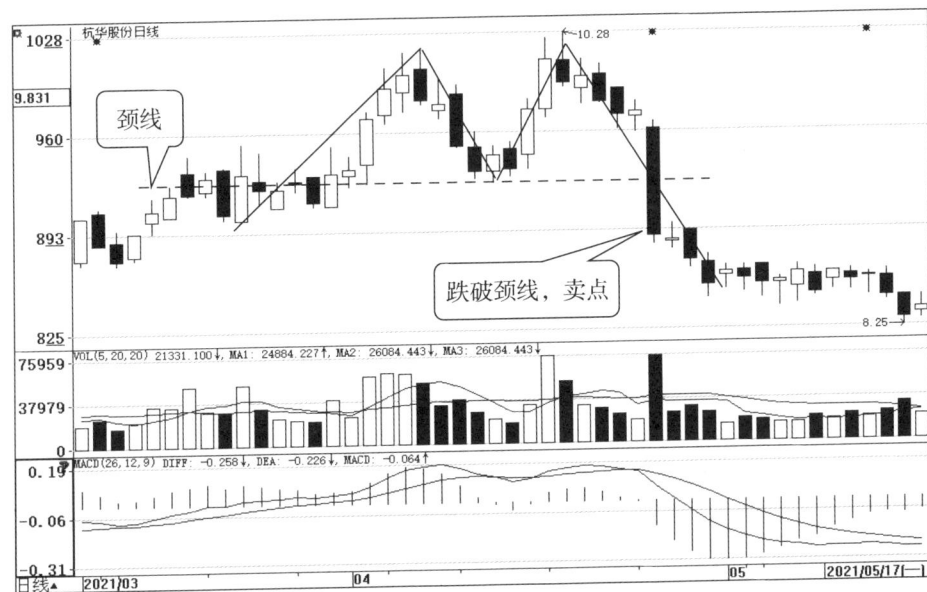

图 6-35　杭华股份日 K 线

 精讲提高

在把握M顶形态时，投资者要注意以下两个方面。

（1）M顶形态中，第二个顶形成时，其成交量往往小于第一个顶的成交量。同时，MACD指标往往出现DIFF线与股价的顶背离。

（2）股价跌破颈线之后，并不是一定会出现反弹确认。因此，卖点2并不一定会出现。

2.三重顶形态

三重顶形态出现在股价上涨一段时间后，股价连续三次上攻失败，形成三个顶峰。这三个顶峰的高点基本相同。而前两次上涨失败后，股价回调的低点也基本相同，将这两个低点连接起来的水平线就是颈线，如图6-36所示。

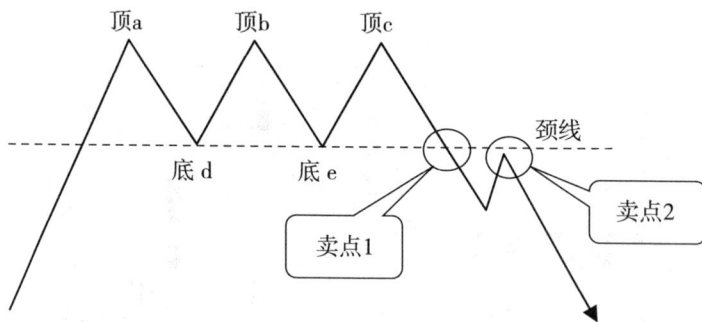

图6-36　三重顶形态

三重顶形态的含义与M顶的类似，表示股价经过一段时间上涨后多方获利回吐。在大量卖盘的压力下，股价下跌。虽然在底d和底e位置，不断有短线资金进入抄底，但顶b和顶c位置的连续两次上攻失败充分证明短线资金无法推动股价持续上涨。在这个过程中，三个顶的成交量呈现出逐步缩减的态势。

在顶c完成后的下跌中，股价跌破颈线，此时多方力量完全崩溃。虽然可能有抄底资金进入拉动股价短暂反弹，但这无法改变整体趋势。之后股价将进入持续下跌行情。因此，三重顶形态也有两个卖点：一是股价向下跌破颈线时，二是股价反弹确认时。

如图6-37所示，2022年7月至10月，原来运行在上涨趋势中的冰山冷热（000530）日K线走势图中出现三重顶走势，将其在高位回调产生的两个低点相连得到三重顶形态的颈线。9月30日，该股股价跳空低开，盘中一举跌破该形态的颈线，三重顶形态得到确认，卖点出现。随后该股股价进入下跌走势。

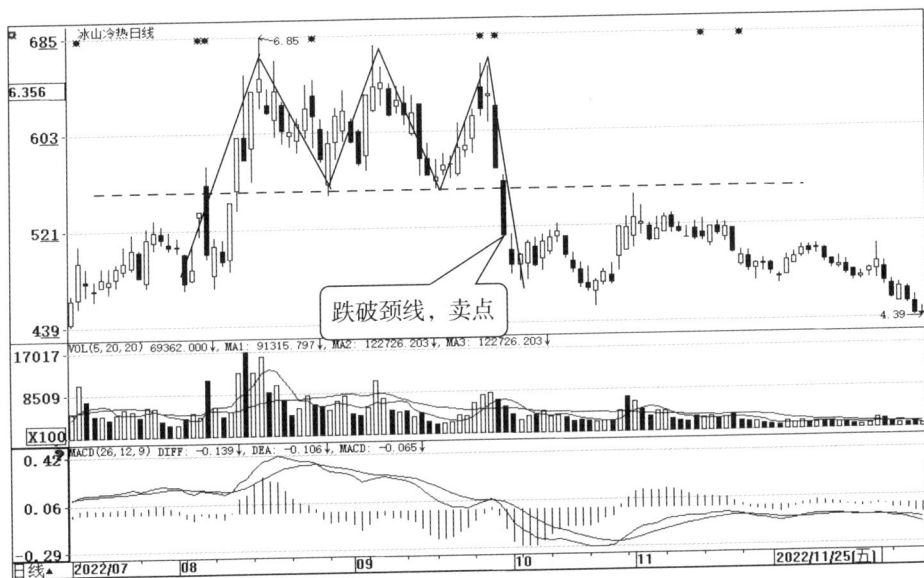

图6-37　冰山冷热日K线

精讲提高

在把握这个卖点时，投资者要注意以下两个方面。

（1）在三重顶形态形成的过程中，第三个顶和前两个顶相比，成交量会明显缩减，同时MACD指标往往出现顶背离。

（2）卖点2并不一定会出现。当下跌动能极为强劲时，股价将直接跌破均线而无反弹回抽。

3.头肩顶形态

头肩顶形态出现在上涨行情尾端，由连续三个峰顶组成。两边峰顶的高点位置基本持平，中间的峰顶略高。这三个峰顶从左到右依次叫作左肩、头部、右肩。左肩和头部两次回调后所形成的低点位置基本持平，这两个低点的连线为颈线，如图6-38所示。

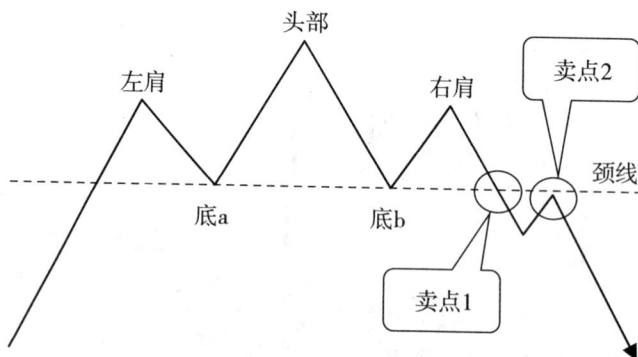

图6-38　头肩顶形态

在头肩顶形成过程中，左肩的成交量最大，头部的成交量略小，右肩的成交量最小，成交量呈递减现象。这说明股价上升时追涨力量越来越弱，股价的上涨已经到达尽头。因此，头肩顶是一种见顶信号。该形态一旦形成，股价下跌几乎成定局。

右肩形成后，股价向下跌破颈线，表明下跌趋势初步形成，为卖点1。有时候，股价跌破颈线后，会有一个反弹确认的过程，为卖点2。

如图6-39所示，2021年10月至2022年1月，渤海租赁（000415）股价在2.84元附近反复震荡，K线走势构筑了一个头肩顶形态。2022年1月25日，股价跌破颈线位置，头肩顶形态形成，第1个卖点出现。此后该股回抽反弹，

2022年2月初在颈线处遇阻回落。本次对颈线位置的回抽确认，表明头肩顶形态得到最终确认，第2个卖出点出现。

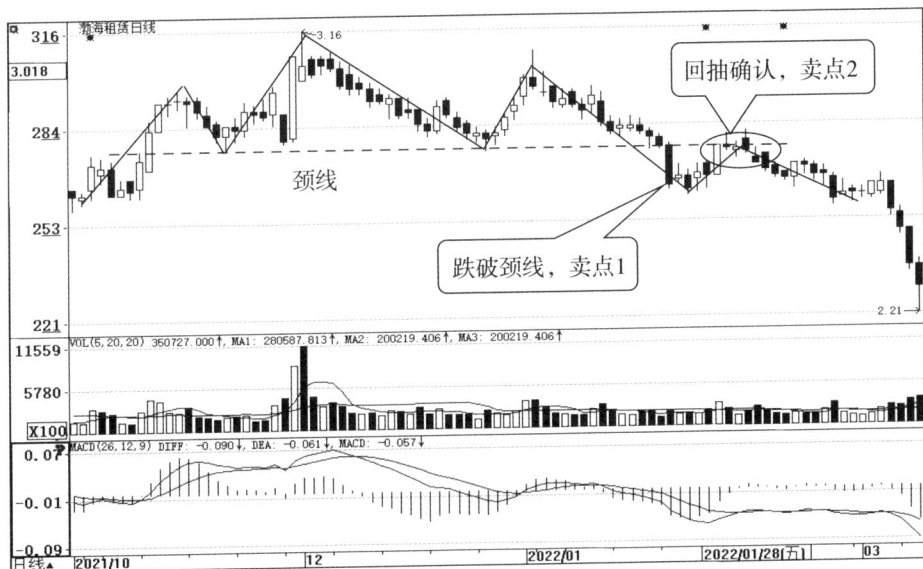

图6-39　渤海租赁日K线

精讲提高

在把握这个卖点时，投资者要注意以下两个方面。

（1）在头肩顶左肩和头部形成过程中，MACD指标往往形成DIFF线与股价的顶背离。

（2）实际上，在右肩形成的时候，投资者也可以先卖出股票，清仓观望。

4.倒V形顶形态

倒V形顶形态出现在股价上涨行情的尾端，先是股价快速上扬，但随后股价又开始快速下跌，头部为尖顶，就像倒置的英文字母V。倒V形顶形态走势十分尖锐，常在几个交易日内形成，而且在转势点往往有较大的成交量，如图6-40所示。

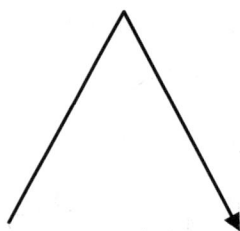

图 6-40　倒 V 形顶形态

因为在前期上涨过程中股价上涨速度很快，造成多数投资者都已经获利。此时股价突然转入下跌行情，会导致这些获利的投资者大量卖出股票。所以，倒 V 形顶形态出现后，股价往往会有较大的跌幅，投资者要注意及时出场。

如图 6-41 所示，2022 年 7 月下旬，运行在震荡走势中的佛山照明（000541）的股价开始快速上涨，在不到一个月的时间里最大涨幅超 50%。8月中旬之后，该股股价在顶部快速回落，初步形成了倒 V 形顶形态。8 月 31日，股价略有反弹后出现看跌吞没形态，表明短期内下跌动能占据优势，卖点出现。之后该股股价持续下跌，还没有清仓的投资者要注意尽快出场。

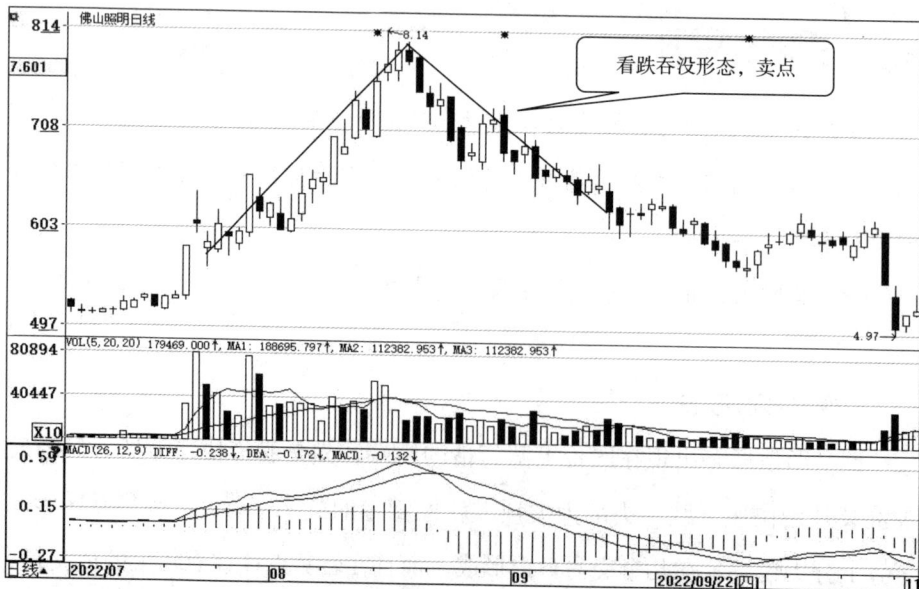

图 6-41　佛山照明日 K 线

精讲提高

在实战中，投资者要注意以下两个方面。

（1）倒 V 形顶形态一旦形成，投资者不要幻想"等反弹之后再出场"。

（2）倒 V 形顶形态形成的过程中，往往有均量线的死叉、MACD 指标高位死叉等信号，投资者可以参考。

5.圆弧顶形态

圆弧顶形态往往出现在上涨行情的尾端。在上涨一段时间后，股价开始在高位反复震荡。如果将多次震荡的高点用线连起来，就会形成一个向上凸起的圆弧形状，如图 6-42 所示。

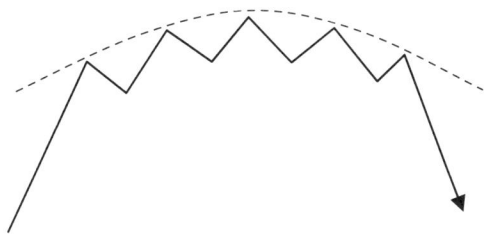

图 6-42　圆弧顶形态

圆弧顶形态表示股价经过一段时间上涨后，虽然上涨趋势仍然持续，但主导上涨的多方力量正逐渐衰竭。股价上涨速度越来越慢，最终处于停滞状态。后来在人们不知不觉中，空方力量逐渐增强。股价开始进入缓慢的下跌态势，而且下跌速度逐渐变快。当人们发现股价下跌势头形成时，头部就出现一个明显的圆弧状。在这个过程中，成交量会逐步缩减。

与三重顶、头肩顶等形态不同，圆弧顶形态并没有颈线，因此一旦投资者发现股价上涨一段时间后逐渐滞涨，之后又由涨转跌时，就应该卖出部分股票，轻仓观望。如果股价下跌趋势确定，并且下跌速度越来越快时，圆弧顶形态已经形成。此时，投资者应该尽快将手中的股票全部卖出。

如图6-43所示，2022年6月至8月，云内动力（000903）的股价经过一波上涨走势后，在高位形成圆弧顶形态，表明市场下跌动能逐步增强。2022年9月1日，该股股价开始加速下跌，卖点出现，投资者要注意及时卖出。

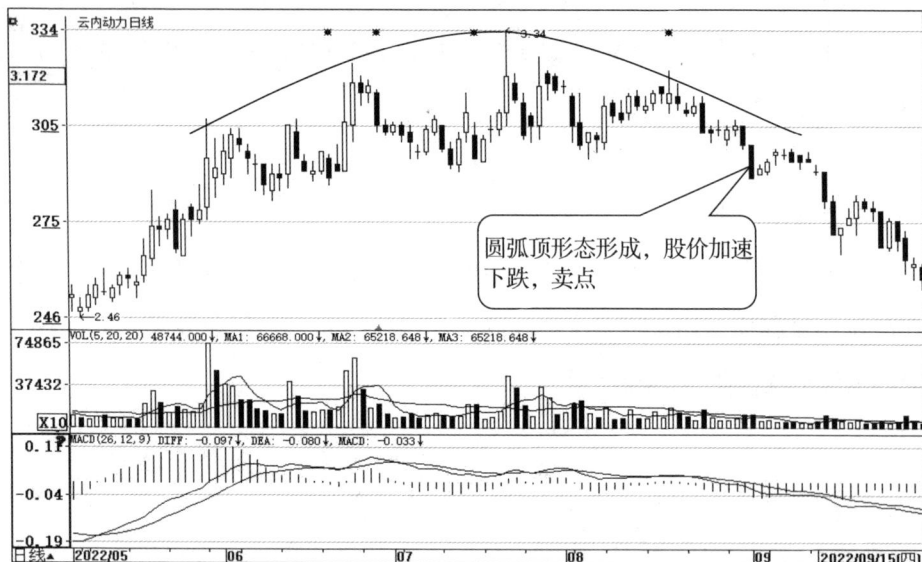

图6-43 云内动力日K线

6.2.4 从成交量看整理形态

1.上升三角形形态

上升三角形出现在一段上涨行情后，是股价反复缩量震荡形成的一个三角形区域，如图6-44所示。

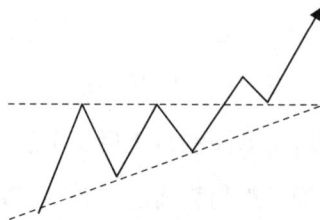

图6-44 上升三角形形态

在反复震荡过程中，伴随着成交量的整体逐步缩减，股价每次上涨的高点基本处于同一水平位置，而每次回落的低点逐渐上移。如果将上边的高点和下边的低点分别用直线连接起来，就构成一个上升三角形。

在上升三角形形态的末期，股价向上放量突破，将延续原来的上涨趋势。有时候，股价在放量突破后可能会有小幅回抽，但是在原来高点连线位置处就会止跌回升，这种回抽是对有效突破的确认。因此，上升三角形形态的买点也有两个：一是股价放量突破时，二是股价回抽确认时。

如图6-45所示，2021年10月至12月，华东医药（000963）日K线图上出现上升三角形形态。

在几个月中，华东医药股价连续三次在一个几乎相同的价位遇到阻力回调，但每次回调的低点越来越高，形成上升三角形形态。2021年12月24日，股价放量向上突破压力位，形成买入信号，此时投资者可以买入股票。

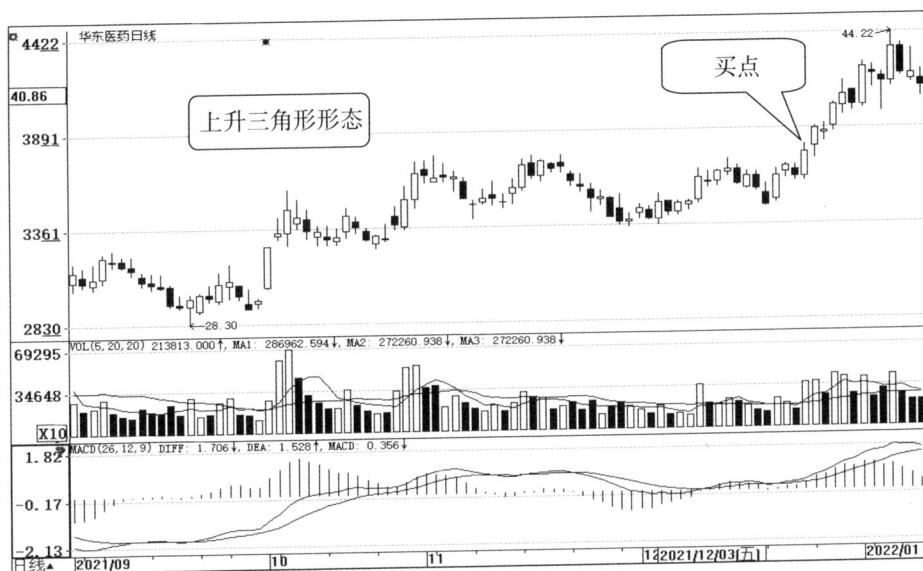

图6-45 华东医药日K线

精讲提高

在实战中，投资者要注意以下三个方面。

（1）上升三角形越早向上突破，后劲越足。那些走到三角形顶点位置还迟迟不能突破的形态，表示多方力量拉升的意愿不足。这样的形态即使最终向上突破，投资者也应该谨慎操作。

（2）如果股价最终没有突破上方压力位，而是跌破下方支撑位，该形态可能会演变成M顶形态或者三重顶形态。此时投资者应该尽快将手中的股票卖出。

（3）上升三角形形态完成突破后可能有小幅回抽也可能没有，因此投资者不能将回抽点作为唯一的买入点。

2.下降三角形形态

下降三角形形态出现在一段下跌行情之后，是股价反复缩量震荡形成的一个三角形区域，如图6-46所示。

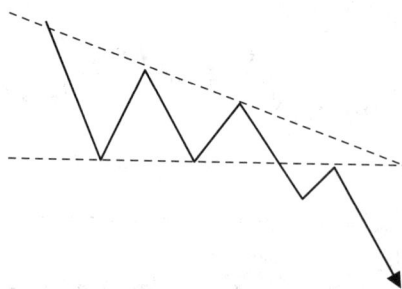

图6-46　下降三角形形态

在反复震荡过程中，伴随着成交量的缩减，股价多次下跌都在同一个水平位置获得支撑，而每次反弹的高点却不断变低。如果将每次波动的高点和低点分别用直线连接起来，就形成一个下降三角形。

在下降三角形形态的末期，股价将向下突破下降三角形形态，表明市场将延续原来的下跌趋势。之后，股价可能会有一个反弹确认的过程。因此，下降三角形形态的卖点也有两个：一是股价跌破三角形时，二是股价反弹确认时。

如图 6-47 所示，2022 年 3 月中旬至 4 月下旬，盈峰环境（000967）日 K 线图上出现下降三角形形态。

在反复震荡行情中，盈峰环境股价多次在同一价位获得支撑。但获得支撑后反弹的高点却越来越低。这表示多方力量不足，已经渐渐无力支撑股价。如果此时投资者手中持有股票，虽然不必急于卖出，但应该密切关注股价变化。4 月 21 日，该股股价放量跌破支撑位，下降三角形形态完成。此时投资者应该尽快将手中的股票卖出。

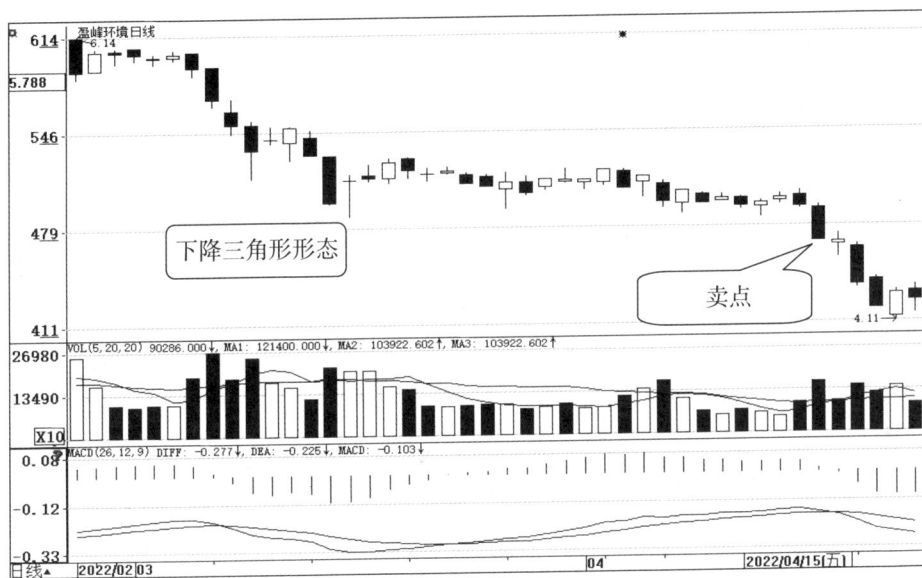

图 6-47　盈峰环境日 K 线

3.对称三角形形态

对称三角形形态又称等边三角形形态，既可出现在上涨行情中，也可出现在下跌行情中，如图 6-48 所示。

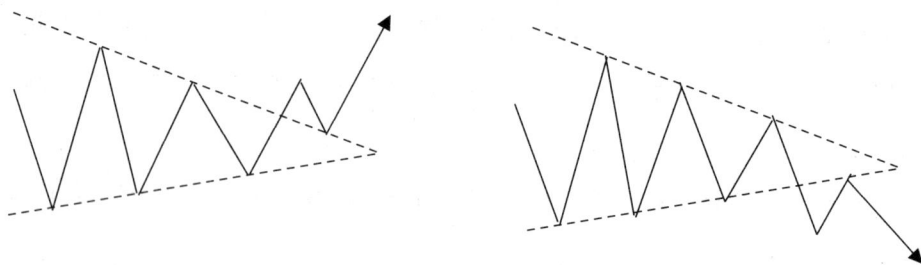

图6-48 对称三角形形态

在反复震荡过程中，股价走势变动的整体幅度逐渐缩小，上方压力线和下方支撑线逐渐收敛汇合，成交量不断缩减。在对称三角形形态末期，股价将向上或向下突破。通常股价向上突破伴随着成交量放量，向下突破则不需要大成交量配合，之后，股价可能会有一个确认的过程。因此，对称三角形形态的买卖点也有两个：一是股价向上或向下突破对称三角形时，二是股价回抽或反弹确认时。

如图6-49所示，2021年5月开始，首钢股份（000959）的股价经过一波上涨走势后冲高回落，进入回调震荡阶段。至7月，K线走势的高点和低

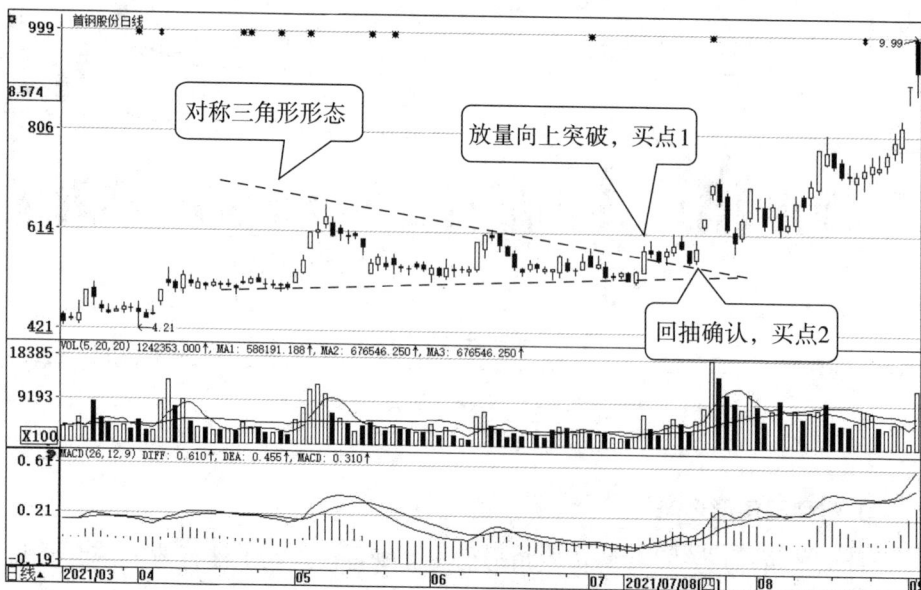

图6-49 首钢股份日K线

点不断收敛汇合，逐渐形成对称三角形形态。7月12日，该股股价配合成交量放量向上突破对称三角形上方压力线，表明股价选择继续向上，买点1出现。7月21日，该股股价回抽确认，K线形成旭日东升的看涨形态，买点2出现。

4. 上升楔形形态

上升楔形形态出现在一段大幅下跌后的震荡反弹过程中。股价在震荡中上涨，上方压力线和下方阻力线均为向上倾斜的直线，但压力线要比支撑线平缓，如图6-50所示。

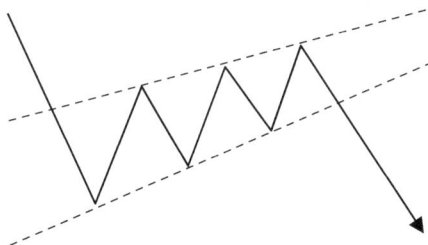

图6-50 上升楔形形态

上升楔形形态中，通道的上边比下边平缓，说明多方虽然能对股价形成比较有力的支撑，但并没有太多力量拉升股价。在这个过程中，成交量时大时小，但整体上仍呈逐步缩减的态势。经过一段时间震荡整理后，股价有较大可能跌破上升楔形形态，延续原来的下跌趋势。投资者要注意及时卖出。

如图6-51所示，2022年10月初，魅视科技（001229）的股价经过一波大幅下跌走势后出现回调震荡，且回调走势中产生的阶段性高点和低点都在不断升高，用直线将高点和低点分别连接后形成一个上升楔形形态。11月21日、22日，该股股价还未运行至楔形的上边线附近就遇阻回落，表明股价短期内将要出现下跌走势。11月24日，该股股价向下跌破楔形形态下边线，卖点出现，投资者要注意把握。

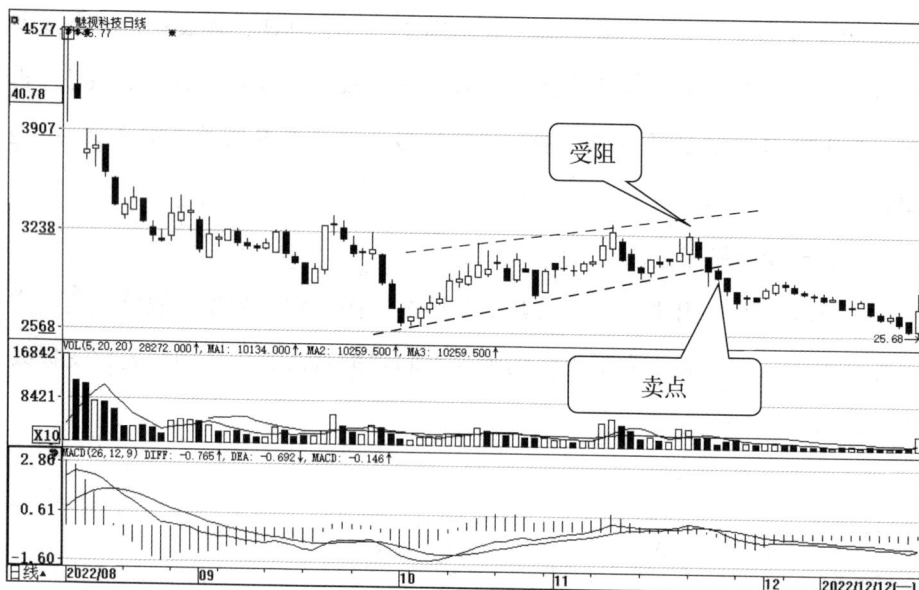

图 6-51　魅视科技日 K 线

5.下降楔形形态

下降楔形形态出现在股价大幅上涨后的震荡回调过程中。在反复震荡下跌过程中，股价上方压力线和下方阻力线均为向下倾斜的直线，但支撑线要比压力线平缓，如图 6-52 所示。

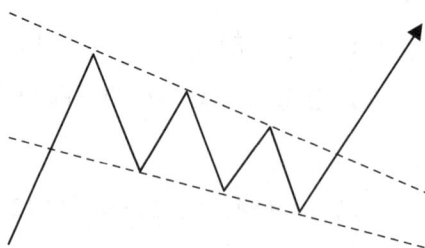

图 6-52　下降楔形形态

下降楔形形态中，上方压力线比较陡峭，说明市场的多方力量不强。但下方的支撑线比较平缓，说明支撑力度在逐步加强。这个形态表明，造成股价下跌的抛盘力量只是来自上升行情中的获利回吐，并没有新的空方力量进场。经过震荡整理后，股价继续上涨的可能性较大。投资者可以在股价放量突破下降楔形形态时积极买入。

如图 6-53 所示，在经过一波上涨走势之后，2022 年 6 月至 7 月，上海机电（600835）的股价以下降楔形形态不断震荡。2022 年 7 月 27 日，该股股价配合成交量放量向上突破下降楔形形态上边线，买点出现。

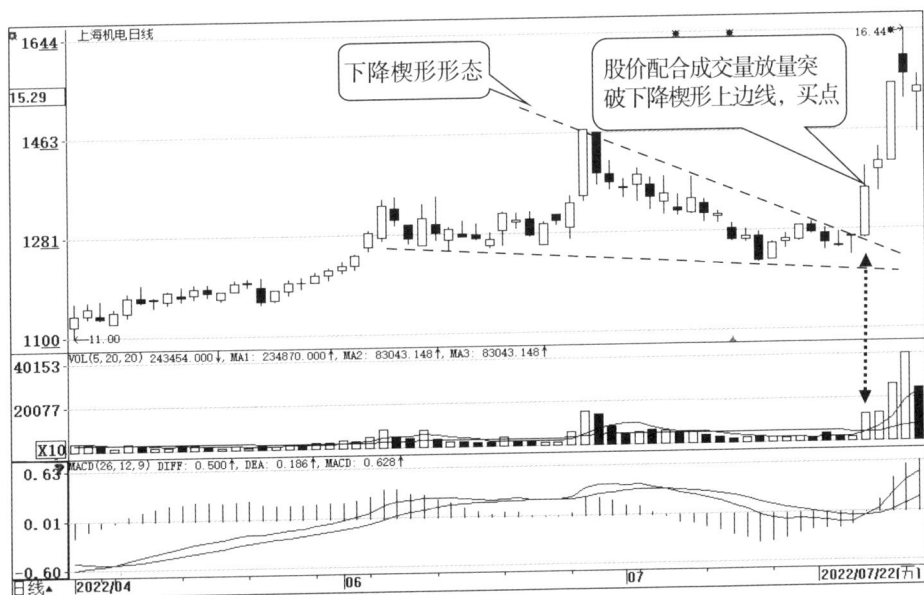

图 6-53　上海机电日 K 线

6.上升旗形形态

上升旗形形态出现在股价经过一段时间上涨遇到阻力回调的时候。在回调过程中，伴随着成交量的缩减，股价不断波动。如果投资者将每次波动的高点和低点分别用直线连接起来，可以发现这两根直线基本平行，如图 6-54 所示。

上升旗形形态是主力在洗盘时常见的形态。在股价上涨一段时间后，会积累大量获利筹码。为了继续拉升股价时不遇到太大阻力，主力会制造这样一个类似下降通道的旗形，使投资者看空后市。当投资者纷纷看空、卖出股票后，主力则会将股价继续向上拉升。由于上方压力已经被充分消化，当主

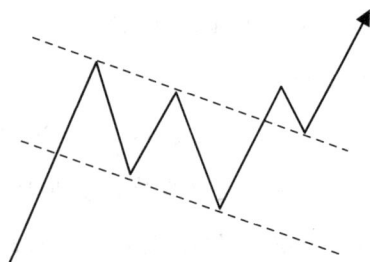

图6-54　上升旗形形态

力再次拉升时，股价的涨幅可能会很大。

　　投资者可以在上升旗形形态的末期，即放量突破压力线时买入。有时候，股价在突破之后会有一个回抽确认的过程，投资者也可以在此时买入。

　　如图6-55所示，从2022年11月下旬开始，电科数字（600850）进入调整震荡走势。在调整震荡过程中，K线走势呈现上升旗形形态。

　　2023年1月18日，股价配合成交量放量向上突破上升旗形形态的上边线，预示着调整结束，买点出现，这时投资者可以注意把握买入时机。

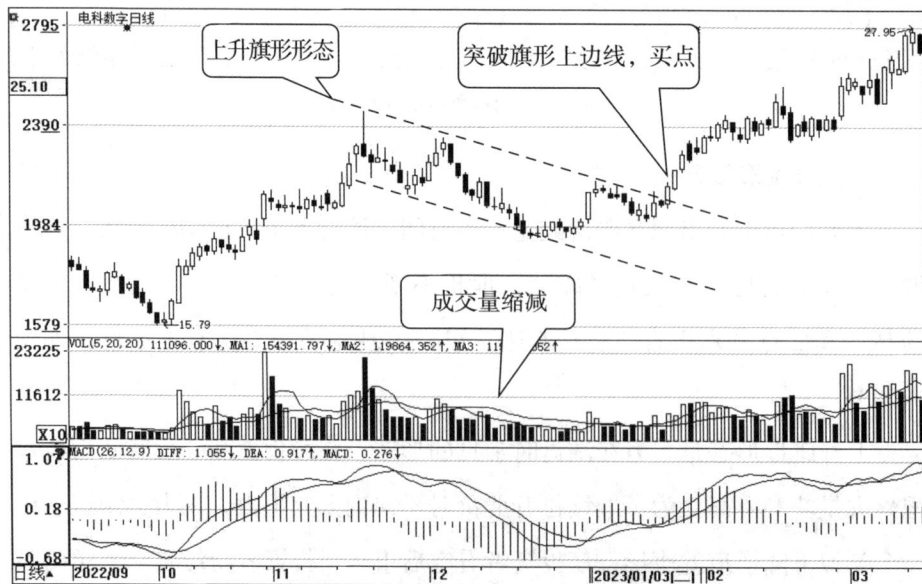

图6-55　电科数字日K线

7. 下降旗形形态

下降旗形形态出现在股价经过一段时间下跌，获得支撑反弹的时候。在反弹过程中，伴随成交量的逐步放大，股价反复波动。最终每次波动高点的连线平行于波动低点的连线，而且二者均向上倾斜，如图6-56所示。

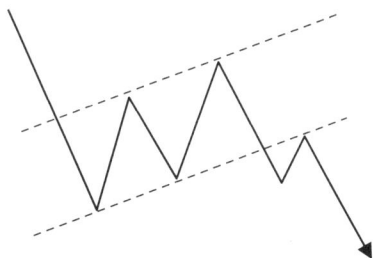

图6-56　下降旗形形态

下降旗形形态是主力在出货时常见的形态。当主力连续打压股价一段时间后，发现下方承接盘不多，于是为了后续可以顺利出货，就会制造这样一个类似上升通道的旗形形态。当投资者受到诱惑纷纷买入股票时，主力就可以达到顺利出货的目的。

下降旗形形态为卖出信号。当股价跌破支撑位后，表示主力派发完成，股价即将出现一波下跌走势，投资者要注意立即出场（卖点1）。有时候，股价跌破支撑位后会有一个反弹确认的过程，投资者也要注意把握（卖点2）。

如图6-57所示，2022年9月下旬至12月下旬，海欣股份（600851）日K线图上出现下降旗形形态。这属于主力制造多头陷阱，伺机出货的形态。看到这个形态后，投资者应该保持谨慎。

12月19日，该股股价跌破下降旗形形态的下边线，支撑位被破，此时投资者应该尽快将手中的股票全部卖出。

8. 矩形形态

矩形形态可能出现在各种行情中。在一段时间的横盘整理行情中，如果分别将股价最高点和最低点连接起来，即可画出两条水平的直线，如图6-58所示。

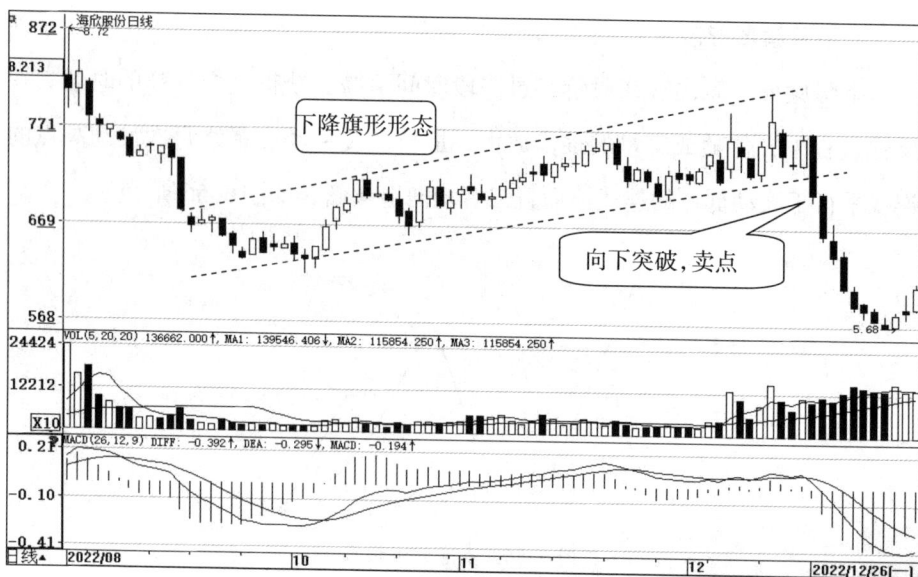

图6-57 海欣股份日K线

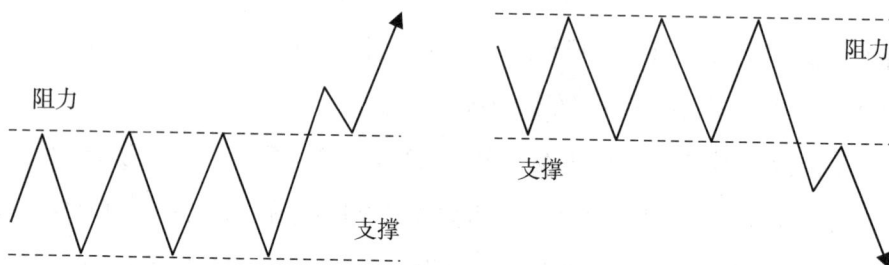

图6-58 矩形形态

矩形形态表示一段上有阻力、下有支撑的行情。当股价上升到上方阻力位时就往下回落，而回落到下方支撑位时就往上弹升，这预示着多空双方僵持。直到一方力量耗尽，股价就会选择向上或向下突破。在这个过程中，成交量呈现出不断缩减的态势。

当股价经过一段时间整理后向上突破阻力线，配合成交量放量时，表示多方力量胜出。这种形态为看涨信号。看到这种形态后，投资者可以买入股票。

如果股价跌破下方支撑线，表示空方力量胜出。这种形态为看跌信号。此时投资者应该尽快卖出股票。

在股价完成突破后，可能会有小幅回抽。如果在回抽过程中股价没有回到原来的运行区间，则形成第二个买点或者卖点。

如图 6-59 所示，2021 年 11 月中旬至 2022 年 1 月中旬，天源迪科（300047）以矩形形态不断地震荡。1 月 17 日，该股股价配合成交量放量突破矩形形态上边线，发出看涨信号，投资者要注意及时买入。

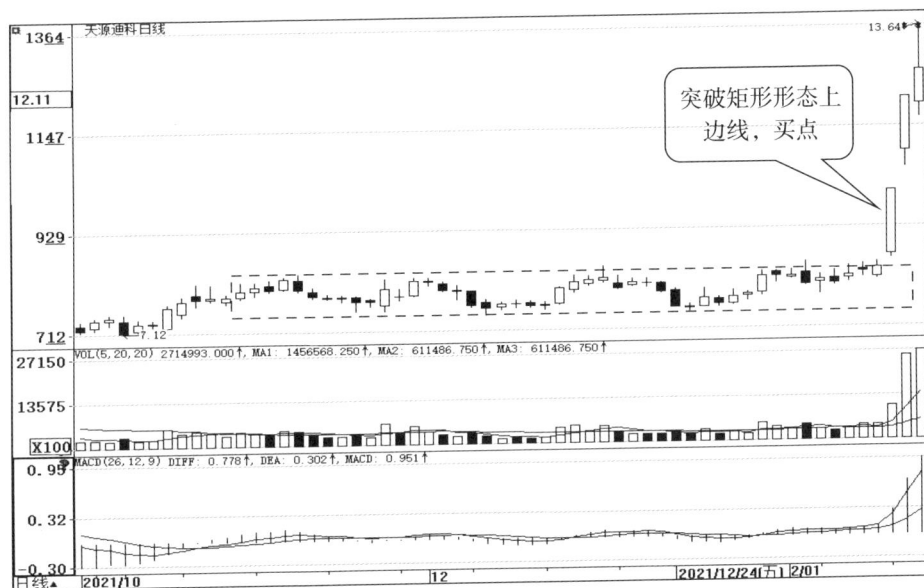

图 6-59　天源迪科日 K 线

如图 6-60 所示，2022 年 4 月底，锡业股份（000960）的股价自高位下跌后进入矩形形态区间，经过 2 个多月的震荡整理后，7 月 15 日，该股股价向下跌破矩形形态的下边线，预示着矩形形态结束，股价将要延续之前的下跌走势，卖点出现。此时投资者应该及时出局，避免出现更大的损失。

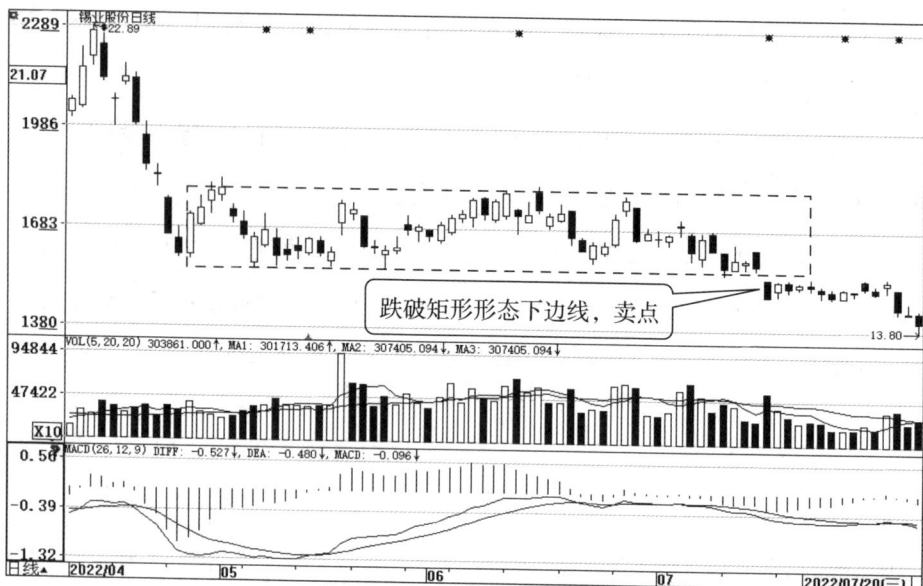

图6-60 锡业股份日K线

6.3 成交量与波浪理论

6.3.1 认识波浪理论

波浪理论是由美国证券分析家艾略特提出的一种技术分析理论。艾略特通过对市场的长期观察发现，价格运动存在着一些不断重复出现的模式。他将这些模式称为"波浪"，并由此创造出著名的股市分析理论——波浪理论。

在波浪理论中，一个完整的上升循环浪，可以分为上升驱动浪（主浪）和下跌调整浪两种结构。其中上升驱动浪可以分为5浪结构，包含3个上升浪和2个下跌浪。下跌调整浪可以分为A浪、B浪和C浪的3浪结构，其中，A浪和C浪是下跌浪，B浪是下跌中的反弹过程，是A浪的调整浪。波浪结构如

图6-61所示。

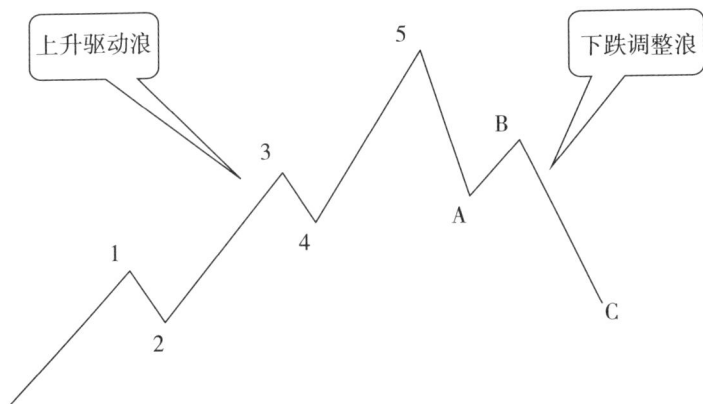

图6-61 波浪结构

上升浪和下跌浪共包含8浪结构,构成了股价波动的一个完整轮回。同样的结构也适用于下跌过程中,此时主浪的方向是向下的,而调整浪是向上的,与主浪方向相反。

波浪理论认为,任何股价的波动,不论其规模大小都可以划分为基本的8浪结构。同时,各个浪形在持续时间以及空间对比上,均符合斐波那契数列(1,1,2,3,5,8,13,21,34,55,…)和黄金分割率的自然规律。

波浪模式、空间比例和时间周期构成了波浪理论的三大组成部分。

图6-62是上证指数从325点到2245点的牛市月K线图。这段上涨趋势可以清晰地被划分为5浪结构。在这段5浪空间结构中,有很多地方符合波浪理论中黄金分割率的比例关系。

例如,从起点325点开始计算,1浪的高度为1052-325=727点。那么从起点325点开始,加上1浪高度的1.618倍,即727×1.618+325≈1501点,与3浪实际高点1510点非常接近。同样从起点325点开始,加上1浪高度的2.618倍,即727×2.618+325≈2228点,与5浪实际高点2245点同样非常接近。

此K线图中同样可以找到波浪理论中的时间周期规律。例如，3浪结束于1997年5月，距离牛市325点的启动时间1994年7月正好是34个月，而整个4浪的运行时间正好是21个月。

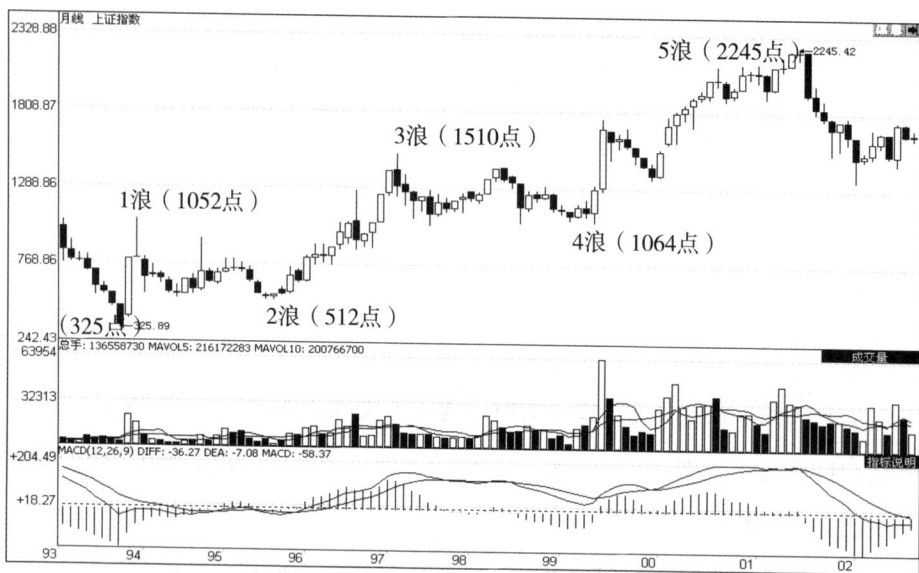

图6-62 上证指数月K线（325点~2245点）

如图6-63所示，2021年10月至11月，蓝色光标（300058）在经过一波上涨走势之后开始不断地回调震荡。此时，基于波浪理论基本可以判断出前期的第一波涨势和调整是波浪理论的1浪和2浪。接下来投资者可以利用波浪理论来预测3浪的涨幅。

1浪的涨幅为3.29元（从4.83元至8.12元），根据波浪理论，3浪的涨幅至少为3.29×1.618≈5.32元。从2浪低点6.54元算起，估计3浪的点位为6.54+5.32=11.86元。

3浪在2021年12月6日开始发动，到2022年1月4日达到最高点12.88元，与波浪理论的预测相差极小。由此可见波浪理论预测的精准程度。

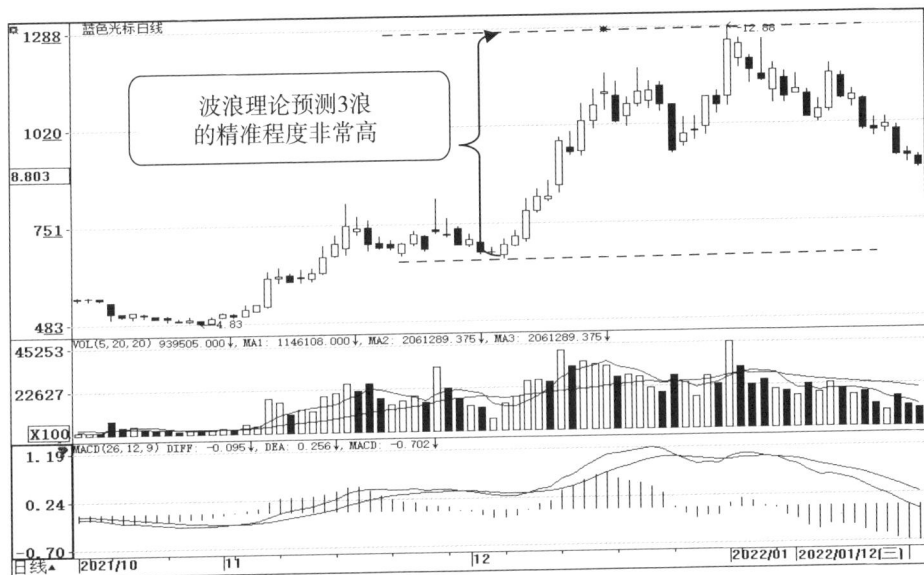

波浪理论预测3浪
的精准程度非常高

图 6-63　蓝色光标日 K 线

6.3.2　从成交量看上升 1 浪和 3 浪

1.上升 1 浪

在一波下跌趋势的末期，股价经过前期大幅下跌，逐渐开始企稳，同时伴随着极低的成交量。之后，股价开始缓缓向上，出现一波上涨走势，同时伴随着成交量的放大，表明市场上涨动能正在增强，形成上升 1 浪。

在上升 1 浪启动之初，MACD 指标往往率先形成 DIFF 线与股价的底背离。此时市场整体虽然仍处于下跌趋势，但上涨动能正在积聚，上升 1 浪即将启动，投资者可以积极买入。之后，随着上升 1 浪的启动，股价将出现一波放量上涨走势，MACD 指标中 DIFF 线至少将回到零轴。

如图 6-64 所示，2022 年 10 月，分众传媒（002027）的股价处于下跌趋势中，成交量明显萎缩。

从 11 月 1 日开始，该股股价缓缓上涨，11 月 11 日股价向上配合成交量放量突破60日均线，基本可以判断这波涨势即为上升浪的1浪。

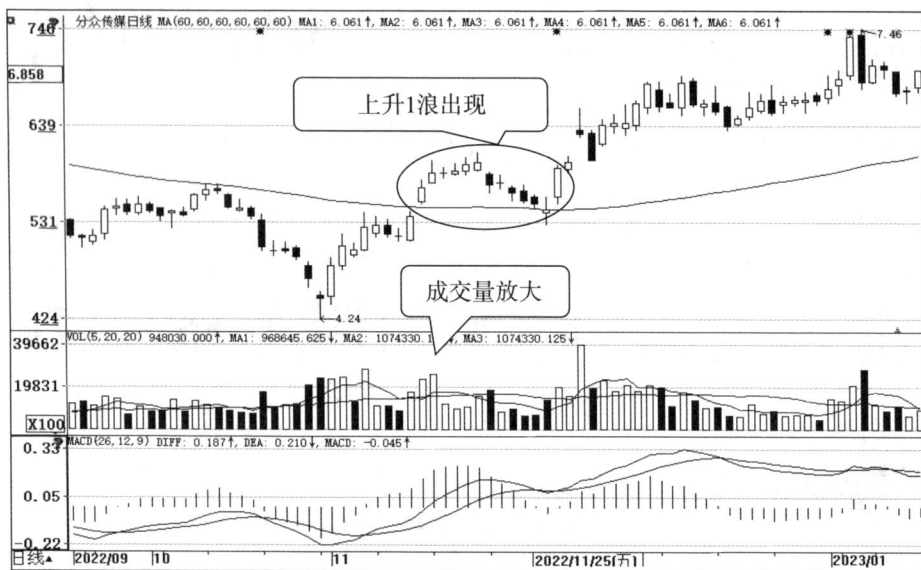

图6-64　分众传媒日K线

2.上升3浪

在股价经过2浪的缩量调整之后，将迎来上升3浪的大幅上涨走势。上升3浪一般具有以下四个特点。

特点一：成交量持续放出巨量。与上升1浪的放量相比，上升3浪的放量更大，甚至出现天量的情形。

特点二：股价大幅上涨。一般来说，上升3浪的涨幅至少要达到上升1浪涨幅的1.618倍，并且股价的上涨是在较短的时间内完成的。因此，上升3浪的走势往往很陡峭，甚至是以接近于垂直的走势出现。

特点三：上升3浪即将结束的标志是成交量逐渐缩减，股价滞涨。之后伴随着调整4浪的出现，股价将出现一波缩量回调的走势。

特点四：上升3浪启动之初，MACD指标往往出现零轴金叉的买点，同时伴随着成交量的巨幅放量；上升3浪结束之后，MACD指标的DIFF线将回到零轴，上升3浪正式结束。

由于3浪涨幅巨大，投资者要注意把握买卖点。当股价经过调整2浪的缩量回调并得到支撑，一旦出现"MACD指标与股价底背离＋零轴金叉＋放量"的买入信号，就要立马买入。

如图6-65所示，2022年7月下旬，大港股份（002077）的股价冲高回落后在60日均线附近受到支撑，MACD指标中，DIFF线在零轴上方冲高回落，并在零轴附近得到支撑。这表明上涨动能已经积聚，股价很有可能出现3浪涨势。

7月22日，大港股份（002077）的股价受到60日均线支撑再次向上，MACD指标出现零轴附近金叉，同时成交量放大，表明3浪彻底形成。买点出现，投资者要注意积极买入。

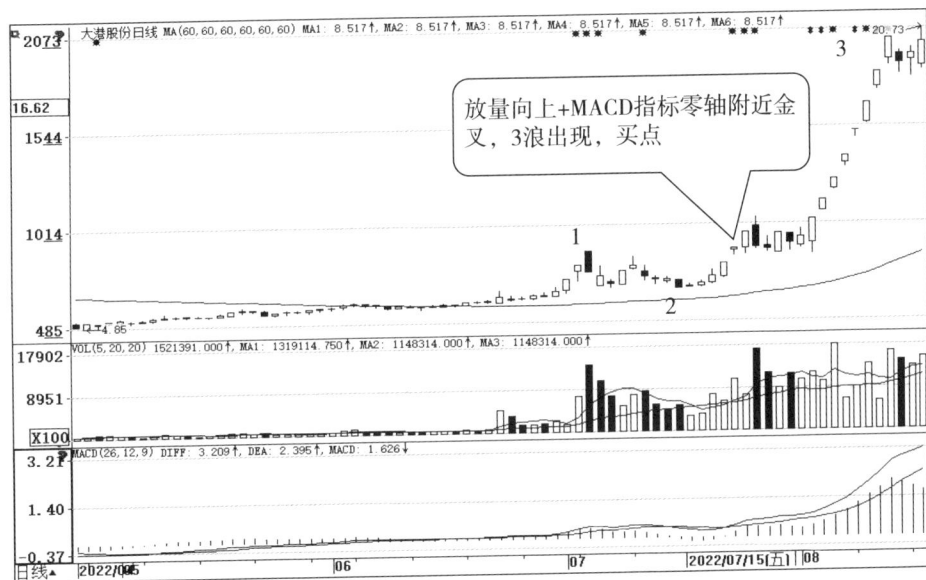

图6-65　大港股份日K线

精讲提高

在实战中，投资者要注意以下两个方面。

（1）对上升3浪的把握，BOLL指标也有重要的应用。当调整2浪持续较长时间时，上升3浪往往对应着BOLL指标的开口形喇叭口形态。

（2）上升3浪开始时，MACD指标有时会出现"MACD指标与股价底背离＋金叉"的形态，这是经典的买入信号。上升3浪结束之初，MACD指标往往出现"MACD指标与股价顶背离＋高位死叉"的卖出信号，投资者要注意把握。

6.3.3　从成交量看调整2浪和4浪

1. 调整2浪

调整2浪是趋势反转后的第一次回调，以测试上涨趋势是否彻底形成。当2浪没有破底且得到支撑线的支撑时，就表明市场上涨趋势彻底形成。一般来说，2浪具有以下两个特点。

特点一：成交量逐步缩减，有时候甚至低于前期下跌走势的成交量。

特点二：股价逐步回调，且回调幅度往往较大，之后会受到支撑位的支撑。在这个过程中，股价往往呈现出一些典型的整理形态，如三角形形态、旗形形态、楔形形态等。

在2浪的缩量回调走势中，趋势型投资者最好不要入场交易。一些专做短线的投资者可以通过高抛低吸的方式来降低成本。

如图6-66所示，2022年12月14日至2023年2月7日，太阳纸业（002078）的股价在经过了上升1浪的上涨之后，出现了明显的缩量回调走势。在这个过程中，该股股价并没有跌破前期低点，表明市场上涨趋势彻底形成。之后该股股价出现了上升3浪的大幅上涨行情。

2. 调整4浪

当股价经过了前期上升3浪的大幅上涨之后，将出现调整4浪的缩量回调行情，这也是最令投资者焦虑的一波走势。调整4浪一般具有以下三个特点。

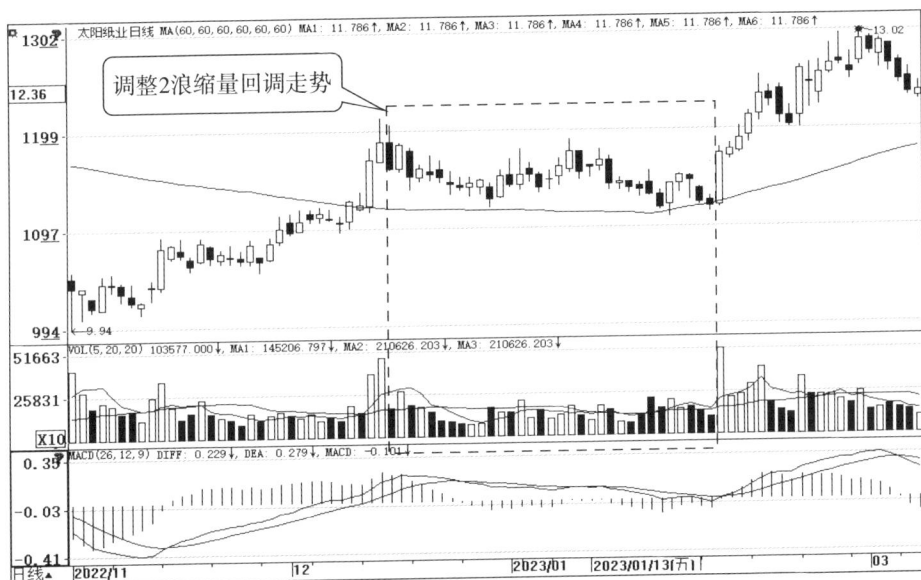

图 6-66　太阳纸业日 K 线

特点一：成交量逐步缩减。这是因为一部分长线投资者此时已经离场，而市场动能较弱也难以引起新的买卖兴趣。

特点二：市场激烈震荡。当调整 4 浪出现时，前期获利盘将蜂拥而出，而新的买盘也将逐渐涌现，多空双方会进行激烈的争持，然后再抉择出方向。有时候，4 浪将持续极长的时间，甚至等于 1、2、3、5 浪的时间之和。

特点三：股价的回调幅度原则。波浪理论有一个铁规则，那就是 4 浪的调整不可能低于 1 浪的顶点。

由于调整 4 浪的长期震荡调整，在这个过程中，投资者可以通过超买超卖指标进行高抛低吸操作，来不断地降低持股成本。

如图 6-67 所示，2022 年 12 月至 2023 年 1 月，天马股份（002122，已更名为汇洲智能）的股价在经过前期上升 3 浪的大幅上涨之后，出现了一波较大的缩量回调震荡走势，即调整 4 浪走势。在一个多月的时间里，该股股价持续震荡，投资者可以在这个过程中通过高抛低吸的方式来进行短线操作。

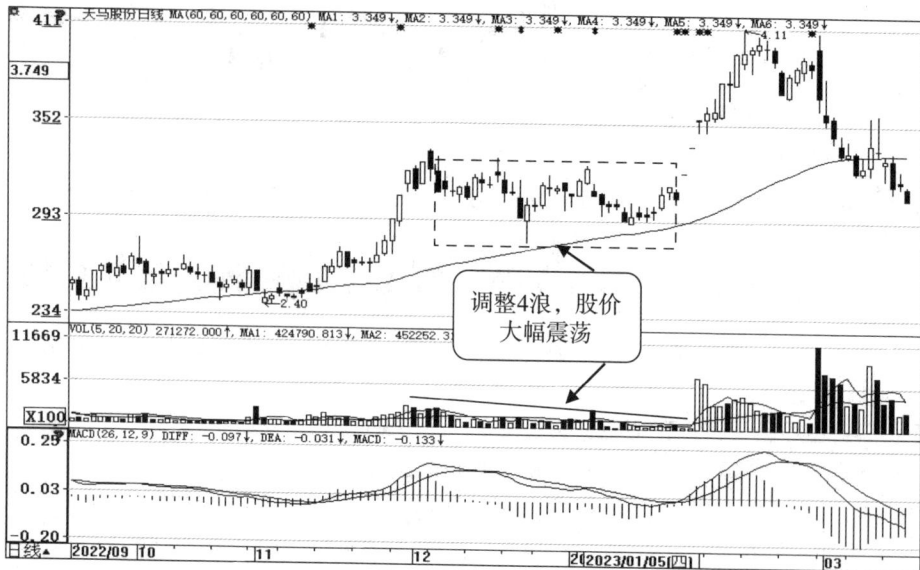

图6-67　天马股份日K线

精讲提高

在实战中，投资者要注意以下三个方面。

（1）调整2浪和4浪都是缩量回调走势，投资者要注意数浪过程中的交替原则。一般来说，如果2浪调整时间长，则4浪调整时间短，反之亦然；如果2浪调整的形态复杂，则4浪调整的形态简单，反之亦然；如果2浪调整的幅度较大，则4浪调整的幅度较小，反之亦然。

（2）2浪与4浪在价位上不会互相重叠，这是波浪理论的铁则。

（3）2浪和4浪在缩量调整的过程中，有时候会形成各种整理形态，投资者可以从整理形态中寻找最佳的买卖点。

6.3.4 从成交量看 5 浪

5 浪是上涨趋势中吸引最多散户入场的时期，此时媒体也开始高度关注市场的变化，但这也是上涨趋势中最后的一个上升浪。5 浪具有以下三个特点。

特点一：成交量与调整 4 浪相比大幅增加。如果 5 浪是延伸浪，成交量甚至要超过 3 浪的成交量。

特点二：股价创下新高。此时，市场情绪极为乐观，众多投资者一方面觉得市价位高势危，但另一方面见价格持续上升，也忍不住跟风入场，市场信心达到了高峰。

特点三：下跌动能不断积聚。在 5 浪出现的时候，下跌动能正在不断积聚。同时与 4 浪高点相比，5 浪的高点虽然能创出新高，但是其 MACD 指标的 DIFF 线或者 MACD 柱线往往不能创出新高，二者会形成顶背离形态。

把握 5 浪对投资者操作水平要求较高。在 5 浪启动之初，股价将向上配合成交量放量突破 4 浪震荡调整的重要阻力位，投资者要注意积极买入。在 5 浪即将结束时，股价滞涨的同时，MACD 指标往往出现 DIFF 线与股价顶背离的卖点，投资者要注意果断卖出。

如图 6-68 所示，从 2022 年 10 月 14 日开始，大港股份（002077）的股价在经历了 4 浪的下降楔形形态震荡之后，出现了 5 浪的上涨趋势。10 月 14 日，股价向上突破下降楔形上边线，但没有明显放量。之后股价在楔形上边线上站稳，10 月 20 日，成交量明显放量，发出买入信号，投资者可以积极买入。

12 月 23 日，该股股价在经历了 5 浪的放量上涨之后，在高位开始滞涨，同时 MACD 指标出现了"DIFF 线与股价顶背离 + 死叉"的卖出信号，表明 5 浪即将结束。卖点出现，投资者要注意及时卖出持股。

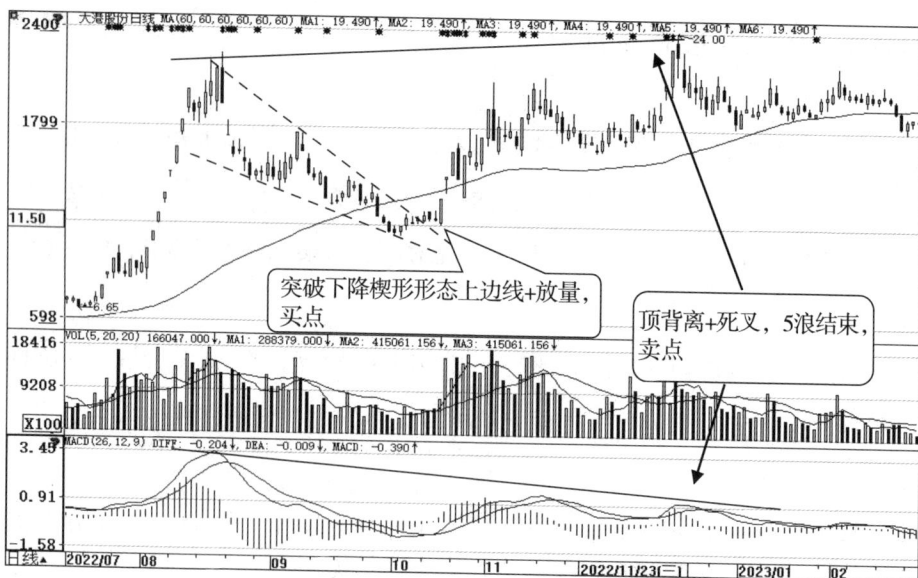

图6-68　大港股份日K线

精讲提高

在实战中，投资者要注意"失败5浪"的出现。所谓失败5浪，其意思是5浪未能突破3浪的高点而完结。一般而言，在一波完整的上涨趋势中，5浪将创出这波上涨趋势的最高点，但由于动能衰竭，5浪没有创出新高，表明趋势已告结束。失败5浪往往形成一波持续时间较长的震荡走势，以时间换空间的形式来积聚动能。

6.3.5　从成交量看熊市的 B 浪反弹

在B浪反弹时期，市场一般认为在前期A浪的"健康调整"之后，股价将再次创出新高。此时各种好坏消息不断涌现，令人无所适从。B浪一般具有以下四个特点。

特点一：成交量较A浪稍微增加。成交量在经过A浪的逐步缩减之后，在 B 浪的反弹中逐步增加，但一般不会超过前期 3 浪或 5 浪的大幅放量。

特点二：股价一般不创新高。在 B 浪中，市场上涨动能大大减弱，股价主要由短线投机者支撑着升势，难以再创新高。

特点三：市场情绪较为乐观。许多投资者的乐观程度甚至达到 5 浪时的水平。其原因在于，大部分投资者仍然认为上涨趋势将会持续，股价将再创新高。

特点四：B 浪结束时，往往形成头肩顶形态的右肩。

在 B 浪反弹中，投资者要注意在反弹过程中尽快出场。

如图 6-69 所示，从 2021 年 7 月上旬开始，大东方（600327）的股价在经过 A 浪的下跌之后出现了 B 浪的反弹。在 B 浪反弹过程中，成交量虽然有所增加，但远不及前期 5 浪或者 3 浪阶段的成交量高点，并且这段 B 浪反弹的走势与前期走势构成了头肩顶的看跌形态。在这个过程中，投资者要注意逢高出场。

2021 年 7 月 24 日，该股股价跌破头肩顶形态的颈线，表明反弹 B 浪彻底结束，C 浪已经开始启动，卖点出现，投资者要注意及时卖出。

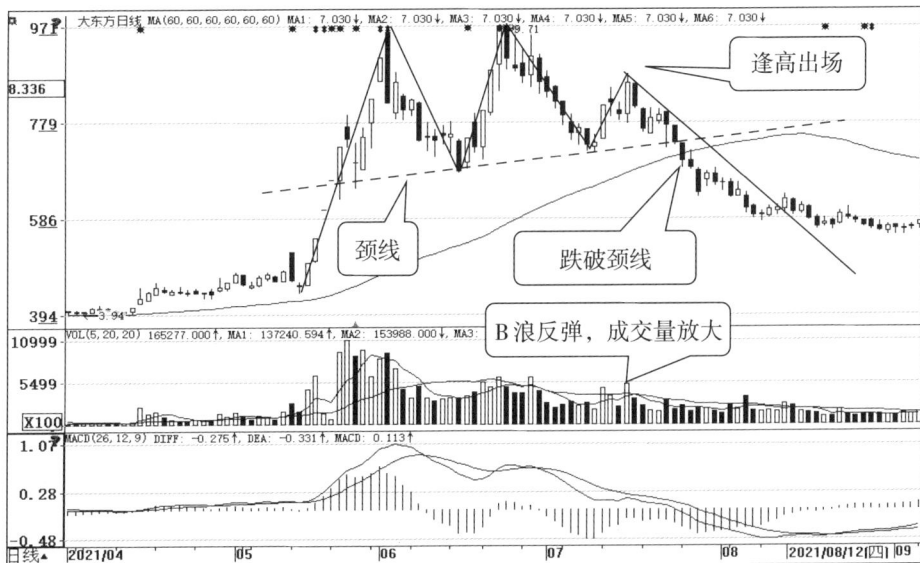

图 6-69　大东方日 K 线

第 7 章

特殊量价关系实例精讲

7.1　分时图中的量价实战

7.1.1　大盘分时图和个股分时图

分时走势图，也叫即时走势图，是把股票市场的交易信息实时地通过曲线显示在坐标图上的一种技术图形。坐标的横轴表示交易时间，纵轴的上半部分是股价或指数，下半部分显示实时的成交量。

分时走势图包括大盘分时图和个股分时图两种。

我们以上证指数为例来说明大盘分时图中的主要看点。

图 7-1 是上证指数在 2023 年 3 月 17 日的分时走势图。

图中，上证指数线是上证指数的实际走势，在行情软件中一般以白色表示。它的波动代表了指数的涨跌变化。我们经常提到的"沪市大盘点位"，就是这根白线所代表的点位。

分时均价线衡量该时间点市场成交额与成交量的比值大小，是观察大盘方向和动能的一个重要指标。

大盘分时图中间的粗横线代表上一交易日指数的收盘点位。指数线在横线上边表示本交易日指数上涨，在它下边表示指数下跌。

走势图下方的黄色柱状线表示每分钟的成交量，单位为手。柱状线变长时，表示成交量放大；柱状线变短时，表示成交量缩减。

走势图的右边是成交信息显示栏，包括实时的价格信息、成交信息、涨跌家数等信息。

大盘分时图上的信息很多，投资者在看盘时应该有重点地看。

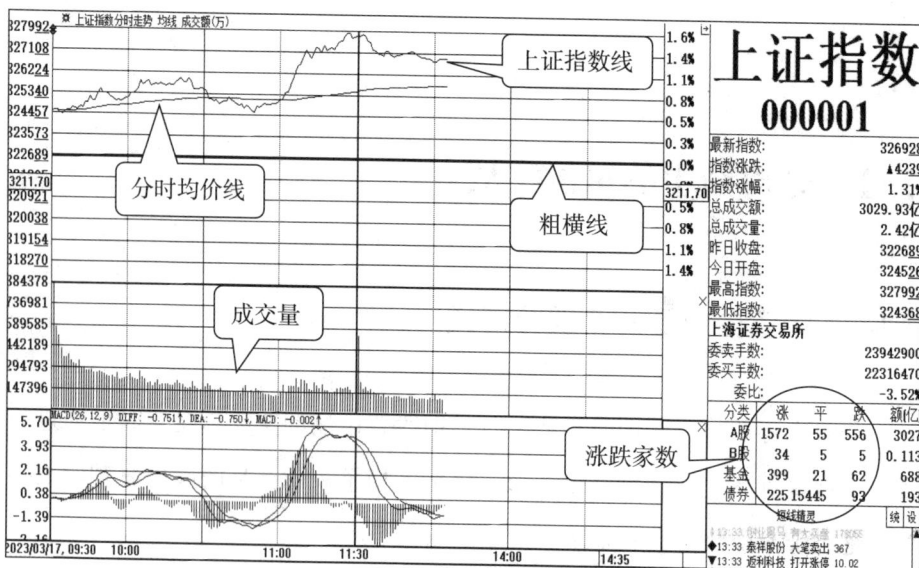

图 7-1 上证指数分时走势

图 7-2 为招商银行（600036）2023 年 3 月 17 日的分时走势图，与大盘分时走势图基本相同。其右侧为买卖挂单信息、实时交易信息和实时成交信息。左侧为股价走势曲线、个股均价线和每分钟成交量。

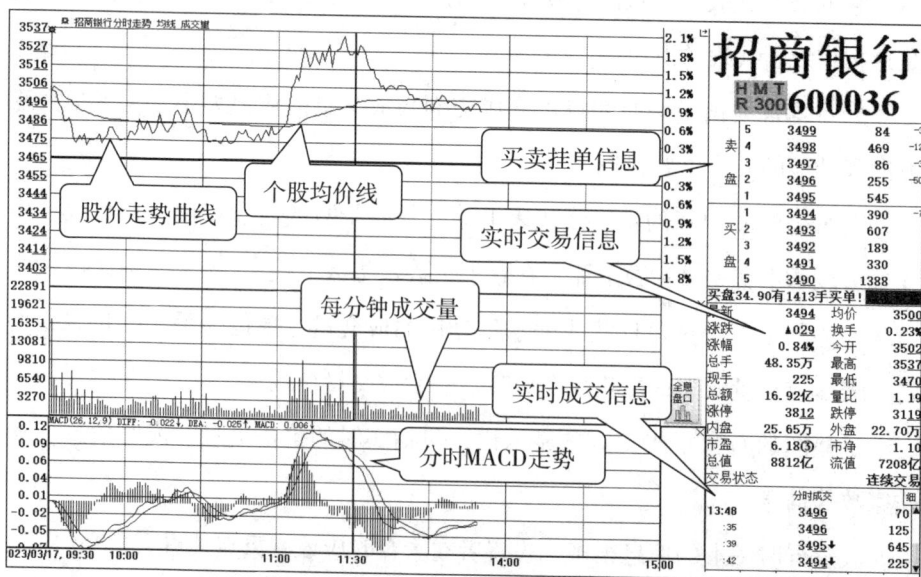

图 7-2 招商银行分时走势

7.1.2　股价在均价线处获得支撑：中科曙光

在个股分时图中，均价线体现的是从开盘到当前的市场平均交易成本，因此投资者可以通过股价走势线和均价线之间的位置关系来研判当前市场的强弱程度。

股价走势线在均价线上方运行，表明当天买入的投资者大部分都处于盈利状态，市场处于多头走势中。如果之后股价缩量回调，当回调到均价线处获得支撑后放量反弹，就表明市场仍将延续原来的上涨走势。这是看涨买入信号。一旦出现这样的信号，投资者可以及时短线买入。

如图 7-3 所示，2022 年 8 月 5 日，中科曙光（603019）的股价一开盘即在均价线上站稳，随后出现一波上涨走势。上午 10:00—10:20，该股股价缩量回调，回调到均价线处获得强力支撑，之后放量上涨。投资者可以在股价得到

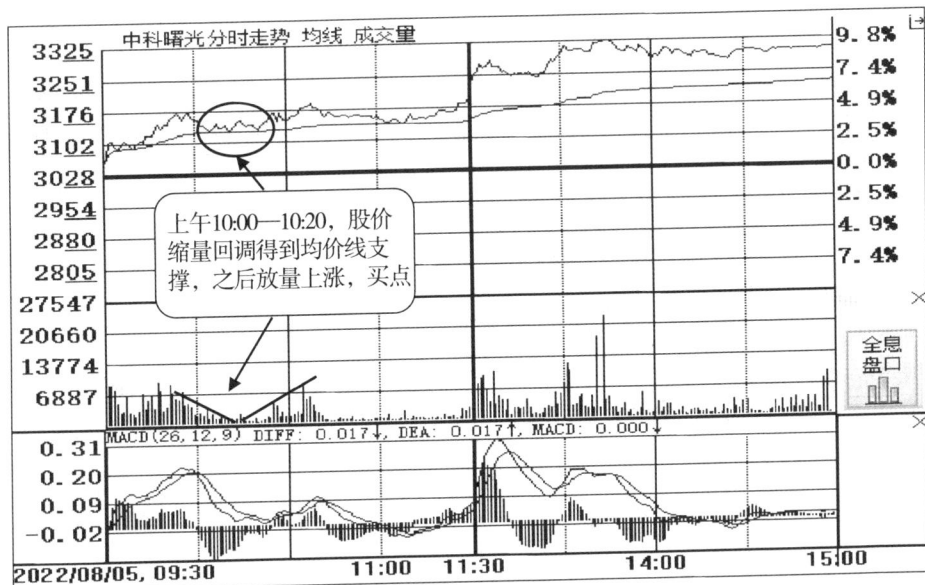

图 7-3　中科曙光分时走势

均价线支撑并放量上涨时积极买入。

7.1.3　股价在均价线上方缩量震荡：天目湖

有时候，股价曲线在均价线上方运行之后回调，但没有回调到均价线处，而是在均价线上方不远处缩量震荡。这是比股价回调到均价线处更强的买入信号，当股价向上配合成交量放量时即为买入时机。

如图7-4所示，2023年3月13日，天目湖（603136）的股价开盘后持续震荡。上午尾盘时股价再次突破均价线并站稳。下午开盘后，该股股价持续在均价线上方缩量震荡。13:44，该股股价向上突破配合成交量放量，买点出现，这是良好的买入时机。

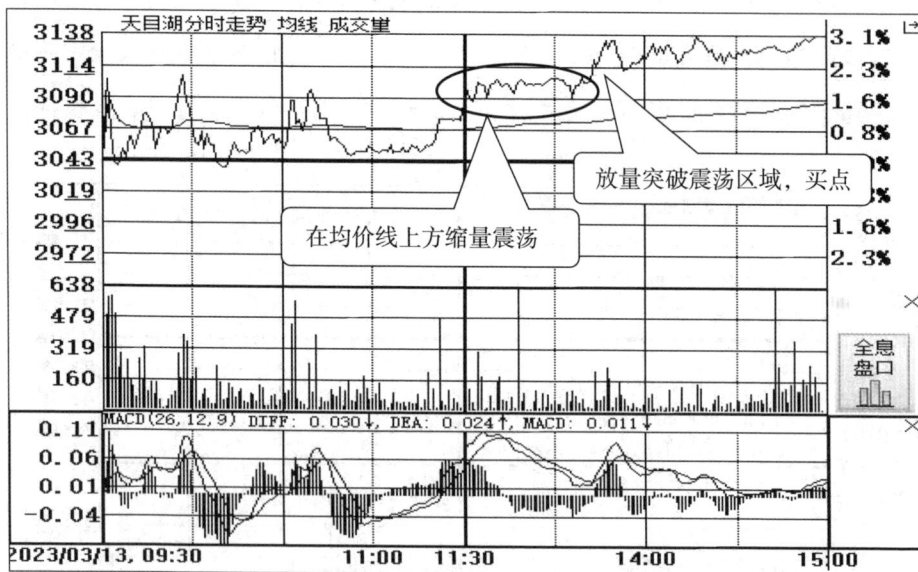

图7-4　天目湖分时走势

7.2　根据量价关系选股

7.2.1　黑马股的初次放量：西安饮食

黑马股是指价格可能脱离过去的价位而在短期内大幅上涨的股票。一般来说，黑马股最重要的特征就是不被大众看好，其具体的特征如下。

特征一：基本面有重大利空消息。利空消息主要包括上市公司的经营恶化，有重大诉讼事项，被监管部门谴责和调查，以及在弱市中大比率扩容等很多方面。虽然利空的形式多种多样，但是，有一点是共同的：利空消息容易导致投资者对公司的前景产生悲观情绪，有的甚至引发投资者的绝望心理使其不计成本地抛售股票。

特征二：技术面走势非常难看。因为走势非常难看，通常是长长的连续性阴线击穿各种技术支撑位，走势形态上也会显示出严重的破位状况，各种常用技术指标也表露出弱势格局，使投资者感到后市的下跌空间巨大，心理趋于恐慌，从而动摇投资者的持股信心。

特征三：在筑底阶段会有不自然的放量现象。量能有效放大显示出有增量资金在积极介入。因为散户资金不会在基本面利空和技术面走坏的双重打击下蜂拥建仓，所以，这时的放量说明了有部分恐慌盘在不计成本地出逃，而放量时股价保持不跌常常说明有主流资金正在乘机建仓。因此，这一特征反映出该股未来很有可能成为黑马。投资者对这一特征应该重点加以关注。

因此，投资者在股价处于筑底阶段的时候，一旦发现有不自然的放量现象，就要高度关注。当股价放量冲破前期重要阻力位，上涨趋势彻底形成后，要积极买入。

如图 7-5 所示，在新冠肺炎疫情日趋严重的背景下，市场对旅游、餐饮行业的观望情绪较浓，西安饮食（000721）作为西安旅游、餐饮行业的上市企业，2022年8月至9月该股股价欲振乏力。2022年10月初，该股股价再创新低，并伴随着较低的成交量。

2022年10月18日，该股股价在低位出现放量上涨走势，形成黑马的第一次放量，买点出现，投资者可以积极买入。之后，伴随着新冠肺炎疫情的结束，该股股价大幅上涨。

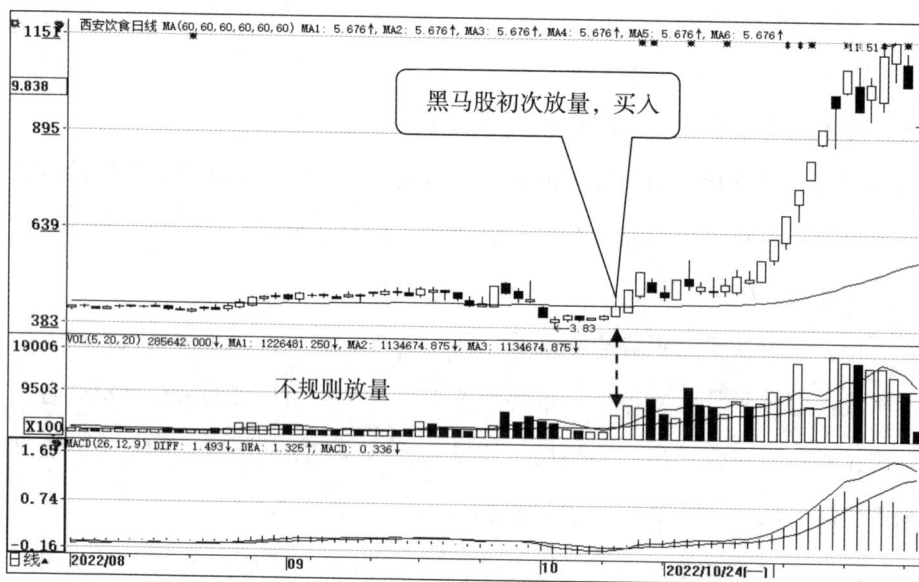

图 7-5　西安饮食日 K 线

7.2.2　暴涨股的持续放量：黑芝麻

当股价经过一段时间的持续放量暴涨后，一般会有一个缩量企稳的过程。之后，如果成交量持续放大，就表明该股上涨动能极为强劲，股价延续原来上涨趋势的概率较大。投资者可以伺机买入，以获取波段收益。

如图 7-6 所示，2022 年 8 月下旬至 9 月初，黑芝麻（000716）的股价出现了一个持续的放量暴涨过程。之后该股股价在经历了近三个月缩量企稳的过程后，于 2022 年 12 月中旬股价和成交量再次形成价升量增的态势。这表明该股上涨动能极为强劲，股价延续原来上涨趋势的概率极大，投资者可以及时买入。

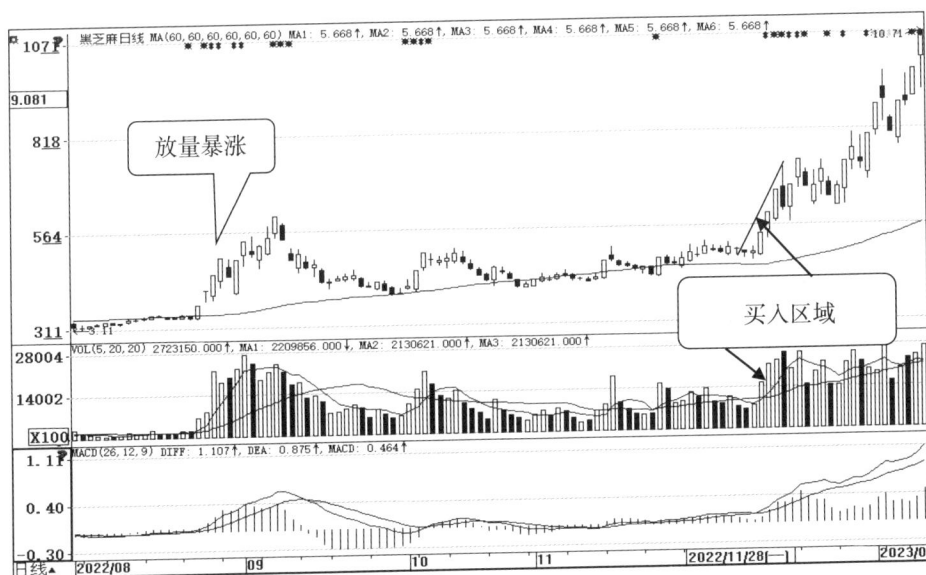

图 7-6　黑芝麻日 K 线

精讲提高

在实战中，投资者要注意以下三个方面。

（1）股价先期的放量暴涨过程，往往是上涨趋势的彻底形成过程。在这个过程中，股价一般要配合成交量放量突破前期重要的阻力位，如 60 日均线、前期高点等。

（2）股价配合成交量放量暴涨之后缩量企稳的过程，是主力已经入住、趋势已经形成的标志。

（3）当成交量再次放量时，投资者要选择最优的买入时机入场。

7.2.3　热门股的二次启动：中路股份

热门股是指股价在上一轮牛市中涨幅巨大的股票。当股票成为热门股之后，往往能够给人留下极深的印象。在这种心理作用下，一旦牛市再次来临，这些曾经的热门股就很容易再次放量上涨。投资者可以在股价越过前期牛市的高点时积极买入。

如图7-7所示，2022年3月初，中路股份（600818）经过2021年大熊市之后，放量上涨越过该股2021年上半年牛市的最高点，表明市场上涨动能极为强烈，投资者可以积极买入。之后，该股股价快速冲高。

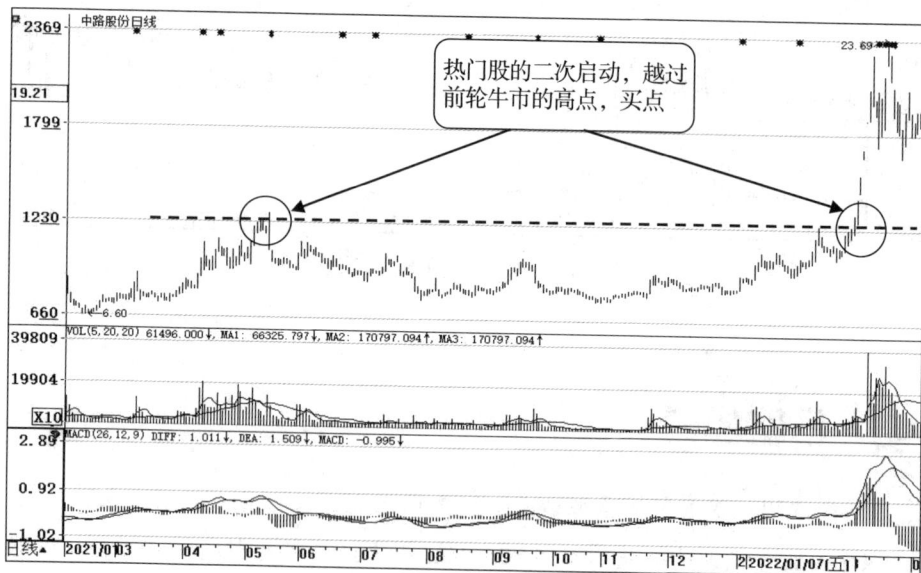

图7-7　中路股份日K线

7.3 特殊量价配合形态

7.3.1 股价启动前的量价散兵坑形态：新华文轩

当股价处于小幅震荡上行的慢牛趋势初期或中期时，成交量有所放大，换手率也小幅增加，突然股价出现快速下挫，且成交量快速萎缩。不过这种下挫不会持续很久，在较短的时间内，股价便又会重新配合成交量放量上涨，再一次回到跳水前原有的上涨趋势中，形成股价和成交量的散兵坑形状，就如被炸弹炸出一般，这就是股价启动前的量价散兵坑形态。

股价启动前的量价散兵坑形态实际上是主力在拉升之前的凶悍洗盘，此招一出，把坐在轿子里的大部分筹码都震出来，主力则趁机大肆买入。之后股价将出现一波较大的上涨趋势。因此，投资者一旦看到股价启动前的量价散兵坑形态就要对此多加关注，在重新放量上涨时要注意积极买入。

如图7-8所示，2022年10月底，新华文轩（601811）的股价在经过前期小幅放量震荡上行之后，突然快速下挫，同时成交量也迅速缩减。之后该股便又重新放量上涨，再一次回到原来的上涨趋势中，在走势中形成股价和成交量的散兵坑形态，表明主力正在不断洗盘，并趁机不断吸筹。投资者可以在量价散兵坑形态形成后，股价再次上涨时伺机买入。

12月中旬开始，该股股价突然量价齐跌，再次形成量价散兵坑形态，这是主力的又一次洗盘，很少有投资者能经受得住这种震荡。

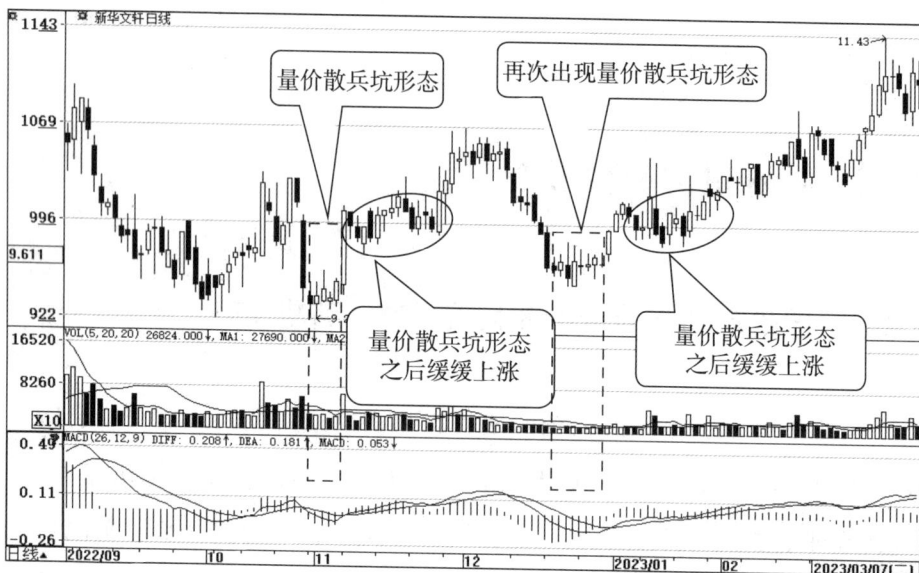

图 7-8　新华文轩日 K 线

精讲提高

在实战中，投资者要注意以下三个方面。

（1）股价要处于慢牛趋势初期或中期时，最好已有10%以上的涨幅，表明上涨趋势已初步确立。

（2）股价突然间无量下挫，止跌位置相对于股价的绝对涨幅不能超过50％，最好在0.382黄金分割回吐位之内，如比例过高，向上的爆发力往往会减弱。

（3）在股价回升时，成交量应该有所放大，快速的回升往往预示着爆发力强大。

7.3.2　顶部震荡的量价配合陷阱：亿嘉和

当股价经过一波较大的上涨趋势后在高位震荡时，往往形成各种整理形态。一般来说，当股价经过较长时间的整理后放量突破整理时，就表明一波新的上涨趋势即将形成，投资者可以及时买入。这与第6章中抓5浪的买点有相似的地方。

投资者要注意的一个陷阱是，放量突破整理形态后股价短期上涨，但很快就又再次下跌的情形。这表明市场上涨动能较弱，股价接下来有较大可能继续原来的盘整状态甚至出现一波下跌趋势。

如图7-9所示，2022年7月至8月，亿嘉和（603666）的股价在经过前期的大幅上涨之后出现了一波震荡走势。在近1个月的时间里，该股股价呈现出下降楔形整理形态。

2022年7月28日，股价配合成交量放量突破下降楔形整理形态，表明市场上涨趋势已经初步形成，买点出现。但是该股上涨走势持续时间极短，股价K线在2022年8月2日形成孕育形态，同时MACD指标也出现"DIFF线与股价顶背离"的看跌形态，表明下跌动能较强，投资者要注意及时卖出，接下来，该股股价形成了一波下跌趋势。

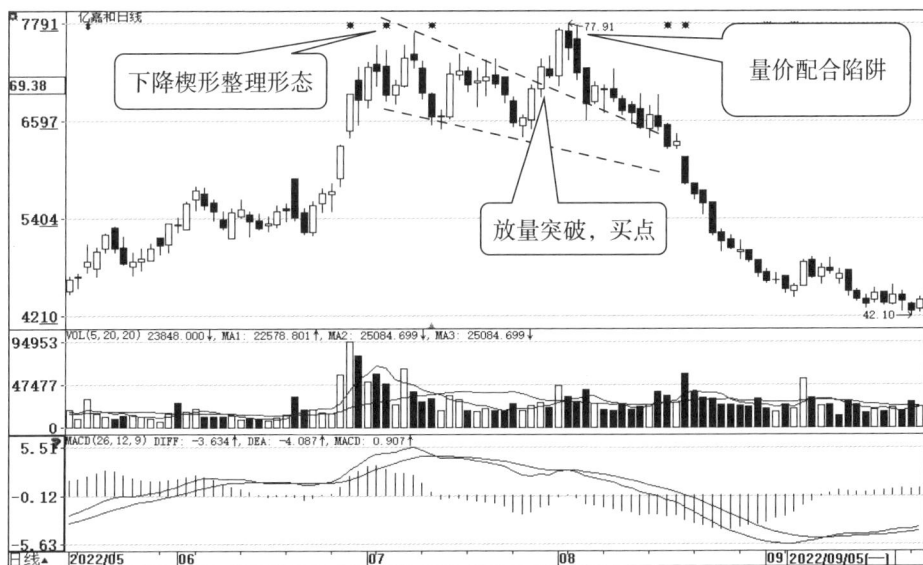

图7-9　亿嘉和日K线

精讲提高

在亿嘉和的例子中，当股价放量突破整理形态后，MACD指标出现"DIFF 线与股价顶背离"的卖出信号。此时，投资者要注意股价放量突破整理形态 的买点和MACD指标顶背离卖点的关系。在这个过程中，投资者可以从以下两 个方面来进行分析。

（1）要判断清楚股价突破整理形态后的上涨走势的性质。一般来说，如 果被突破的整理形态是2浪，接下来的上涨走势将是波澜壮阔的；如果被突破 的整理形态是4浪，接下来的上涨走势将有可能极为短暂。在亿嘉和的例子 中，很明显，被突破的整理形态是4浪的走势。

（2）买点出现后，投资者要密切关注卖点的出现。买入动作一般需要较 多的条件，需要十分慎重；而卖出动作则需要更加果断，往往一个卖出信号 出现时就要果断卖出。在本例中，不管买点如何可靠，一旦顶背离卖出信号 出现，投资者就要立刻卖出。